우리는 지난 100년 동안 어떻게 살았을까 3

우리는 지난 100년 동안 어떻게 살았을까 3

한국역사연구회 지음

전면 개정판 펴낸날 2024년 6월 3일 초판 1쇄
초판 1쇄 펴낸날(1, 2권) 1998년 11월 5일
초판 1쇄 펴낸날(3권) 1999년 11월 1일
펴낸이 김남호 | 펴낸곳 현북스
출판등록일 2010년 11월 11일 | 제313-2010-333호
주소 07207 서울시 영등포구 양평로 157 투웨니퍼스트밸리 801호
전화 02)3141-7277 | 팩스 02)3141-7278
홈페이지 http://www.hyunbooks.co.kr | 인스타그램 hyunbooks
ISBN 979-11-5741-409-3 04910 ISBN 979-11-5741-287-7 (세트)

편집 전은남 이영림 | 디자인 디.마인 | 마케팅 송유근 함지숙

ⓒ 한국역사연구회 2024

한국역사연구회

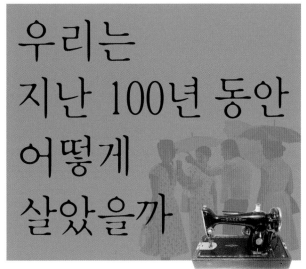

우리는 지난 100년 동안 어떻게 살았을까

| 전면 개정판 |

생활과 경제 3

현 북스

전면 개정판을 내며

역사학자들이 역사 대중화의 기치를 내걸고 대중과 소통하던 열정 넘치는 시대가 있었다. 1990년대 치열했던 역사 대중화를 위한 연구 활동과 열정, 그리고 그 성과로 '어떻게 살았을까' 시리즈가 시대별로 잇달아 나왔다. 부담 없이 무겁지 않게 옛사람들의 삶의 이야기를 담은 이 시리즈는 역사 대중화를 선도하여 스테디셀러가 되었다.

그로부터 20년이 넘게 흐른 지금, 역사는 여전히 무겁게 느껴진다. 21세기에 들어서 본격화되었던 역사 전쟁이 국정교과서 파동을 정점으로 잠시 잠잠해졌지만, 교과서 문제는 언제 폭발할지 모르는 휴화산에 가깝다. 하지만 역사 전쟁에서 싸움터가 되는 것은 정치사이지 생활사가 아니다. 그러다 보니 삶의 역사에 관한 관심도 잦아들어 가는 듯하다. 삶의 역사를 놓고는 역사 전쟁이 일어나지 않는다는 사실도 많은 생각을 하게 한다.

삶의 역사를 들여다본다는 것은 그 삶을 살아가는 사람들의 말과 행동에 관심을 가진다는 것을 의미한다. 흔히 생활사라고 하면 사람들의 의식주 또는 사람들을 둘러싼 물질세계를 떠올린다. 또한 삶에 기운을 북돋우거나 삶을 제약하기도 하는 정신세계를 떠올리기도 한다. 하지만 생활사는 그 물질세계와 정신세계를 빚고 엮어 가는 사람들의 이야기이다.

한편으로 생활사는 과거를 살았던 사람들과 오늘날을 살아가는 현대인을 이어 주는 연결고리이기도 하다. 어떤 점에서는 우리와 너무나 다른 것 같지만, 또 크게 변하지 않는 과거 사람들을 만나는 시간여행이기도 하다. 따라서 생활사는 결코 '작고 시시한' 이야기가 아니다. 그 안에서도 시대적 특징을 고스란히 드러내는 진중한 역사를 만날 수 있다.

첫 번째 책이 발간된 1996년으로부터 26년이 지난 2022년, '어떻게 살았을까' 시리즈는 새로운 개정판으로 다시 세상에 나오게 되었다. 이번 개정판의 기획은 지난 2020년 당시 여호규 회장(고대사분과)의 발의로 시작되었다. 정요근 회원(중세사 1분과)이 기획위원장을 맡고 각 분과 소속의 기획위원들이 내용 구성의 기획과 필자 섭외를 담당하였다. 정동준 회원과 권순홍 회원(이상 고대사분과), 정동훈 회원(중세사 1분과), 박경 회원과 최주희 회원(이상 중세사 2분과), 한승훈 회원과 고태우 회원(이상 근대사분과), 이정은 회원(현대사분과) 등 모두 8명이 기획위원을 맡아 주었다. 전상우 회원(고대사분과)은 간사로서 출판사와의 연락 등을 비롯한 잡다한 실무를 도맡아 처리하였고, 위가야(고대사분과) 회원은 미디어·출판위원장으로서 기획위원회 활동에 최선의 지원을 다해 주었다. 전 김정인 회장(근대사분과)의 배려와 지원역시 이번 개정판 출간에 큰 동력이 되었다.

이번 개정판의 출간과 관련해서는 나름의 복잡한 과정이 담겨 있다. 그 내용을 간략히 기록으로 남기고자 한다. '어떻게 살았을까' 시리즈는 지난 1996년 조선시대 편 1, 2권이 청년사에서 발간된 이래, 1997년에 고려시대

편 1, 2권, 1998년에 고대사(삼국시대) 편이 청년사에서 출간되었다. 이로써 이른바 '전근대 생활사' 시리즈가 총 5권으로 완성되었으며, 2005년에는 5권 모두 개정판이 발간되었다. 한편 '근현대 생활사' 시리즈는 역사비평사를 통해서, 1998~1999년에《우리는 지난 100년 동안 어떻게 살았을까》라는 제목으로 3권의 책이 발간된 바 있다.

그런데 지난 2020년 청년사의 폐업으로 '전근대 생활사' 시리즈의 출간이 더는 어렵게 되었다. 그러나 다행히도 현북스의 제안으로 새로운 개정판의 출간이 가능하게 되었다. 나아가 역사비평사의 양해를 얻어 근현대 편 3권의 판권을 인수하였고, 이 역시 현북스를 통해 개정판을 발간하기로 하였다. 이에 두 시리즈를 합쳐서 전근대와 근현대의 생활사 모두를 아우르는 '어떻게 살았을까' 시리즈의 '통합' 개정판 출간이 실현되기에 이른 것이다. 이 지면을 통해 역사비평사 정순구 대표에게 다시 한번 깊은 감사의 뜻을 표한다. 아울러 이 과정에서 여호규 전 회장의 수고와 노력이 큰 역할을 하였음은 두말할 나위 없다.

기획위원회에서는 최초 발간으로부터 20년이 넘은 원고를 그대로 실어 개정판을 내기에는 부담이 있었다. 다행히도 검토 결과, 기존의 원고들이 여전히 생명력을 가지고 있다고 판단되어 대부분의 기존 원고를 그대로 싣되, 필자들에게는 필요한 부분에 대한 수정을 요청하여 반영하였다. 한편 기존의 원고에서 다루지 못한 주제 가운데, 그동안 연구가 축적되어 원고 집필이 가능한 사례도 여럿 확인되었다. 그리하여 이번 개정판에서는 기존에 1권이었던 고대사(삼국시대사) 분야를 2권으로 늘리고 기존에 3권이었던 근현대사 분야를 4권으로 늘렸다. 이를 통해 한국사 전체를 아우르는 '어떻게 살았을까' 시리즈를 모두 10권으로 구성하였다. 다만 논의되었던 모든 주제를 원고로 포함하지 못한 점이 아쉬울 따름이다.

기존 원고의 필진 중에는 현역에서 은퇴하여 일선에서 물러난 연구자도 있다. 화살같이 빠른 세월의 흐름을 새삼 느낀다. 새로 추가된 원고는 학계에서 왕성하게 활동하는 40대 전후의 연구자들이 맡아서 집필하였다. 따라서 이번 개정판은 신구 세대를 아우르는 회원들로 필진이 구성된 셈이 된다. 어느덧 한국사학계의 중추가 된 한국역사연구회의 연륜과 위상을 실감하게 하는 대목이다.

책을 처음 낼 때만큼은 아니겠지만, 기존 책의 개정판을 내는 것 또한 결코 쉬운 작업은 아니다. 특히 '어떻게 살았을까' 시리즈는 20년 넘게 스테디셀러로 명성을 쌓은 터라, 개정판의 발간을 추진하는 일은 부담이 작지 않았다. 기존 원고에 비하여 새로운 원고가 많은 편은 아니라서, 독자들의 반응이 어떠할지도 걱정이 앞선다. 하지만 소박하게 한 걸음을 더한다는 태도로 용기를 내어 출간에 이르게 되었다. 출판계의 어려운 상황 속에서도 흔쾌히 출간을 맡아 좋은 책으로 만들어 준 현북스 김남호 대표와 전은남 편집장, 이영림 편집자에게 깊은 감사의 뜻을 표한다.

2022년 1월 한국역사연구회

전면 개정판 근현대 편

머리말

《우리는 지난 100년 동안 어떻게 살았을까》(총3권, 1998~1999년 발간)가 세상에 빛을 본 지 사반세기가 되었다. 그 개정판을 발간하려면 책 제목을 100년이 아니라 120년 또는 125년으로 수정하는 것이 맞을 것이다. 그렇지만 한 세기를 뜻하는 100년이 갖는 상징성을 고려할 때 과거 제목을 그대로 유지해도 무방하리라는 판단이 든다. '장기20세기'라는 말에서도 보듯이 우리는 여전히 20세기에 상당 부분 만들어진 체제 속에서 살고 있다.

20세기 들어 화석에너지 체제가 전 세계에 보급되었고, 자본주의의 전 지구적인 확산과 함께 대량생산·대량소비 체계가 갖춰졌으며 세계 인구는 급속하게 늘어났다. 제국주의가 쇠퇴하고 많은 나라가 식민지 상황에서 벗어나면서 국민국가 단위의 세계 정치가 형성되었다. 여성과 어린이, 장애인, 성 소수자가 자기 목소리를 내는 등 사회 전반의 민주화가 진전되었다. 정보화와 지구화 역시 촉진되었다. 동시에 지난 100년 동안 벌어진 일들은 현재 급격한 기후변화와 생태계 파괴, 불평등, 혐오의 확산 등 인류에게 많은 과제를 안기고 있다. 한반도의 분단체제는 끝날 기미가 안 보인다.

초판이 나온 지난 20여 년 동안 한국 근현대사 연구에도 많은 변화가 있었다. 국가와 민족, 계급에 놓였던 연구의 무게 중심은 일상생활과 문화, 지역과 인권, 젠더와 생태환경 등으로 옮겨 가고 있다. 해방과 분단 문제에 집중되었던 현대사 연구는 이제 시기적으로 확장되고 있고 현시대의 문제를 해명하는 데도 참여할 것을 요청받고 있다. 이러한 연구 주제의 다변화와 시기 확대를 반영하여 이번 전면 개정판에서는 근현대 편의 권수를 네 권으로 늘렸다. 초판의 구성이 '정치와 경제', '사람과 사회', '삶과 문화'였다면, 개정판은 '존재와 사람', '근대화와 공간', '생활과 경제', '문화와 과학, 생태환경' 등으로 바뀌었다.

1권은 지난 100여 년 한국인의 삶을 풀어 가는 것으로 시작했다. 그중에서도 특히 존재에 주목했다. 존재의 사전적 의미는 현실에 실제로 있거나 주위의 주목을 받을 만한 대상을 뜻한다. 여성, 장애인, 성 소수자, 어린이는 사회적 약자로서, 그들이 권리의 주체로 주목받게 된 것은 최근의 일이었다. 이에 1권에서는 인간으로 존중받지 못했던 사회적 약자의 삶을 먼저 이야기하고자 했다. 한편 한국의 근현대사는 격변의 시대였다. 격변의 시대 속에서 한국인들이 살아온 궤적을 보여 주기 위하여 군인, 지주, 기업가, 농민, 노동자에 주목하고 징병, 징용에 대해 다루었다.

2권은 전통사회에서 근대사회로의 변화, 즉 근대화를 다루었다. 근대화라 하면 '발전' 혹은 '성장'을 생각할 수도 있고, 그 폐해를 떠올릴 수도 있다. 근대화의 '명'과 '암'의 경계가 불분명하고 복잡다단하기 때문이다. 이에 2권에서는 근대화에 따른 삶의 변화를 보여 주는 접경, 시공간, 농촌과 도시, 서울과 지방·지역이 다층적이고 복합적으로 존재하는 '공간'에 주목했다. 100여 년 전 통신판매를 통해서 포도주를 마셨던 지방 사람의 모습에서 오늘날 우리의 삶을 반추할 수도 있다. 사회 구성원 대다수가 농민의 삶을 영위하다가 밤낮이 따로 없는 도시인이 되었고, 이제는 도시와 농촌을 가리지 않는 '디지털 유목민'이 되어 가는 여정을 엿볼 수도 있을 것이다.

3권은 근현대 사람들의 생활문화와 경제활동 변화를 살펴보았다. 초판에서는 시대 변화의 긴 흐름 속에 가족·가문의 위상이나 관혼상제, 교육열과 출세의 기준 등이 어떻게 바뀌어 나갔는지 등을 추적했다. 개정판에서는 이 구도에 합성섬유, 원조물자, 커피, 군 피엑스(PX) 등 구체적인 생활의 소재부터 토지 소유권 변동, 성매매 문제 등 굵직한 사안까지 다루는 원고를 추가했다. 이러한 구성 변화는 20여 년 사이에 생활과 경제에 관한 연구 관심사가 다양해진 결과라고 할 수 있다.

4권은 크게 세 주제의 글들로 구성되었다. 현실 역사의 전개에 거대한 영향을 미친 사회주의와 반공주의부터 개신교, 불교 등 각종 종교·사상의 영역을 다룬 글들이 첫 번째 묶음이며, 스포츠와 가요, 영화를 아우르며 근현대 대중문화를 탐구한 글들이 두 번째 소주제를 이룬다. 세 번째 과학과 생태환경 부문은 최근 피부에 와 닿는 현안으로 부상한 만큼, 기존 원고에 더하여 과학과 환경에 대한 문제의식을 심화할 수 있도록 이 주제를 집중적으로 연구하고 있는 신규 집필자들이 참여했다.

근현대 편 개정판 발간 과정에는 우여곡절이 많았다. 지난 20여 년 한국 사회 변동의 속도와 폭을 고려할 때, 초판 원고의 일부는 그 시의성이 떨어지는 것이 더러 있었다. 새로운 연구자가 집필해야 한다며 원고 게재를 사양하는 기존 필자도 있어서, 초판 원고 중 여전히 생명력이 있었지만 게재하지 못하는 경우도 발생했다. 이러한 어려움과 아쉬움을 남긴 채로 신규 필자 29명을 포함하여 총 60명이 쓴 원고가 모일 수 있었다. 적절한 보답을 해 드리지 못하는 사정을 양해해 주시고 흔쾌히 원고를 보내 주신 필자들께 감사의 말씀을 드린다.

끝으로 개정판 발간에 힘써 주신 분들을 기록으로 남긴다. 발간 기획위원인 근대사분과의 한승훈 회원과 고태우 회원, 현대사분과의 이정은 회원은 전체 기획과 새 주제 발굴, 필자 섭외 및 원고 수합을 맡아 주셨다. 고대사분과의 전상우 회원은 계속 지연되는 원고 수합에 인내의 미덕(?)을 발휘하며 마지막까지 편집 실무에 수고해 주셨다. 무엇보다 '어떻게 살았을까' 마지막 편의 새 생명을 불어넣은 현북스 측에 깊이 감사드린다.

2023년 2월 한국역사연구회 근대사분과·현대사분과

초판 근현대 편

책을 내면서

초판 1, 2권 책을 내면서

역사에는 비약이 없다. 역사에서 저절로 이루어지는 일은 아무것도 없다는 뜻이다. 현재 우리 사회에서 일어나는 일은 과거 언젠가에 역사적 연원을 두고 있다. 멀리는 고대사회로부터 온 것도 있지만, 가까이는 지난 100년 동안 이루어진 것도 있다. 우리가 양복을 입게 된 것도, 전기를 사용한 것도, 영화를 보게 된 것도 100년이 안 되는 사이에 이루어진 일이다.

우리는 최근에 일어난 일이라 하여 잘 안다고 여기기도 하지만 생각보다는 최근의 일을 제대로 알지 못한다. 아주 먼 옛날의 역사에 대해서는 관심이 많은 듯하지만, 최근에 일어나는 일일수록 쉽게 잊어버린다. 텔레비전에 나오는 사극에는 관심이 많지만, 우리가 지난 100년 동안 어떻게 살아왔는가는 제대로 알지 못한다.

최근 우리는 국가적 위기 상황을 맞이하였다. 국제통화기금(IMF)의 지원을 받지 않으면 국가부도 사태에 이를 정도가 되었다. 이러한 상황은 갑자기 온 것이 아니다. 적어도 수년 전부터 예고되어 온 것이다. 재벌의 방만한 경영과 봉건군주 같은 생활, 정부 당국자의 해이, 부정부패의 만연 등으로 이미 예고된 일이었다. 그럼에도 불구하고, 세계 11위의 무역대국이니, 경제협력개발기구 가입이니 떠들면서 샴페인을 터뜨리던 때가 불과 1년 전이 아닌가? 국가부도 상황이 다가오고 있다는 사실이 여러 면에서 나타나고 있음에도 불구하고, 그러한 사실을 무시하거나 애써 외면하려고 한 탓에 이러한 상황을 맞고 만 것이다. 모두 역사에 대한 이해와 역사의식이 부족한 탓이다.

우리는 개항 이후 문호를 개방하고, 나름대로 서양의 발달한 문물을 받아들이면서 공업화를 이루고 근대화를 달성하려고 노력을 기울여왔다. 그러나 그러한 노력은 성과를 거두지 못하여, 결국 일본의 식민지로 전락하였다. 그리고 그 때문에 우리는 나라를 잃고 노예와 같은 생활을 할 수밖에 없지 않았던가? 그러한 역사적 전철을 잊어버리고 모래성을 쌓아 올리기에 바빴다. 쌓아 올리기만 하면 다 되는 것으로 생각하였다. 그리고 다 되었다고 춤을 추었다. 1인당 국민소득 1만불 시대의 달성……, 세계 11위의 무역대국……, 선진국으로의 진입…… 등을 외쳐대면서.

우리는 어떻게 살아왔는가? 우리는 지금 어디쯤 와 있는가? 이제 한번쯤 이것을 되돌아볼 때이다. 그것을 바탕으로 우리가 어떻게 살아가야 할 것인가를 다시 다짐해야 할 것이다. 그래야만 지금의 고난을 전화위복의 계기로 삼을 수 있을 것이다. 그러한 반성의 기운마저 없다면 우리는 또 한 번 좌절을 겪고 열강의 경제적 식민지가 될지도 모른다.

이 책은 우리가 지난 100년 동안 어떻게 살아왔는가를 살펴본 것이다. 오늘의 우리가 있기까지 어떠한 변화를 겪어왔는가를 사람과 생활의 측면에서 고찰하였다. 우리는 이 책에서 '근대'를 화두로 삼았다. 근대란 무엇인가, 우리는 근대사회를 이루기 위하여 어떠한 노력을 하였는가, 우리는 근대를 어떻게 건설해왔는가, 근대를 이루려는 과정에서 얻은 것은 무엇이며, 잃은 것은 무엇인가, 그러한 근대화 과정에서 낙오된 사람들은 어떻게 살아가고 있는가 하는 여러 가지 질문을 던져보았다.

우리는 이에 대한 대답을 딱딱한 이론이나 굳어진 제도에서 찾으려 하지 않았다. 아주 구체적으로 살아 움직이는 인간과 그들의 삶의 모습 속에서 살펴보려고 하였다. 먹고, 입고, 일하고, 즐기고, 싸워가는 모습을 그대로 묘사함으로써 그 실상을 생생하게 드러내려고 하였다. 그 생생함 속에서 우리가 어떻게 살아왔고, 현재 어떻게 살아가고 있는가를 찾아보고자 하였다.

이 책을 만들기 위하여 많은 사람들이 노력하였다. 한국역사연구회의 근대사1분과, 근대사2분과, 현대사분과 등 세 분과에서 기획위원이 선발되었다. 기획위원들이 몇 차례의 논의를 거쳐 기획안을 마련하였으며 회원들에게 집필을 의뢰하였다. 주제에 따라서는 회원이 아닌 분들에게 원고 청탁을 하기도 했으며 그분들은 흔쾌히 응해 주셨다. 더욱이 몇 차례에 걸쳐 원고를 수정해 주시기도 하였다. 그분들께 깊은 감사를 드린다. 특히 기획위원들은 2년간 기획안 작성, 원고 청탁 및 교열 등에 헌신적인 노력을 하였다. 오랫동안 끌어왔던 작업을 마무리하는 데는 이들의 노력이 컸다.

이 책은 한국역사연구회에서 그동안 펴낸 '~사람들은 어떻게 살았을까' 시리즈의 완결편이라고 할 수 있다. 그 책들과 함께 읽는다면 한국인의 생활상을 전체적으로 조감할 수 있으리라 여겨진다. 현재 깊이 있는 생활사에 관한 책이 많지 않은 현실에서 좋은 안내서가 될 수 있으리라 기대한다. 끝

으로 이 책의 출판을 흔쾌히 맡아 주신 역사비평사의 장두환 사장님께 감사
드리며, 아담한 책을 만드느라고 노력하신 단행본팀의 윤양미 님에게도 감
사드린다.

초판 3권 책을 내면서

이제 21세기를 눈앞에 맞고 있다. 새로운 밀레니엄을 기념한다는 소리가
여기저기서 드높다. 새로운 시대를 맞기 위해서는 우선 지나간 시대를 돌이
켜보며 그 의미를 생각해보는 것이 급선무이다. 그러나 요즘 요란한 밀레니
엄 논의에서는 천년은커녕 지난 100년을 차분히 점검하려는 모습조차 찾아
보기 힘들다. 그저 눈요깃거리 행사만으로 사람들의 이목이나 끌어보려고
하는 것이 아닌지 걱정스럽다.

물론 우리가 겪은 지난 100년을 점검하는 일은 그리 간단하지 않다. 우리
역사에서 가장 많은 일들이 일어났던 100년이며 온갖 우여곡절로 점철된
100년이기 때문이다. 남들이 수백 년에 걸쳐서 겪은 일들을 우리는 단 100
년 만에 겪어야 하였다. 그래서 '압축성장'이니 '돌진적 근대화'니 하는 말들
이 나도는 것이다.

그러니 이러한 와중에 살았던 우리들은 어지러울 수밖에 없었다. 역사의
수레바퀴는 20세기 한반도에서 너무나 빠르게 굴러갔다. 이렇게 앞만 보고
달렸던 시대가 바로 20세기였다. 그러나 21세기를 눈앞에 두고 있는 지금

한번쯤은 숨을 돌려 지나온 길을 돌아볼 필요가 있지 않을까?

20세기 우리 역사가 격동의 역사였다고 하지만 그 가운데에도 긴장과 갈등이 가장 첨예했던 곳은 정치와 경제 부분이었다. 전통시대에서 식민지시대를 거쳐 분단시대로 이어지는 동안 외세와의 대결과 계급적 갈등의 도가니 속에서 우리는 살아갈 수밖에 없었다. 그렇기 때문에 우리 근대사는 늘 '주의(主義)'와 '이념'이라 하는 엄숙하게 굳은 얼굴을 하고 있었다. 그러다 보니 가까이 하기에는 무언가 무겁고 부담스러운 것으로 여겨지기 일쑤였다.

그러나 이렇게 엄숙한 정치와 경제도 그 근본을 따지자면 사람들이 꾸려나가는 것이며, 그곳에는 사람들의 생활이 녹아 있는 것이다. 그것은 결코 우리에게서 멀리 엄숙하게 서 있기만 한 것은 아니다. 따라서 이 책에서는 지난 100년 동안 정치와 경제 부문에서 일어난 이러저러한 일들을 사람과 삶이라는 측면에서 짚어보려고 하였다.

근대사회에서 사람들은 여러 가지 통로로 정치와 연관을 맺지 않을 수 없다. 이것은 뭇 민초의 경우도 마찬가지이다. 따라서 이 책에서는 먼저 우리 삶의 여러 장면을 통해서 근대 정치의 모습을 그려보려 하였다. 이어 우리 정치를 이끌어간 여러 인간형들을 살펴보았으며 우리 민족의 자기 정체성을 외국과 외국인이라는 거울을 통해서 들여다보고자 하였다.

지금은 급작스럽게 몰아닥친 경제위기로 말미암아 많이 퇴색되었지만, 경제는 얼마 전까지만 해도 우리가 무엇보다도 자부하던 부문이다. 지난 100년 동안 우리가 겪은 물질적 변화는 가히 경이적이라고 해도 과언이 아니며 그래서 한때 우쭐해 있었던 것이 사실이다. 그러나 그 이면에는 많은 허점들이 도사리고 있었으며 그 뒤안길에 눈물짓는 사람들도 있었다. 이 책에서는 이러한 여러 가지 모습에도 눈길을 돌리고자 하였다.

지난 1998년에 《우리는 지난 100년 동안 어떻게 살았을까》를 간행한 바 있다. 이 책은 세 번째 권으로서 속편에 해당한다. 앞의 책이 근대의 사회와 문화를 생활사라는 방식으로 다루었다고 한다면 이 책은 정치와 경제 부문을 다루었다. 물론 정치·경제 부문의 특성 때문에 글의 결이 앞의 책과는 다를 수밖에 없었다. 그렇지만 기본적인 문제의식이나 생활사라는 접근방법은 앞의 책과 마찬가지이다.

이 책을 만들기 위해서 많은 분들이 애를 썼다. 한국역사연구회의 근대사 1분과, 근대사2분과, 현대사분과 등 세 분과에서 선발된 기획위원들이 여러 차례의 논의 끝에 기획안을 마련하였다. 주로 회원들에게 집필을 의뢰하였지만, 주제에 따라서는 회원이 아닌 분들에게 원고청탁을 하기도 하였다. 청탁에 흔쾌히 응해 주시고 기획위원회의 요구에 따라 몇 차례에 걸쳐서 원고를 고치시느라 애를 쓰신 필자들께 감사드린다. 또한 오랫동안 끌어왔던 작업을 마무리하는 데는 기획위원들의 노력이 매우 컸다. 끝으로 오랜 기간 이 책의 원고를 기다려주신 역사비평사의 장두환 사장님께 감사드리며 책을 만드느라 애를 쓰신 단행본팀 윤양미 님께도 감사드린다.

1999년 10월 25일 한국역사연구회

차례

차례

차례

차례

1부 장기변동의 사회사

가족 가문의 사회사

관혼상제, 어떻게 변했나

성매매 공화국

가족 가문의 사회사

조성윤

족보와 종친회

현대 한국인들의 생활 속에서 이른바 전통적인 요소를 꼽아 볼 때 가장 먼저 들 수 있는 것이 족보와 조상 제사이다. 이 둘은 모두 한국인의 가족 가문과 밀접한 관계가 있다.

족보란 집안 조상의 계보와 내력을 적어 놓은 책이다. 그것도 한두 대에 걸친 간략한 것이 아니라 삼국시대나 고려시대의 시조부터 지금까지 수십 대에 걸친 방대한 씨족 전체가 들어 있다. 자손이 늘어 기록할 사람이 엄청나게 많아지면서, 중시조(中始祖)를 중심으로 여러 파로 나누어 파보(派譜)를 만들기도 한다.

주변에서 안방이나 마루 잘 보이는 곳에 족보를 꽂아 두고 있는 집을 많이 볼 수 있다. 예전과 달리 요즈음 간행되는 족보는 표지를 호화 양장으로 입히고 부피도 두툼하며 여러 권으로 되어 있다. 가끔 부모들이 자식들을 앉혀 놓고 족보를 자랑스럽게 설명하는데, 물론 자식들은 대부분 한자도 읽을 줄 모른다. 그러니 무슨 뜻인지도 모른 채 조상 이야기를 듣는다. 초등학교에서 어린이들에게 자기 집안 내력을 알아 오라는 숙제를 내 주는 모습을 가끔 볼 수 있다. 또 전통예절 교육을 중시하는 단체에서는 충효 교육을 내세우면서 '뿌리찾기운동'을 벌인다. 언젠가 학생들에게 수업 도중에 물어보았더니 열 명 중 여덟 명이 집에 족보를 갖고 있고, 조상이 양반이라고 대답했다. 반면 조상이 상민이나 노비였다고 말하는 학생들은 찾기 힘들었다. 그들은 자신들이 양반의 후예임을 의심하지 않았다.

한국인 대부분이 양반의 후손이라면, 상민과 노비의 자손들은 어디 있는가? 적어도 조선 중기까지는 전체 인구에서 양반이 10퍼센트 정도에 지나지 않았고, 40퍼센트 이상이 노비였다. 노비는 대부분 돌쇠, 칠성이, 언년이 같이 주인이 부르던 이름만 있었을 뿐 성이 없었으니, 이들에게 족보가 있었을 리 만무하다. 그리고 양반 가문에서 족보를 만든 것도 조선 중기부터이니, 당시 족보는 매우 귀했을 것이다. 그렇다면 언제부터 사람들 대부분이 양반 족보를 갖게 된 것일까?

조선 후기에 신분제가 무너지면서 양반과 상민 사이의 엄격한 구분이 흐려졌다. 신분 상승 움직임은 공명첩(空名帖)을 사들인다든가, 호적을 위조한다든가, 족보를 사들이는 식으로 진행되었다. 노비들은 끊임없이 도망을 쳐서 신분을 감추고 상민이 되었다. 1801년에는 공노비 해방 조치로 공노비가 모두 양인이 되었는데, 이때 공노비들이 모두 성씨를 갖게 되었다. 그리고 조선 말기가 되면 전체 인구의 절반쯤이 이미 호적상에 양반으로 기록되고 있었다. 노비와 상민들이 본래 신분을 감추고 노비는 상민으로, 상민은 양반으로 신분을 상승시키려 애를 쓰고 있었는데, 1894년 갑오개혁 당시 신분제가 공식적으로 폐지되면서 사노비제도까지 폐지되었다.

1896년도부터 작성된 호적을 보면, 그전에는 이름도 없었고 '노비'라고 자신을 기록하던 사람들이 모두 김씨, 이씨, 박씨 등으로 자신의 성명을 기록해 놓고 있다. 신분제가 폐지되자마자 노비 출신들이 성을 취득했는데, 상당수는 자기 주인의 성씨를 그대로 따르기도 했을 테지만, 연구가 이루어지지 않아 자세한 것은 알 수 없다. 1909년 민적법(民籍法)이 시행되면서부터 누구나가 다 성과 본을 가지게끔 법제화되었다. 이때 갖가지 일들이 벌어졌다고 한다. 어떤 지방에서는 성이 없는 사람에게 호적 서기나 경찰이 마음대로 성을 지어 주기도 하였다. 노비의 경우는 상전의 성을 따르기도 하고, 또 자기 주위에 많은 성씨인 김(金)·이(李)·박(朴)씨 등 대성(大姓)을 모방하여 성을 정했다. 그런가 하면 전주에서 출생한 사람은 이(李)씨, 경주지방 출신은 최(崔)씨 하는 식으로 출신지의 대성이나 문벌을 본떠서 자기 성으로 한 경우가 많았다. 오늘날의 희귀한 성 가운데 당시 경찰이 호구조사를 할 때나 호적 담당 서기가 호적을 기재하면서 한자의 획을 잘못 적은 데서 비롯된 것도 적지 않다. 이수건은 국민 모두가 성과 본관을 가지게 된 시기는 신분과 계급제도가 타파된 조선 말기이며, 그것이 일제의 식민 통치 과정에서 시행된 것은 역사의 아이러니라고 지적하였다.

신분제도가 폐지되고, 성씨를 취득했다고 해서 곧바로 상민 또는 노비였던 사람들이 양반이 되는 것은 물론 아니다. 비록 법적 제도적 신분 관계는 사라졌지만, 적어도 같은 동네 사람들은 누가 어떤 신분 출신인지 다 알고 지냈다. 현실적인 신분 관계와 신분 의식, 곧 현실 속에서 오랫동안 쌓인 양반과 상민, 양인과 천민의 상호 관계는 한말은 물론 식민지시기 내내 조선인의 행위 양식에 중요한 영향을 미쳤다. 비록 많이 약화되었지만 해방 이후 지금까지도 그것은 완전히 사라지지 않고 있다. 농촌의 마을 단위 또는 지역 사회에서는 누가 어느 집 자손인지, 그 집안의 뿌리가 어떤지는 대체로 서로 알고 지낸다. 그래서 뼈대 있는 양반집 출신인지 아니면 노비 출신인지에 따라서 식민지시기는 물론 해방 이후에도 혼인 범위가 제한되곤 했다.

신분제도를 흔들어 놓은 가장 큰 것은 전쟁이었고, 산업화였다. 둘 다 인구 이동을 촉진했다. 그러나 산업화가 진행되는 가운데, 인구 이동이 심해지고, 대부분의 인구가 도시로 몰려들어 살게 된 지금은 대도시의 익명성에 묻혀 누가 어떤 집안 출신인지를 알기 어려워졌고 적어도 겉으로는 표시가 나지 않게 되었다.

족보를 간행하는 것은 종친회의 몫이다. 종친회는 조선시대에도 간혹 만들어졌지만, 활발하게 활동하기 시작한 것은 신분제가 해체된 한말부터였다. 이광규의 연구에 의하면 안동 김씨 종친회도 15개 파가 단합하여 안동에 종약소(宗約所)를 만든 것이 1820년이었고, 서울에 사무실을 낸 것은 1935년, 오늘날과 같은 전국 조직을 갖춘 것은 1968년에 이르러서였다. 다른 종친회의 경우도 시기가 조금씩 다를 뿐, 조선시대가 아닌 해방 이후에 종친회가 활성화되었으며, 이 종친회를 중심으로 많은 성씨들이 족보를 편찬하게 되었다.

족보 간행은 1920~1930년대에 유행한 적이 있었지만, 특히 경제발전이 어느 정도 이루어진 1980년대에 붐을 이루어 족보 간행이 종친회들 사이에 경쟁적으로 진행되었다. 몇 해 전 필자의 장인어른이 어떤 종친회 중앙회 부회장을 맡고 있었는데 추석 때가 되자 여러 인쇄소에서 경쟁적으로 선물

현대의 족보
현대 한국인들은 대부분 족보를 가지고 있다. 그들은 자신이 양반의
후예임을 의심하지 않는다.

보따리를 싸 가지고 왔다. 장인어른의 호통 때문에 선물을 받아 놓았던 장
모님이 나중에 돌려주느라고 생고생을 하셨다. 그 까닭을 알고 보니 당시
종친회에서 새 족보의 편찬 간행 사업을 시작하였는데, 족보 간행이 규모가
크고 많은 돈이 걸린 사업이라 벌어진 이권 다툼이었다.

그런가 하면 규장각과 국립중앙도서관 고서실에서는 가끔 인상적인 장면
을 보게 된다. 60, 70대 노인들 여럿이 자리를 차지하고 부지런히 책을 들여
다보는 것인데, 이들은 거의 모두 족보를 확인하러 온 사람들이었다. 그 일
을 맡은 사람들은 문중에서 나이가 지긋하고 보학(譜學)에 밝으면서 현직에
서 은퇴한 경우가 대부분이었다. 그분 중 A로부터 전해 들은 이야기다.

종친회
종친회를 중심으로 족보가 간행된다. 종친회는 개체화된 현대사회에 혈연성에 기반한 통합력을 제공하면서도 전체 사회의 통합을 가로막는 장애가 되기도 한다.

A는 문중의 새 족보를 간행할 때가 되자, 옛날 족보를 뒤지면서 정확한 족보를 만들기 위한 준비를 하는 한편, 족보 간행에 필요한 돈을 기부 받기 위해서 문중 출신 중에 사업가로 활동하는 인사의 명단을 뽑아서 한 사람씩 만나러 다녔다. 그런데 한번은 중견기업 사장의 계보를 확인하다가, 그가 어느 파에도 속해 있지 않은 허공에 뜬 인물임을 알게 되었다. 그래서 사장실로 찾아가 종친회에서 왔다고 알리고 따졌더니, 그 사장이 무척 당황하면서 소문나지 않게 해 달라고 애원했다. 그래서 A는 그러겠다고 약속했을 뿐만 아니라, 족보에 대가 끊어지고 소문나지 않을 만한 곳을 찾아 집어넣어 주었다. 그 대가로 수백만 원의 돈을 받아 챙겼음은 물론이다. 그 뒤 그 사

장은 종친회에 가족을 데리고 열심히 출석하였으며, 나중에는 임원도 맡고, 장학 사업에 많은 기부금을 내놓기까지 했다.

물론 이 사례는 아주 특수한 경우이다. 하지만 현대사회에서도 사람들은 조선시대와는 다른 의미이겠지만 여전히 족보를 중요시하고 양반 신분임을 내세우고 싶어 한다. 또 종친회를 활성화시키고 여기에 참여하면서 자신이 어느 종친회의 회장 또는 간부임을 자랑스럽게 생각한다. 이것이 현실이다.

제사

우리 사회에서는 설날, 추석만 되면 전국을 무대로 대이동이 벌어진다. 귀성객들로 인하여 기차는 물론 고속버스 표까지 동이 나고, 자가용이 도로를 점령해 서울에서 부산까지 10시간이 넘게 걸리기도 한다. 그런데도 명절 때만 되면 어김없이 이 현상은 반복된다. 이 연례행사는 다른 나라에서는 좀처럼 보기 어려운 독특한 현상이다. 대이동은 주로 서울 등 대도시에 사는 시골 출신들이 가족을 이끌고 부모가 살고 계신 고향을 찾는 행렬이다. 고향에 가면 형제와 친척이 모여 선영에 인사하고, 차례를 지내고 친족들 사이의 유대를 확인하는데, 그것의 매개가 되는 것은 바로 제사이다.

지금 우리가 알고 있고, 실제로 행하는 조상 제사는 유교식이다. 2대 또는 3대 봉사(奉祀)만 하는 집도 있지만 대부분 4대 봉사를 한다. 사대봉사란 가장의 부모, 조부모, 증조부모, 고조부모를 합쳐 모두 여덟 번 돌아가신 날(忌日) 제사 지내는 것을 말한다. 여기에다 첩 또는 후처로 들어왔던 분까지 합치면 10번이 넘는 집도 많다. 제사를 지내려면 며칠 전부터 미리 준비가 시작된다. 음식 준비가 물론 제일 크다. 그것은 집안 여자들 몫이다. 정부에서 가정의례를 간소화해야 한다고 가정의례준칙을 만들어 보급하면서 일부 집안에서 음식 수를 줄이거나 종이에다 음식 이름을 써 놓고 제사 드리는 경우도 생겨나기는 했지만, 이는 예외일 뿐이다. 장남, 특히 종손에게 시집 가면 고생하니 피하라는 소리가 나오는 것도 이 때문이다.

언제부터 우리가 유교식으로, 그것도 4대 조상까지 모시는 제사를 지내게 되었을까? 조선이 유교 국가였지만, 왕조 초기만 해도 유교식 조상 제사, 곧 가례(家禮)는 거의 시행되지 않았다. 대부분의 가족들은 조상의 위패를 무당의 신방(神房)에 모셔 놓고 치성을 드리거나, 절에 모셔 놓고 기원했다. 지배층이 가례를 정착시키려고 노력했지만, 유교 경전을 공부하고 과거에 합격한 사대부 중에서도 가례를 지내지 않는 사람들이 많았다. 게다가 가례는 신분에 따라 차등적으로 규정되어 있었다. 당상관 이상은 4대, 하급 관원들은 3대, 일반 평민들은 2대 봉사를 지키도록 했다. 그리고 따로 집 뒤에 사당을 짓고 조상의 위패를 모셔야 하는데, 이는 경제가 넉넉한 사람 이야기이고, 가난한 사람들은 집 안에 방을 하나 따로 내거나, 그것도 어려우면 방 한쪽 편에 상을 차려서 모시도록 했다.

이러한 규정은 현실 생활 속에서 농민들이 4대에 걸친 제사를 모두 갖추어 지내기가 어려운 현실을 인정해서 2대만 제사하도록 약식으로 처리해 준 배려였다. 하지만 예를 갖추려면 역시 4대까지 제사를 다 지내야 한다는 생각, 즉 4대 봉사가 가장 바람직스럽고 4대 봉사를 하는 양반만이 진정한 인간의 도리를 다하는 집단이라는 관념을 바탕에 깔고 있었다. 따라서 4대 봉사를 하는 양반 사대부와 비교할 때 하급 관리와 일반 평민들에게 3대, 2대만 지내라는 것은 일종의 신분 차별일 수도 있었다.

쉽게 정착되지 않던 제사가 17세기 후반부터 본격적으로 정착되는데, 지금부터 아무리 길게 잡아도 300년이 못 된다. 특히 18~19세기에 중인 또는 상민들 중에서 양반 신분을 뒤늦게 획득하려고 노력하던 자들이 몰락 양반들보다 오히려 더 적극적으로 유교 제사를 모시는 경향이 생겨나고, 2대 봉사가 아닌 4대 봉사까지 하는 쪽으로 발전하면서 급속히 정착된 것이다. 왜 이런 현상이 나타났을까?

여기에는 일반 민중들의 자발적인 참여가 전제되고 있었다. 신분제가 점차 해체되는 과정에서 많은 사람들이 신분 상승을 위한 다양한 노력을 기울였다. 가장 많이 사용한 방법은, 첫째 공명첩 매입, 둘째 호적 위조, 셋째 족보 위조였다. 그러나 아무리 공명첩을 사들였더라도 호적에는 여전히 '납속(納粟)'양반이라는 표시가 따르고, 아무리 신분을 위조했더라도 실제로 그가 거주하는 마을 사람들은 그것을 잘 알게 마련이었다. 이 때문에 택한 방법 가운데 하나가 빈번한 거주지 이동이었고, 다른 하나는 양반들의 생활양식을 지키고 따르는 것이었다. 특히 조상 제사를 양반들이 하듯이 유교적인 법식에 따라 지내고, 몰락 양반들보다 오히려 더 장대하게, 격식을 갖추어 지내는 것이 중요했다. 때로는 지방(紙榜)도 제대로 쓸 수 없는 자들이 열심히 유교식 제사를 지냈다. 그들은 나아가 양반들에게도 그리 열심히 장려되지 않던 4대 봉사를 적극적으로 지키면서 조상 의례를 유교화시키는 선봉에 서기도 했다. 말하자면 양반임을 보증하는 중요한 수단으로 유교식 제사가 적극 활용된 것이다.

조선왕조가 막을 내린 지도 100년이 훨씬 지났다. 하지만 기독교 집안을 빼면 아직도 대부분의 집안에서는 유교식 제사를 지낸다. 물론 지금 부모들이 죽고 다음 세대가 이어받을 때가 되면 지금보다는 제사가 훨씬 더 약화될지도 모른다. 하지만 종친회가 해방 이후에 오히려 활성화된 사실을 감안한다면, 제사 역시 그리 간단하게 사라지지 않을지도 모른다.

가족과 가문

중세 국가는 오늘날처럼 개개인의 신상을 모두 파악하고 관리할 만한 능력을 갖고 있지 못했다. 때문에 촌락을 단위로 묶어서, 또는 가족·친족 제도를 매개로 사회통제 체계를 유지하였다. 특히 대부분의 농촌 가족은 생산 기능을 담당하는 단위였고, 가족 구성원은 노동을 공동으로 수행하는 협력자들이었다. 부모가 농사일을 하면 자식들이 그 보조 역할을 했고, 부모가 늙으면 자식들이 떠맡았다. 개인은 개인으로서의 정체성을 갖지 못하고 언제나 가족의 구성원, 더 나아가 부계 친족집단의 구성원으로 살아갔다. 그래서 개인의 행위는 대체로 가족의 행위와 동일시되었다. 한 개인이 과거에 합격하고 출세를 하면 집안의 영광으로 알았고, 또 그에게 신세지며 사는 것을 당연하게 여기기도 했다. 이는 당시가 신분제도와 친족제도의 틀 속에서 개인의 생존과 생활이 이루어지던 사회였기 때문이다.

근대화 과정에서 나타난 공업화, 도시화 그리고 근대국가의 출현은 가족 제도를 크게 바꾸어 버렸다. 부부 중심의 개별 가족이 친족 집단으로부터 독립하여 독자적 생활 단위가 되었다. 동시에 가족 또는 가문의 일원이라는 의식은 점차 약해지고, 각 개인이 독자적인 정체성을 갖는 경향이 커졌다.

개화기의 가족사진
할아버지에서 증손까지, 여러 대가 함께 모여 있는 대가족이다. 가족주의적 사고는 족보와 종친회, 그리고 제사로 대표되는 가문을 강조한다.

이런 경향은 한말·일제 침략기에도 진행되었지만, 특히 해방 이후 산업화 과정에서 급속히 진행되었다.

공업화와 도시화의 진전으로 농민이 이농하면서 노동자로, 또는 도시 잡업노동자로 바뀌었다. 노동자 가족은 전반적인 저임금제도 속에서 노동자 임금만으로 생활이 불가능했다. 아버지와 큰아들은 공장노동자, 리어카꾼, 지게꾼으로 어머니와 딸들은 나물 장사, 미나리 장사 등으로 온 식구가 돈을 모아야 생계유지가 가능한 도시 생활을 했다.

이런 변화 속에서 사회의 중심 단위가 가족이 아니라 개인으로 바뀌었다.

전에는 농사를 지어 번 돈은 어느 개인이 아닌 가족의 수입이었다. 하지만 회사, 기업체에 다니며 벌어들이는 수입은 모두 개인 단위로 받는다. 맞벌이 부부는 제각기 돈을 벌고, 아들딸도 따로따로 돈을 번다. 이런 상황에서 개인의 생활이 독립적으로 되어 가는 것은 당연하다.

이처럼 엄청난 사회변동의 소용돌이와 가족 형태의 변화 속에서도 가족주의적 발상은 크게 바뀌지 않았다. 겉으로 보기에 전통적인 가치관은 깨어진 듯이 보인다. 도시화, 산업화 과정에서 가족의 크기가 소규모가 되고, 연장자에 대한 태도가 바뀌었으며 여성과 남성의 관계도 변했다. 가족 안에서 부모의 권위는 떨어지고 자녀들의 위치가 강화되기도 하였다. 그러나 모든 변화에도 불구하고 한국인의 심층 의식에는 가족주의적 발상이 깔려 있다.

아무리 자본주의적 방식으로 돈을 벌어도, 또 높은 수준의 교육을 받아도 그것이 사회적 지위를 그대로 보장하지는 못한다. 아직도 여전히 신분적 차별성을 통해서 자신의 사회적 지위를 확보하고 싶고, 또 그로부터 위안을 얻으려는 세력이 힘을 갖고 있다. 이런 경향은 근대화 과정에서 적응에 실패한 사람들일수록 훨씬 더 강하게 나타났다. 이럴 때 이들과 사회관계 속에서 당당하게 맞서게 만드는 것이 바로 족보와 종친회, 그리고 제사로 대표되는 가문에 대한 강조인 것이다.

유교식 제사를 지내고 족보를 통해 빛나는 조상의 후예임을 입증하는 것은 그것이 양반 집안임을 보증하는 역할을 했기 때문이다. 그것은 조선 후기뿐만 아니라 한말, 일제 침략기, 심지어는 해방 이후 요즘까지도 그렇다. 양반임을 내세운다는 것이 요즘 세상에서 무슨 소용이 있느냐고 코웃음 칠 수도 있다. 그러나 현실은 반드시 그런 것만은 아니다. 조상의 뿌리가 양반이었음을 강조하고 싶어 하는 의식은 지금도 계속 이어지고 있다. 오늘날 족보를 간행하는 문중이 늘어나고 이들 문중이 오히려 결속력을 강화해 가는 현상은 단순히 과거 신분 관념의 부활은 아닐 것이다. 산업화, 도시화가 진행될수록 구시대의 유물인 족보와 종친회 활동이 약해지는 것이 아니라 오히려 더 활성화되어 온 것이 우리의 현실이다.

우리는 선거 때만 되면 흔히 지연, 혈연, 학연이 한국 사회를 망치고 있으며, 이러한 연고주의를 타파해야만 근대 시민사회로 나아갈 수 있다는 말을 듣는다. 하지만 뒤집어 생각하면 지연, 혈연, 학연이야말로 현대 한국 사회를 움직이는 조직 원리이고, 이 원리를 이해해야만 한국 사회가 어떻게 돌아가고 있는지를 파악할 수 있다는 말이 된다. 한국 사회의 정치 또는 사업 분야에서 성공한 사람들이라면 그들은 대부분 연고를 중심으로 짜인 연결망을 이해하고 적절히 활용한 사람들이다. 약화되어야 할 지역주의가 현대 정치인들에 의해 오히려 조장되고 확대 재생산되는 것과 마찬가지로, 혈연 중심적 사고, 가족주의 발상이 한국 재벌의 구성과 운영의 원리를 이해하는 데 핵심 요소가 되고 있다. 또한 문중의식과 친척 관계망이 산업화 과정에서 중요한 인적 연줄을 형성하는 기제로 작용하고 있다.

얼마 전 여성운동에 적극 참여하는 사람과 대화를 나누면서, 지금 여성운동에 걸림돌이 되는 것 말하자면 여성들의 사회의식의 성장을 가로막고 있다고 생각되는 것을 한 가지만 말해 보라고 했다. 그랬더니 대뜸 유교식 제사를 지적했다. 유교식 제사가 남성에게는 가장으로서의 책임 의식을, 여성에게는 부차적 종속적 지위를 인정하고 순종하도록 만드는 가부장적 사회의식을 어릴 때부터 지속적으로 반복해서 심어 주고 몸으로 느끼게 해 준다는 것이다.

한국 사회에서 가족주의 원리는 급속한 변동 과정에서 발생하는 긴장을 처리하는 안전판 역할을 담당해 온 것이 사실이다. 한편 그것은 지연과 학연의 원리와 함께 한국 사회의 연줄을 형성하면서 합리적 원칙에 의한 문제 해결을 어렵게 만들어 왔다. 한국 사회의 가족주의 원리는 우리들의 삶을 풍요롭게 만들어 준 원리이기도 하지만 동시에 급속히 자본주의화되고, 개인주의적 성향이 강해지고 있는 현대사회에서 민주적인 사회 구성 원리가 뿌리내리는 것을 방해하는 작용을 동시에 해 왔다.

권위적이고 비민주적인 사회, 합리적인 절차가 무시되는 사회에서 믿을 것이라고는 가족과 문중밖에 없고, 때로는 지연, 학연에 기대야만 살아남는 사회에서 이러한 원리가 작용한 것이 어쩌면 지극히 당연한 일인지도 모른다. 따라서 민주적인 근대 시민사회를 건설하려면 이러한 원리가 점차 약화되어야 하겠지만, 근본적인 변화는 상당히 장기간에 걸친 극복 노력을 통해서만 가능할 것이다.

조성윤 _제주대 사회학과 명예교수

관혼상제 어떻게 변했나

고영진

21세기의 유망 산업, 장례 사업

한 신문에서 21세기의 유망 사업의 하나로 장례 사업을 소개한 적이 있었다. 어렸을 적에 장의사 앞을 지날 때마다 섬뜩한 기분이 들었던 기억이 있는지라 그때는 별 업종이 다 유망 사업이 되는구나 하는 생각도 들었지만, 얼마 전 코로나19 확산으로 사망자가 급증하면서 전국적으로 화장장 대란이 일어나고 장례를 7일 동안 치르는 경우도 속출하는 모습을 보면 그럴 수도 있겠구나 고개가 끄덕여진다.

장례 사업의 핵심인 장례식장은 빈소와 영안실, 장례용품 전시판매장, 휴게실 등을 갖추고 장례를 치를 수 있도록 한 장소를 말한다. 장례란 말은 보통 상례와 같은 뜻으로 쓰이는데 정확히 말하자면 상례 중에서 시신을 처리하는 과정만을 뜻한다.

우리나라 최초의 전문 장례식장은 1983년 경기도 파주 용미리 서울시립묘지 안에 건립된 '제1명복관'이었다. 또한 1993년 개정된 〈가정의례에 관한 법률〉에서 장례식장 영업이 허가제에서 신고제로 바뀌고 이듬해 시행령에서 병원 부설 장례식장에 대한 규제가 사라지면서 병원 영안실도 장례식장으로 전환할 수가 있게 되었다. 그러나 1990년대 초반만 하더라도 정식으로 허가받은 장례식장은 3개에 불과하였다.

1990년대 후반부터 병원 장례식장뿐만 아니라 독립된 전문 장례식장도 조금씩 늘어나기 시작하였다. 간혹 주민들이 이러한 전문 장례식장의 건립을 주민이 혐오시설이라는 이유로 현수막까지 내걸고 백지화할 것을 요구하는 일이 벌어지기도 했지만, 일반 사업자뿐만 아니라 대형 병원과 농협, 심지어는 지방자치단체까지 재원 확보를 위해 장례식장 사업에 참여해 그 수는 계속 증가하였다.

반면 전문 장례식장이 등장할 때 3,000여 개에 달했던 장의사는 현재 거의 사라진 상태이다. 장의사는 집에서 장사를 지낼 때 부르는 것인데 요즘은 대부분의 사람들이 부모가 집에서 돌아가셔도 병원 영안실이나 전문 장례식장으로 모셔 가니 장의사가 필요 없게 된 것이다.

이 같은 장의(葬儀)산업의 지각변동은 기존 상례 풍속의 큰 변화를 가져왔다. 마치 지금으로부터 90년 전인 1930년대에 신식 혼례만을 전문적으로 취급하는 혼인 예식장이 새로 생기면서 혼례 풍속에 큰 변화가 일어난 것과 같다고 할 수 있다. 이제 신문의 부음(訃音)란을 보면 빈소가 '자택'으로 되어 있는 경우는 사라지고 대신 '○○병원 장례식장'과 '○○장례식장'이 그 자리를 대신하고 있다.

그러나 1990년대의 상례 풍속의 변화는 1930년대의 혼례 풍속의 변화와는 다른 점이 많다. 당시 혼인 예식장에서 하는 혼례는 전통 혼례의 모습이 거의 사라져 버린 서양식 혼례였지만 지금 장례식장에서 행해지는 상례는

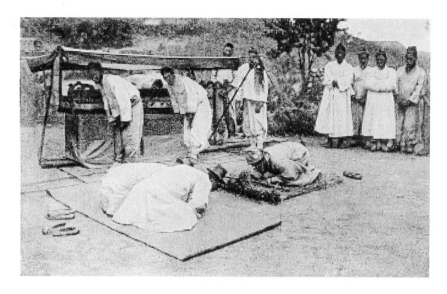

전통 상례
장례식에서 문상을 하고 있다. 전통사회에서는 문상객도 남을 조상
하는 날에는 음악을 연주하지 않았으며 술과 고기도 먹지 않았다고
한다.

아직 전통의 모습을 간직하고 있기 때문이다. 말하자면 변화의 정도가 90년
전의 혼례보다는 덜하다고 할 수 있다.

　현재 한국 사회의 묘지 면적은 전 국토의 1퍼센트를 차지하고 있다. 한편
1994년 20.5퍼센트에 불과했던 화장(火葬) 비율이 2021년 90퍼센트를 돌파
하면서 유교식 매장 풍속은 급속하게 줄어들고 있다. 그러나 매년 추모 공
원과 묘지는 늘어나고 있어 국토의 효율적 이용 측면에서 적지 않은 문제점
을 야기하고 있다. 조상님을 명당자리에 묻어야 후손이 그 음덕을 입을 수
있다는 생각도 별로 변한 것이 없다. 한식과 추석 때에 조상의 묘소를 찾아
가는 길은 교통난 때문에 갈수록 힘들어져도 사람들은 그날이 되면 집을 나

선다.

또한 제사를 지내지 않는 집이 점점 늘어나고 있지만 아직도 많은 집의 경우 제삿날이 되면 흩어져 살던 형제들과 가까운 친척들이 큰집으로 모인다. 비록 제사 드리는 시간이 제각각이고 제사상에 멜론과 바나나를 올리기도 하고 제례 순서는 집집마다 약간씩 차이가 나지만 조상님께 정성스레 음식과 술과 절을 올린다.

오늘날 우리의 생활에 남아 있는 전통은 대부분 유교적인 것이다. 그리고 이러한 유교적 생활관습이 다른 어떤 분야보다도 뿌리 깊게 남아 있는 곳이 바로 관혼상제이다. 따라서 전통적인 관혼상제가 근대에 들어와 어떻게 변화했는가를 살펴보면 전통과 근대의 충돌과 변용의 모습을 짚어 보는 데 도움이 될 것이다.

전통적인 관혼상제

관혼상제는 관례·혼례·상례·제례를 줄인 말이다. 각각의 용어에서 짐작할 수 있듯이 관혼상제는 예(禮)라고 할 수 있다. 지금 사람들은 예를 의식절차나 에티켓 정도로만 알고 있지만 근대 이전 유교가 지배했던 시대에는 훨씬 범위가 넓었고 비중도 컸다. 더욱이 이 예는 동양에만 존재하는 독특한 것으로 굳이 서양과 비교하자면 관습법과 비슷하다고 할 수 있다.

선진시대 공자와 순자 등에 의해 체계화된 예는 처음에는 정치·경제·문화 등 사회의 모든 분야를 규정하는 하나의 질서 세계였다. 그러던 것이 한·당대에 오면 오례(五禮)와 가례(家禮)로 분리되어 재정립되었다. 오례는 왕실·국가의 예로 길례(吉禮)·흉례(凶禮)·빈례(賓禮)·군례(軍禮)·가례(嘉禮)를 말한다. 가례는 개인 집안의 예로 관례·혼례·상례·제례, 즉 관혼상제를 말한다. 이 가례는 사례(四禮)라고 부르기도 한다.

대체로 가례(家禮)에서의 관례와 혼례는 오례의 가례(嘉禮)에 해당되고 상례는 흉례에, 제례는 길례에 해당된다. 국가 간의 외교 관계를 규정한 빈례와 군사와 관련된 군례는 가례에는 없다. TV사극을 보면 왕실에서 대군이나 공주들을 시집·장가 보내면서 혼례라고 하지 않고 가례라고 부르는 것도이 때문이었다.

특히 예는 송대에 오면 성리학과 결합하면서 성리학의 이상인 천리(天理)를 현실 사회에 구현한 형태로 인식되었다. 이는 성리학의 영향을 절대적으로 받은 조선 사회에서도 마찬가지였다. 당시 학인들은 예를 바로잡는 것이야말로 세상을 바로잡는 것이라고 보고 예를 원칙에 맞게 행하려고 노력했다. 이에 따라 17세기 중엽에는 예송(禮訟)이라 하여 왕실의 전례문제를 둘러싼 격렬한 논쟁이 두 차례나 일어나기도 했다.

어떤 상복을 언제까지 입을 것인가, 제사를 어떻게 지낼 것인가 하는, 지금 보면 별로 중요하지 않은 것 같은 관혼상제에 관한 문제들이 당시 사람들에게는 국가와 집안을 올바로 이끌어 가는 문제와 직결된다고 간주했던 것이다.

우리가 전통적인 관혼상제라 말하는 것은 대부분 조선시대에 형성된 것이다. 그리고 조선시대 관혼상제의 기준이 된 것은 성리학을 집대성한 주자가 저술했다고 하는 《주자가례》였다. 《주자가례》는 고려 말에 도입되어 15세기에는 국가가 강력히 시행을 장려했지만 당시만 해도 사대부들조차 아직 불교나 민간신앙에 바탕을 둔 이전의 생활관습에 젖어 있었던 터라 제대로 시행되지 못했다.

그러다가 16세기 성리학적 소양을 강하게 지닌 사림을 중심으로 퍼지기 시작하여 17세기 후반에 가서야 양반 사회에 일반화될 수 있었다. 18세기로 넘어가면 중인이나 평민들도 경제력의 상승에 힘입어 행하기 시작했으며 19세기에 들어서면서 사회 전체로 확산되었다. 추석 때가 되면 성묘 가겠다고 온 나라가 들썩거리는 지금과, 정도의 차이는 있지만 비슷했을 것으로 여겨진다.

물론 조선시대 사람들이 관혼상제를 《주자가례》대로만 행한 것은 아니었다. 《주자가례》 자체가 소략한 부분이 없지 않고 또한 중국과 조선의 풍속이 달랐기 때문이다. 따라서 《주자가례》를 기본으로 하면서도 조선의 풍속을 참작한 예서(禮書)가 저술되어 관혼상제를 행하는 준거가 되기도 했다. 대표적인 예서가 조선 중기에는 신의경과 김장생이 지은 《상례비요(喪禮備要)》였고 후기에는 이재가 지은 《사례편람(四禮便覽)》이었다. 과거 사람들이 제사 지낼 때 많이 참조했던 《가례서식》도 실은 《사례편람》에서 뽑아 정리한 것이다.

《주자가례》는 가문이나 당색, 지역이나 신분에 따라서도 조금씩 다르게 시행되었다. 조선 후기에 '가가례(家家禮)'라는 말이 출현하는 것도 이러한 연유 때문이었다. 또한 실학자였던 성호 이익은 양반이든 평민이든 한결같이 《주자가례》를 행하는 당시의 문제점을 지적하고 경제적인 능력이 없는 평민들을 위해 《서인가례(庶人家禮)》라는 책을 따로 만들어 보급할 것을 주장하기도 했다.

구식에서 신식으로

전통사회에서 근대사회로의 이행은 생활관습의 변화를 의미하는 것이기도 했다. 개항과 함께 들어오기 시작한 서구문화의 영향으로 '구식'은 점차 사라지고 '신식'이 행해지기 시작했던 것이다. 이는 관혼상제에서도 마찬가지였다.

그러나 신식 관혼상제가 개항 이전에 전혀 없었던 것은 아니다. 1784년 (정조 8년) 이승훈에 의해 최초로 조선 땅에 교회가 창설된 이후 신자들을 중심으로 천주교식 의례가 행해졌기 때문이다. 국가는 성리학적 사회윤리에 어긋난다 하여 이를 금지시켰지만 신앙심에서 우러나온 행동을 막을 수는 없었다. 결국 국가의 탄압이 가해질 수밖에 없었으니 그 대표적인 사건이 1791년에 일어난 신해박해(辛亥迫害)였다.

이 사건은 전라도 진산의 양반 교인이었던 윤지충이 모친상을 당했을 때 신주를 모시지 않고 제사도 드리지 않고 천주교식으로 장례를 치른 것이 빌미가 되어 일어났다. 결국 윤지충은 강상(綱常)을 범한 죄로 사형당하고 말았다. 집에 불이 나면 제일 먼저 사당으로 뛰어 들어가 신주를 들고 나올 정도로 조상 섬기기를 중시하고 효를 최고의 덕목으로 여겼던 당시 사람들에게 윤지충의 행동은 아비도 없고 임금도 없는 패륜적인 행동으로 인식되었던 것이다. 이후 계속되는 국가의 탄압에도 불구하고 천주교는 조선 사회에 퍼져 나갔으며 신자들을 중심으로 천주교식 의례도 계속 행해졌다.

이러한 신식 의례는 조선이 제국주의 열강에 강제로 문을 열고 서구문화가 유입되면서 본격적으로 행해지기 시작했다. 반면 구식 의례는 점점 사라져 갔으니 1895년 시행된 단발령은 비록 일본의 주도 아래 이루어진 것이었지만 더 이상 유교적인 가치와 윤리가 절대적인 권위를 지니지 못한다는 것을 상징적으로 보여 준 사건이었다. 머리를 깎음으로써 관례를 행할 수 없게 되었음은 물론이고 신체는 머리카락 하나까지도 부모로부터 받지 않은 것이 없다는 전통적인 윤리 관념이 무너져 버렸던 것이다. 지방의 유생들이 단발령에는 반대해 의병을 일으키는 등 격렬하게 반발했지만 이러한 흐름을 완전히 되돌려 놓을 수는 없었다.

개항 이후 기독교도(개신교도) 사이에 복수결혼(福手結婚)이라는 것이 유행한 적이 있다. 복수결혼이란 가까운 친척들만이 지켜보는 가운데 신랑이 신부의 댕기머리 쪽을 지어 얹어 주고 신부는 신랑의 머리를 상투 틀어 주는 것으로 식이 끝나는 결혼 방식이다. 여기서 복수란 쪽을 지어 주고 상투를 틀어 주는 사람을 부르는 말이다. 이러한 결혼 방식은 신식 결혼식이라고는 하지만 조선시대 가난한 사람들 사이에 행해졌던 빈자결혼(貧者結婚)과 별 차이가 없었던 것이며 따라서 비용이 많이 드는 전통 혼례를 행하지 못했던 사람들 사이에 인기가 있었다.

그러나 명실상부한 최초의 신식 결혼식은 1888년 3월 정동교회에서 아펜젤러의 주례 아래 기독교식으로 치러진 신자 한용경과 과부 박씨의 결혼식이었다. '예배당결혼'으로 불리기도 했던 이 신식 결혼식은 기독교가 전파되어 곳곳에 예배당이 세워지면서 점차 늘어 갔다. 한편 천주교회에서는 신부의 집전으로 천주교식 혼례인 혼배성사(婚配聖事)가 행해졌으며 1900년대에는 불교에서도 법사(法師)가 주례하는 불식화혼법(佛式花婚法)이라는 개량혼례가 등장했다. 또한 천도교에서도 독자적인 신식 혼례방식을 마련했다.

이처럼 주로 종교와 관련을 가지면서 행해졌던 신식 혼례는 1930년대에 이르면 또 한 번의 커다란 변화를 맞이하게 된다. 당시에는 신식 결혼을 '사회결혼(社會結婚)'이라 불렀는데 이러한 사회결혼에 대한 수요가 증가하면서 교회나 불당만으로는 이를 다 수용할 수 없어 되었다. 결국 이러한 수요를 충족시키기 위해서 결혼 전문 예식장이 '○○예식부'라는 이름으로 생겨났던 것이다. 이에 따라 혼례복을 빌려주는 가게와 신부 화장을 전문으로 하는 미장원도 생겨났다.

이렇게 신식 혼례가 행해졌던 이유는 종교적·경제적인 이유도 있었지만 양반과 유교가 조선을 망하게 했다는 부정적인 인식의 탓도 컸다. 《동아일보》등 당시 신문을 보면 금전과 시간과 노력을 허비하는 전통 혼례와 상례의 폐해를 시정하자는 기사가 자주 등장한다.

> 이제 우리 조선서 현재 고유한 혼상(婚喪)제도의 예폐(禮弊)를 봅시다. 그얼마나 무용한 노력과 귀중한 금전과 시간을 공연히 허비하는가. 현 사회는 이러한 도덕과 제도가 존재하며 고수한 만큼은 사회도 변했다. 이것이 원래 중국문화임은 다시 말할 것도 없거니와 타국문화를 수입한 그 시대와 그 국가에는 태평했고 백성은 안정하야 의식이 족할 그 때에 상당히 숭배할 도덕이나 현세에는 다만 귀중한 금전과 시간을 허비할 뿐이라. 이에 대하야 우리는 자고(自顧)하여야 할 것이다. 종래 습관을 개량하자는 의미에 있어서 우리는 우리다운 문화를 새로이 건설하자.
>
> 〈在來의 婚喪弊를 破壞하자〉, 《동아일보》 1926년 5월 25일〉

이러한 인식은 특히 신교육을 받았거나 유학을 갔다 온 신지식층 사이에 많았다. 이들을 풍속 개량과 구관습의 개혁 등을 주장하면서 유교적 관혼상제의 타파를 최우선 과제로 여겼던 것이다. 그리하여 계명구락부 등 당시 사회계몽단체는 상고문(上告文)을 읽는 것으로 결혼식 절차를 대신하는 고천식(告天式) 개량결혼식을 보급하는 데 힘썼는데 이러한 방식은 간단할 뿐더러 비용이 거의 들지 않는 까닭에 일반 사람들의 호응이 매우 컸다.

전통 상례에 큰 변화를 가져온 계기는 1912년에 총독부령으로 공포된 24개 조의 '묘지, 화장장, 매장 및 화장 취체규칙'이었다. 이 규칙의 주요 내용은 매장보다는 화장을 권장하고 매장을 할 경우 신고하도록 하며 개인묘지보다는 공동묘지를 이용하도록 하는 것이었다.

그러나 이는 당시의 실정에 맞지 않아 제대로 시행되지 못했으며 결국 1918년과 1920년에 내용을 완화하여 개정했다. 이 역시 기존의 관습과는 많이 배치되었으나 화장하는 사람들이 조금씩 늘어나는 등 효과가 전혀 없지는 않았다. 더욱이 1940년에 묘지 규칙이 개정되어 매장이 신고제에서 허가제로 변하면서 화장은 더욱 늘어났다. 유교식 상례보다는 절차가 대폭 간편해진 기독교식 상례가 성행하고 사회단체들이 주관하는 연합장(聯合葬)이나 사회장(社會葬)이 출현한 것도, 신문의 부고(訃告)와 장의사가 나타나기 시작한 것도 이 무렵이었다.

1934년 조선총독부가 제정 공포한 〈의례준칙(儀禮準則)〉은 국가가 최초로 법으로 국민의 생활관습을 규제하려 했다는 데서 중요한 의미를 지닌다. 과거 우리 사회에서 시행되었던 가정의례준칙과 비슷하다고나 할까. 전통 혼·상·제례가 지닌 허례허식의 폐해를 극복한다는 취지로 만들어진 이 준칙은 전통 의례에 기반을 두면서 세부 내용에서는 당시 실정에 맞게 대폭 간소화한 것이었다.

즉 절이나 교회뿐만 아니라 신사(神社)에서도 혼례식을 거행하게 했으며 장사를 지내는 기간은 5~14일로, 상복을 입는 기간은 30일~1년으로 단축했다. 또한 제사는 기제(忌祭)와 묘제만을 허락하고 기제의 경우 2대까지만 제사를 지내도록 했다. 이러한 내용들은 전통의례에 비해 치르기 쉽고 경제적이고 시간적으로 절약이 되어, 없는 사람들에게는 호응을 받았지만 유교의 3년상과 4대 봉사(四代奉祀)를 절대적 가치로 여겼던 양반들에게는 모욕적이고 받아들일 수 없는 것이었다.

가정의례준칙

해방 이후 '양키 문화'로 상징되는 미국 문화의 유입은 서구적 생활양식이 전 사회적으로 퍼져 나가는 계기가 되었다. 특히 일제강점기 때에도 유지되었던 양반체제가 토지개혁과 한국전쟁을 거치며 붕괴되어 나가면서 이러한 경향은 더욱 심화되었다. '구식'에서 '신식'으로의 이동이 점점 속도를 더해 갔던 것이다.

박정희 정권의 근대화도 이러한 변화에 한몫을 했다. 1970년 이후 산업화, 도시화가 본격화되면서 기존의 대가족 구조가 해체되어 소가족 구조로 변화하고 사회의 공동체적 특성이 약화되는 등 전통적 생활관습을 행할 수 있는 기반이 점점 사라졌다. 더욱이 근대화과정에서 합리성이 절대적인 기준으로 자리 잡으면서 전통적인 것은 대단히 비효율적인 것으로 치부되었다. 농촌에서 새마을운동을 전개하면서 근대화란 미명 아래 전통문화를 미신으로 몰아 파괴한 것도 이 와중에 생긴 일이었다.

1969년 1월 정부는 〈가정의례준칙에 관한 법률〉을 제정·공포하고 〈가정의례준칙〉을 대통령 고시로 발포하였다. 이 법률은 그 목적을 혼례·상례·제례·회갑연 등 가정의례를 행함에 허례허식을 일소하고 그 의식 절차를 합리화함으로써 낭비를 억제하고 건전한 사회기풍을 진작함에 두고 있었다. 또한 이를 위해 청첩장 발송과 신문 부고, 화환진열, 답례품 증여, 굴건제복 착용, 만장 사용, 주류 및 음식물 접대 등 6개 항목에 대해 금지조항을 두기까지 하였다.

한편 〈가정의례준칙〉의 주요 내

가정의례준칙
정부는 가정의례에서 허례허식을 없애고 의식 절차를 간소하여 건전한 사회기풍을 조성하기 위해 1969년 1월 16일 가정의례준칙에 관한 법률을 제정하였다.

용을 살펴보면 약혼식은 약혼서 교환으로 대신하고 혼례식에는 친척과 가까운 친지에 한하여 초청하고 청첩장을 내지 않는 것을 원칙으로 하며, 상복은 따로 마련하지 않고 장례는 5일 이내로 하며 제사는 2대까지 지내도록 하는 것 등이었다.

그러나 당시의 법률은 위반했을 때의 처벌 규정을 두지 않아 실효를 거두지는 못했다. 그리하여 1973년 벌칙 규정을 둔 〈가정의례에 관한 법률〉로 개정하여 법적인 강제성과 규제가 가능하게 되었으며 이후 몇 번의 개정을 거쳐 1999년 폐지되고 대신 〈건전가정의례의 정착 및 지원에 관한 법률〉과 〈건전가정의례준칙〉이 제정되어 오늘에 이르고 있다.

〈가정의례준칙〉을 제정할 당시 1인당 국민소득은 200달러를 조금 넘었고 저축률은 17퍼센트에 불과해 경제개발을 위해서는 많은 돈을 외국에서 빌려 오고 국가 전체적으로 허리띠를 졸라매야 했다. 따라서 허례허식과 낭비적 요소를 줄인 이 준칙의 시행은 나름대로 의미와 성과가 없지는 않았다.

그러나 〈가정의례준칙〉은 큰 실효를 거두지 못했다. 정부의 단속이 철저하지 못했다는 데도 이유가 있지만, 더 중요한 것은 관혼상제에 대한 국민의 일반적인 정서와 거리가 있기 때문이었다. 당시 전통적 생활관습은 내용에서는 많은 변화를 겪었지만 그 자체가 사라진 것은 아니었다. 오히려 사회의 계층 이동이 활발해지면서 전통적 유교 의례는 더욱 확산되는 모습을 보였다. 그것은 유교식 의례의 시행이 자신이 뼈대 있는 가문 출신임을 드러내는 수단이기 때문이었다. 따라서 본래 양반은 두말할 것도 없거니와 솔직히 출자가 불분명한 집안들조차 더욱 유교식 의례에 매달리게 되었다.

또한 〈가정의례준칙〉은 일제강점기에 시행된 〈의례준칙〉과 마찬가지로 국민의 생활관습을 법으로써 규제한다는 데 근본적인 한계가 있었다. 그 법의 내용이 실제 행해지는 현실과 차이가 클 때는 더욱 그러했다. 예로부터 상부상조의 전통이 강했던 길사(吉事)나 흉사(凶事)를 치르면서 주위에 알리지 않고 먼 길을 온 손님들에게 음식을 대접하지 않는다는 것은 허례허식을 따지기 앞서 사람된 도리로 있을 수 없는 일로 여겨졌다. 그러니 법으로 금한다고 없어질 리가 없다.

더욱이 경제발전으로 국민의 생활수준이 높아지면서 법과 현실과의 괴리는 점점 커 갔다. 당시 신문에 가끔 등장하는 특급호텔에서의 결혼식 허용 문제나 병원 영안실과 대형 예식장에 대한 과대 화환 단속 기사가 간간히 〈가정의례준칙〉의 존재를 깨닫게 해 주고 있을 뿐이다. 과거 경비행기까지 동원한 한 국회의원 아들의 호화 결혼식이 장안의 화제가 되고 호화 TV쇼를 연상케 하는 결혼식이 벌어져 눈살을 찌푸리게 했지만 그런 혼례의 당사자가 처벌받았다는 소식은 들어보지 못했다.

우리에게 전통이란 무엇인가

생활관습은 법으로 규제한다고 되는 것이 아니다. 생활관습은 그것을 행하는 사람들의 의식, 그것이 행해지는 사회경제적 조건과 밀접한 관련을 지니고 있기 때문이다. 또한 사회의 여러 분야 가운데서 변화를 제일 늦게 수용하는 속성을 가지고 있다.

조선 초기 국가에서 강제적으로 《주자가례》의 시행을 강요했지만 지배층인 사대부들조차 이를 제대로 받아들이지 않았다. 《주자가례》에 입각한 유교적 관혼상제가 사회에 뿌리내리는 것은 그로부터 200년이 지난 뒤였다. 역시 마찬가지로 근대사회로 들어와 서구문화가 안방을 차지하고 서구적 생활방식이 일반화됐지만 관혼상제 분야만큼은 옛 모습을 상당 부분 유지했었다.

새로운 생활관습이 완전히 자리 잡기까지 옛 생활관습과 같이 공존하는 것은 어쩌면 당연한 일인지도 모른다. 우리는 이러한 옛 생활관습을 전통이라 부른다. 그래서 우리는 옛것과 새것을 '전통'과 '근대'라는 말로 대비시켜 보기도 한다. 그러나 꼭 이렇게 이분법적으로 보는 데는 의문이 없지 않다.

전통은 전해 내려오는(傳) 계통(統), 즉 후세에 계승된 과거의 생활양식과 문화, 제도와 이념 등을 말한다. 그러나 흔히 생각하듯이 전통은 오랜 옛날부터 변하지 않고 존재해 온 고정된 어떤 것은 아니다. 새로이 생성하기도 하고 변화하기도 하고 또한 소멸하기도 하는 역사적 산물인 것이다.

따라서 언제가 될지는 모르지만 앞으로 한국 사회에 뿌리내릴 '근대적인' 생활관습도 새롭게 형성될 또 다른 전통이라고 할 수 있다. 그것이 수백 년간 행해 온 기존의 유교적 생활관습과 전혀 다른 모습일지, 아니면 별반 다를 게 없는 모습일지 지금은 장담할 수는 없다.

그러나 이렇게 말할 수는 있지 않을까. 제도건 관습이건 모든 것은 형식과 내용을 함께 지니고 있다. 이는 전통이나 관혼상제도 마찬가지이다. 그런데 우리는 지금까지 내용보다는 형식에 너무 얽매여 왔다. 한국 사회에 아직까지도 적지 않은 영향을 끼치고 있는 문중 중시, 혈통 중시 경향도 형식에 얽매이면서 나타난 전통의 왜곡된 모습이라고 볼 수 있다.

전통적 관혼상제가 말하고자 했던 내용의 진정한 의미를 다시 되새겨 보고, 그 의미를 새로운 사회 변화에 맞게 되살릴 때 비로소 새로운 전통으로서의 근대적 관혼상제가 한국 사회에 뿌리내릴 수 있을 것이다. 그리고 옛 전통이 지닌 좋은 점도 새 전통으로 창조적으로 계승될 것이다.

고영진 _광주대 교수

성매매 공화국

강정숙

성매매 공화국, 한국

한국을 성매매 공화국이라고 부르는 것은 단순히 수사적 표현이 아니다. 미국 국무부가 매년 발간하는 〈세계인신매매실태보고서(TIP 리포트)〉에는 한국인의 왜곡된 성 의식과 성매매 실태가 담겨 있다. 한국형사정책연구원은 2015년 연구보고서에서 성매매 여성 및 유흥업소 단속율을 기준으로 성매매 규모를 추정한 결과, 2013년 당시 30~37조 원 규모로 추정하였다. 검증이 필요하지만 미국 암시장 전문 조사업체 하보스코프닷컴은 2015년 한국 성매매 규모를 세계 6위로 보았다. 한국보다 성매매 규모가 큰 국가는 중국, 스페인, 일본, 독일, 미국이었다. 이들 나라가 한국보다 훨씬 큰 영토와 인구를 가진 점을 고려하면, 인구 대비 성매매 규모에서는 한국이 더 큰 수준임이 분명하다. 최근 정부의 노력으로 다소 개선된 면이 있지만 내부 상황을 보면 아직 갈 길이 멀다. 왜 이렇게 오명의 나라가 되었을까. 한국 근현대사의 역정이 이러한 성매매 환경을 낳은 측면이 있을 것이다. 그 역사와 현 상황, 극복 방향을 살펴보자.

성매매란 경제적 이익 등을 위하여 불특정인에게 성(性)을 팔고 자신의 욕구 충족을 위해 타인의 성을 사는 것을 말한다. 인류의 탄생 시점에서부터 초역사적으로 성매매가 있었던 것은 아니다. 오랜 인류 초기 시대를 지나고 신분과 계급이 출현하면서 생긴 것이다. 성매매란 성 판매자와 성 매수자가 대등한 관계에서 이루어지는 것이 아니다. 신분적 요소가 많이 탈락하였다고 할 수 있는 자본주의 사회에서도 그러한데 신분제가 강하였던 전근대 시기에는 더 말할 나위가 없다. 우리나라에서는 고구려의 '부무상인(夫無常人: 지아비가 일정하지 않은 여자)', 고려에 항거한 후백제의 유민이던 수척(水尺) 여성, 노비 신분 여성들이나 고아, 사생아, 역적의 처자, 가난한 집 딸들이 성매매 여성이 되었다. 신분제나 경제적으로 약자가 성 제공자 혹은 성 판매자로 되었다.

한국을 성매매 공화국이라고 일컬었지만, 한국이 성매매와 관련해서 오명을 쓰게 된 것은 비교적 최근의 일이다. 가부장적 사회에 식민지가 되면서 도입된 공창제나 군'위안부'제, 분단과 전쟁으로 이어진 기지촌과 군대문화, 물질 중심 성장주의, 사회의 양극화 등이 이러한 결과를 초래하였다. 이러한 문제를 고치고 혁파해야 할 정부는 오히려 기지촌, 기생파티 등을 주도하는 정책을 폈다. 이와 연동되어 성매매와 성착취, 인신매매 등이 확산하였으나 아직 이러한 문제를 제대로 진단하거나 불법행위자들을 철저히 처벌하지 못하는 상태에 있다.

한말~일제 식민지기 성매매 제도와 여성의 현실

성매매를 사회적으로 주목하게 된 것은 개항 이후 일본인 거류지에 유곽을 설치하면서부터가 아닐까 한다. 유곽은 처음에는 조선인 용도가 아니었지만 전국적인 성매매 확산의 거점이 되었다. 특히 일제의 침략 거점이 된 부산은 성매매업에서도 중요한 근거지가 되었다. 1881년 일본인 거류지에서는 가시자시키[貸座敷: 창기를 두고 객을 유흥하게 하는 유녀옥. 이하 대좌부라 함]와 요리점 등이 들어왔다. 1902년에는 일본인과 조선인 거주지 경계 지역에 성매매 여성의 집단 거주지라 할 사스도하라[佐須土原, 현 부산 중구 부평동 시장 부근]에 조선에서 첫 번째 유곽인 안락정(安樂亭)이 들어섰다. 이후 서구 아미산 아래에 흩어져 있던 유곽을 한데 모아 미도리마치[綠町]유곽(현

┃ 일본인이 조선에 설치한 첫 유곽 안락정의 예기
┃ (출처: 《부산일보》 1915년 2월 6일 5면)

부산의 미도리마치 유곽
(출처: 《부산일보》 1927년 4월 17일 3면)

충무동, 이전의 완월동)을 조성하였는데, 이것은 일본인 향락업에 큰 획을 긋
게 된다.

유곽 설치는 부산을 시작으로 인천, 원산 등지로 확대되었다. 개항 초 일
본인은 관리, 교원, 군인 등 독신 남성들이 주로 건너왔는데, 일본 측에서
는 이들의 성욕 처리 수단으로 일본인 거류지에 유곽 설치를 공인하였다.
부산에 세워진 이후 외국인의 눈을 생각하여 서울에는 좀 늦게 유곽이 설치
되었다.

일본인 거류지에만 운용되던 공창제는 일제의 실질적인 지배를 받던
1908년에 한국인을 대상으로 한 경시청령 제6호로 〈창기단속령〉이 발포되

었다. 이것은 창기와 기생을 구분하여 명부를 작성하고 창기에 대한 위생검사를 도입하는 것이 주요 내용이었다. 이전에는 기생과 창기라는 용어에 엄격한 구분이 없었으나, 이 이후로 기생·예기와 창기는 법률적으로 엄격하게 구분하여 전자는 예술을 주로 하는 여성으로, 창기는 성매매가 전업인 것으로 되었다. 조선의 일본인 사회는 일정 영역에 대좌부[유곽]를 설치하고 이 지역 여성들의 이동을 제한하고 위생검사를 하는 것을 일본에서부터 온 관행으로 수용하였으나, 조선인 사회에 이를 도입하는 데에는 상당한 어려움과 여성들의 반발이 남았다.

여성과 남성에 각기 다른 규범을 적용하는 이중적 성윤리가 관철되고 있는 한국 사회였지만 일본과는 달리 한국에는 유교적 사회질서와 규범이 강력하게 적용되고 있었다. 이에 비해 일본은 오랜 전쟁의 시대인 전국시대를 거쳤고, 근대에 들어와서도 계속된 전쟁 과정에서 여성을 성적으로 도구화하는 경향이 강화되었다. 일본은 일찍부터 공창제도를 두었는데 열악한 창기의 상태 때문에 서구 열강으로부터 노예제라고 비판을 받아 일본 내의 유녀옥(遊女屋)을 대좌부로 이름을 바꾸고 창기의 처지도 부분적으로 개선했다. 그러나 외국의 시선이 미치지 않은 식민지 조선에서의 창기의 처지는 열악한 채로 있었다.

과거 조선에서는 기생이나 여사당 등이 성매매를 했다 하더라도 본업이 성매매는 아니었다. 그러나 창기단속령이 공포된 이후, 신분과 계급적 이유로 존재했던 성매매의 복합적인 모습은 사라지고, 일제가 정한 대좌부 구역(유곽) 내에서 성매매를 전업으로 하는 창기가 생겨났다. 1916년 3월 31일에는 경무총감부령 제4호 〈대좌부(貸座敷)창기취체규칙〉이 발포되어 통치 권력의 성매매 여성에 대한 기본 방침이 정해졌다.

창기는 법적으로 만 17세 이상의 여성으로 부모와 자신의 동의 아래 될 수 있다고 하였으나 실제로는 인신매매 등에 의해 성매매를 강요받은 여성이 많았다. 17세 미만도 심부름꾼으로 위장하여 매음을 강요당했다. 창기들이 집단으로 모여 있던 대좌부는 구내에 성병진료소(공창의원)가 설치되고 법령으로 창기의 검사와 치료를 의무화하였다. 여성이 일단 대좌부 지대에 창기로 들어가면 외부와의 출입이나 연락도 제한되었다. 창기가 규정을 위반하면 구류나 과료에 처해졌고 전차금(前借金 : 미리 받는 돈)이 남아 있는 상태에서 도주하면 형법상 업무방해죄 등의 처벌을 받았다.

1930년 대좌부영업지(유곽)는 전국에 25개소가 있었고, 창기 수는 조선인 1,372명, 일본인 1,798명이었다. 포주는 창기 업무를 관할하던 경찰과 유착하여 창기의 처지를 더욱 어렵게 하였다. 창기는 죽거나 몹쓸 병으로 더 이상 성매매를 할 수 없어서 포주가 내놓은 경우가 아니면 유곽 지역을 거의 벗어날 수 없었다. 그리하여 창기는 자신들의 열악한 처지와 포주의 잔학한 학대에 대하여 종종 도주, 자살, 파업 등을 일으켰다. 공창들의 노예적인 처지에 분노한 기독교 단체와 여성단체가 중심이 되어 1920년대에는 공창폐지운동이 일어나기도 하였다.

식민지기 창기만 성매매 여성이었던 것은 아니었다. 법적으로 허용된 것은 창기이나 이전부터 부분적으로 성매매를 하였던 작부, 1920년대 후반 조선에 등장한 카페와 빠 등의 여급들이 사창이 되었다. 특히 1920년대 말 세계대공황으로 극심한 불경기와 실업으로 다수의 걸식자와 아사자가 생겨났고, 그 와중에 빈민층 소녀들이 성매매업으로 휩쓸려 들어가게 되었다.

1931년 조선에 있던 사창 수는 조선인 5,073명, 일본인 4,361명이었다. 1925년에 조선인 사창이 2,805명, 일본인 4,085명이었던 것을 생각하면 6년 만에 조선인 사창의 수가 배 가까이 급증하였음을 알 수 있다. 특히 공창에 비해 사창의 수가 급속도로 증가하였다. 만주 침략 이후 특히 중일전쟁기에 일본의 군수 경기는 호황이었으나 조선인의 생활은 더욱 어려워졌다. 조선인 공·사창은 계속 증가하였고 이 시기 숫자로 볼 때 성매매의 중심은 공창에서 사창으로 바뀌어 갔다고 할 수 있다.

갑오개혁 이후 기생은 신분적으로는 해방되었다. 과거 기생은 신분적 제약은 있었지만 전통적으로 서예, 가무 등 여러 가지 재능을 키울 수 있었고 유식자층을 상대하며 정치·사회상에 대한 이해가 높았다. 이러한 전통은 일제 식민지기에도 어느 정도 이어졌던 것으로 보인다. 국채보상운동이나 3·1운동에 기생들이 적극적으로 참가하였고 이후에 항일운동에 참여한 기생들도 있었다. 서울과 대도시의 기생들은 여전히 전통 기예를 닦으며 존속을 꾀했으나 식민지 상황에서 '전통'의 의미만큼이나 기생 역시 문화 전승이라는 기능은 퇴색되고 생존을 위해 다양한 방법을 모색하게 되었다.

일제하 기생은 경찰의 허가가 있어야 영업할 수 있었다. 기생과 예기는 권번(券番)이나 치옥(置屋)에 소속되어 근무하고 요리점에서는 숙박할 수 없게 되어 있었다. 그러나 실제로는 몸값을 받고 요릿집에 상시 고용되어 술자리에 있다가 몸을 파는 기생들도 있었다. 기생, 작부, 여급도 검진이나 건강진단서 제출을 명할 수 있다고 규정되어 있었으나 창기처럼 이들을 통제할 수는 없었다. 게다가 성병 예방을 위한 검진은 성매매 관련 남성과 여성 모두 검진하는 것이 아니라 여성에만 국한되어 있어서 성병의 확산을 막을 수 없었다.

당시 여성들이 성매매의 길에 들어서게 하고 또 여기서 벗어나지 못하게 한 배경에는 식민지 아래에서의 열악한 경제 상태와 남성 중심의 가부장적 가족구조 및 가족법이 있었다. 농촌경제가 만성적으로 피폐한 상황에서 춘궁기 때 농촌 가정의 딸들은 도시로 나가 돈을 벌어 가족의 생계를 유지하는 데 큰 역할을 하였다. 그러나 식민지 상태에서 조선인 여성의 고용은 극도로 제한되었고, 임금은 일본인 남성의 4분의 1, 일본인 여성의 2분의 1 수준이었으며, 유년노동자의 경우 일본인 남성의 7분의 1밖에 안 되는 저임금 상태에 있었다. 일자리를 구하지 못한 많은 여성 가운데 상당수가 성산업에 종사하게 되었다.

성매매는 대부분 가난한 여성을 대상으로 한 인신매매나 사기, 협박 등에 의해 비자발적으로 시작되었는데, 가장 일상적인 여성 공급 방식이 인신매매였던 것으로 보인다. 고액의 전차금과 여성이 교환될 수 있는 구조에서 부모나 남편 등 친족에 의한 여성 매매가 있었고, 인사소개업 등 관련업자들의 합법 비합법을 넘나드는 인신매매가 많았다. 친족에 의한 여성 매매가 있었던 배경에는, 호주에게 집안의 통솔권을 부여한 일본식 가족제도에서 종속적인 위치에 있던 여성이 아버지나 호주의 의지에 따라 '팔릴' 수 있었던 구조가 있었다. 때로는 남동생을 공부시키거나 병든 부모를 위해 여성이 성산업에 뛰어드는 일도 벌어졌다. 이는 효행이라는 가치를 중시한 사회 분위기와 가족을 위한 희생을 당연시하는 가부장적 가족주의가 여성에게 전가한 구조적 폭력이었다. 이처럼 제국주의와 자본주의, 가부장제의 조건이 얽힌 사회적 분위기에서 다양한 방식으로 여성들은 성매매의 길로 내몰렸다.

침략전쟁기 일제의 '위안부' 동원

1931년, 1932년 일제는 각각 만주와 상해를 침략하였다. 일본군은 상해에 처음 '위안소'라는 이름의 시설을 만들어 일본군의 성욕 해소와 성병 예방을 꾀하였다. 1937년 중일전쟁 이후 일제는 앞의 목적 이외에 전쟁 지역의 치안유지 등도 내세워 군위안소를 만들고 후방에서 여성들을 본격적으로 동원하기 시작하였다. 근대에 들어 대외전쟁이 많았던 일본군은 청일전쟁기, 러일전쟁기에 이미 성병 확산을 막기 위해 공창을 설치하거나 사창에 대한 성병검사를 하였던 전례가 있었다. 유사 위안소 설치 경험이 있었던 것이다. 하지만 직접 군이 후방 정부와 유기적 관련 속에 여성을 동원하여 시설을 본격적으로 운영한 것은 중일전쟁 이후였다. 군'위안부'라는 용어도 일본의 상해 침략 이후 사용되었지만, 중일전쟁기인 1939년 무렵부터 일본군이 사용하면서 확산하였다.

전면전이 벌어진 이후 일본군은 전쟁터에서 군인들의 성욕 해결을 매우 중요한 과제로 삼았다. 무소불위의 권력 집단이 된 일본군의 요구는 일본 정부와 조선총독부 등에도 관철되어 '위안부' 동원이나 이송 배치, 현지에서의 위안소 설치와 운영 등에 관철되었다. 일본군과 정부의 위안소 설치와 개입, 그 역할은 이미 역사 자료 속에서 확인되는 바이다. 다만 일찍이 한국에서는 여성 동원 방식이 '관헌에 의한 물리적 폭력'의 형태로 유독 강조되어 대중적으로 유포되었다. 동원 방식에 관해서는 여러모로 해명해야 할 과제가 남아 있지만, 실증적인 연구에 의하면 관헌에 의한 직접 동원보다, 군과 관헌의 요구에 따라 인사소개업이나 대좌부업 등 관련업자들이 인신매매, 취업사기, 폭력 등의 방법으로 여성들을 동원하였던 것으로 판단된다.

여성 동원에서 업자에 의한 불법적 동원이 가능했던 까닭은 일본군의 요구와 식민지 권력의 협조, 묵인이 있었기 때문이다.

중일전쟁, 아시아태평양전쟁 이후 일본군은 점령한 거의 모든 지역에 군위안소 설치를 기획하고 이를 운영하였다. 여기에 끄나풀이 된 동원업자는 위안소 업자가 되는 경우가 많았다. 위안소 업자는 군인·군속부터 대좌부업자나 기생집 경영자 등으로 구성되어 있었다. 동원된 여성에게는 막강한 힘을 행사하였어도, 동원업자들이 그들의 힘만으로 낯설고 머나먼 곳으로 여성들을 보내거나 데리고 갈 수는 없었다. 방첩이나 비용 문제 등이 있어서 일본군의 허락과 요구 없이는 불가능한 일이었다. 조선 내에서는 조선군과 조선총독부가 유흥업을 통제하며 동원할 여성들을 조절했고, 업자들에게 여성 동원을 요구하고 명령했으며, 군'위안부' 모집에서 나타나는 불법이나 문제에 대해 식민당국은 은밀한 독려 속에 모르쇠 태도로 일관했다.

식민지기 국내법(형법에서의 약취, 유괴 및 인신매매의 죄)이나 국제법(1904년 백인노예매매협정과 그 이후 부녀와 아동매매에 관한 각종 조약이 체결됨)에서는 성매매를 목적으로 한 인신매매를 금하였다. 특히 국제법은 해당 정부가 나서서 이러한 비인권적인 사태가 없도록 할 것을 규정하였다. 일제는 국제법의 규제를 알면서도 해외의 시선을 가리려고 후방에서 온 창기나 군'위안부'로 삼을 목적으로 여성들을 동원한 것을 은폐하는 데 급급하였다.

일본군위안소는 중국부터 동남아, 태평양 지역 등 일본군이 있던 거의 모든 전쟁터에 설치되었다. 군위안소는 군직영·군전용·군이용 등 유형이 다양하였다. 하지만 군이 군위안소의 설치·운영·감독에 관여하고 있었고 군'위안부'에 대해서도 일반 공창제보다 더 깊이 개입하였던 점이 공통된 특징이었다. 여기서 주의할 점은 공창제와의 관계인데, 공창제를 광의로 해석할 경우 군'위안부'제도 이에 포함될 수 있다. 다만 일본 극우 세력이 말하는 일본 정부의 책임이 없는 공창제는 아니었다.

넓은 일본군 점령지에 배치된 군'위안부' 각자의 처지는 다양했지만, 전시체제 아래 강압적인 군대와 군인들을 상대하며 위안소라는 공간에서 마음대로 벗어날 수 없었다는 점에서 '위안부'들은 비인간적인 성노예 위치에 있었다. 군위안소 운영에 대한 한 예시를 들어보자. 다음 그림은 1938년 7월 난징에 도착한 제2군 예하 제4사단 제1병참사령부(사령관 池田龍)의 제6위안

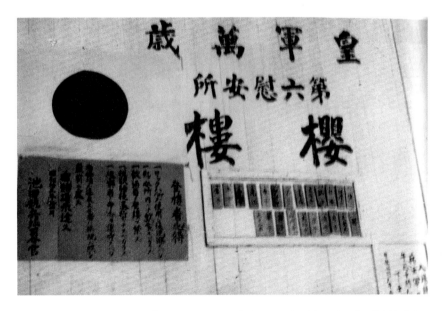

난징 제4사단 제1병참사령부 제6위안소 사쿠라누[櫻樓] 위안소
등루자 준칙과 예명 명패
(출처: 村瀬守保, 『(新版) 私の從軍中国戦線 – 村瀬守保写真集』, 日本機関紙出版センター, 2005, 107쪽)

소 사쿠라누[櫻樓]의 위안소 등루자 준칙과 '위안부' 여성들의 예명 명패이다. 일본군 차원에서 사령관이 군위안소의 규칙을 정하고 '위안부'들도 파악하고 있음을 보여 준다. 전쟁 초기만이 아니라 패전 시기 아시아태평양전쟁기의 동남아나 일본 오키나와의 위안소 운영규정에서도 일본군이 그들이 관할하는 지역의 위안소·'위안부'·업자들에 대해 관리감독권을 가지고 있음을 확인할 수 있다.

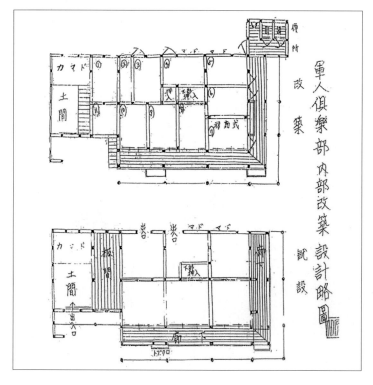

북비행장 56비대파견 중신반(重信班) 진중일지에 기록된 오키나와 군인구락부 내부 개축 설계도
(출처: 女性のためのアジア平和國民基金, 『政府調査「從軍慰安婦」關係資料集成③』, 龍溪書舍, 1997, 444쪽)

패전 직전인 1944년 말 집중적으로 위안소가 설치된 일본 오키나와현에는, 주민과 연구자들이 확인한 군위안소 수가 중복이 있을 것을 고려해도 146개소에 달하였다. 일본군 제32군은 군인들에게 군의 자재로 군인구락부(위안소)를 설치하도록 명령할 뿐만 아니라 진중일지에 기존 건물을 다음 그림과 같이 개축하도록 꼼꼼하게 지시하였다. 또 오키다이토지마(일명 라사섬)에서는 민간인들이 퇴도하는 시점에 조선인 여성들을 동원하여 폭격 속에서 군'위안부' 생활을 강요하였다.

이 밖에 후방의 산업시설에는 전쟁 물자를 원활히 공급하기 위하여 기업'위안소'가 운영되었다. 일제는 남성의 성욕 해결을 매우 중요하게 여겼기 때문에, 전쟁을 위한 물자 생산이 중요해진 1939년경부터 조선인이나 중국인 노동자들에게도 이와 유사한 기업위안소 등을 도입하였다.

전쟁기의 군위안소·기업위안소의 존재는 여성에게만 영향을 미친 것은 아니었다. 위안소를 이용한 이들은 대부분 일본인 군인과 군속이었지만 그중에 조선인 군인·군속과 노동자들도 있었다.

해방 이후 국가의 성매매 정책과 성착취의 변천

성매매와 관련해서 우리가 일제로부터 받은 부정적 유산은 공창제와 군위안부제, 기업위안부제와 같은 것들이다. 해방 후 고국으로 귀환하는 여성과 남성 중에는 이러한 경험을 한 이들도 있었고 우리 사회의 구성원이 되었다. 이들의 여러 경험과 인식은 이후 한국 사회에 상당한 영향을 미치게 되었다.

한말 일제시기에 도입된 공창제는 미군정기인 1948년 2월에 남조선과도 입법의원이 〈공창제폐지령〉을 시행하면서 공식적으로는 폐지되었다. 좌우 익을 막론하고 공창제 철폐를 요구한 여성들이 노력한 결과였다. 그러나 공창제 폐지는 성매매 문제 해결을 위한 시작에 불과하였을 뿐 성매매 여성을 해방시키거나 성매매 자체를 없앤 것은 아니었다. 당시 공창 2,124명(1947년 10월)은 공창제도가 폐지되자 살길을 잃고 대부분 음식점·카페·빠·요릿집 등에서 성매매로 생계를 유지하는 사창으로 전업하였다.

해방된 지 5년도 되지 않아 한국전쟁이 발발하고 수많은 한국군과 미군이 상존하면서 많은 여성이 전쟁의 폐허 속에서 생존을 위해 군을 상대로 한 성매매로 내몰리게 되었다. 이때는 기존의 성매매 집결지에 항구나 군기지 부근에 새롭게 형성된 성매매 지역이 추가되었다. 한국전쟁기에는 한국군에 의해서 한국군위안소가 운영되기도 하였다. 일제 식민지시기 한국 사회에 넓게 뿌리내린 성매매 문화에 대해 사회적으로 충분한 논의와 성찰 과정을 거치지 못한 채 전쟁과 분단 속에서, 여성의 빈곤, 막대한 병력 증가라는 조건에 따라 기지촌은 특화하였고 성매매가 확대 재생산되었다.

1960년대 이후 경공업 부문의 산업화가 급격하게 진행되면서 기지촌 이외 지역으로 성매매가 확산하였다. 만성적인 빈곤 속에서 농촌사회가 해체되어 가고 농촌의 미혼 여성들은 가족 중 가장 먼저 도시로 떠나갔다. 많은 여성은 섬유나 식료품 등 경공업 부문의 노동자가 되었다. 그러나 그들은 생계 수준에도 못 미치는 저임금과 장시간 작업 등 열악한 노동환경에 처해 있었고, 그러한 일자리도 얻지 못한 채 한계상황에 놓였던 일부 여성들은 성매매의 길에 빠지게 되었다.

5·16군사정권하에서 〈윤락행위등방지법〉(1961년 제정)이 만들어졌다. 그런데 이 법은 성매매 여성을 범법자로 취급하고 성구매자·중간착취자에 대한 처벌이나 미성년자에 대한 보호 등은 제대로 조치하지 않았다. 또한, 성매매 여성을 보호지도소에 강제 수용하여 인권침해를 하기도 하였다. 게다가 기지촌 같은 특정 지역에서는 〈윤락행위등방지법〉 적용을 보류하며 성매매를 묵인하고 종업원에게 야간통행증까지 발급하는 등 성매매에 합법성을 부여하기까지 하였다. 정부는 1963년 〈관광사업진흥법〉을 개정해 주한 유엔군(미군)이 주로 이용하는 관광호텔에서 제공하는 술에 주세를 면제하고, 기지촌 여성에게 정기 성병 검진을 실시하는 정책을 시행하였다. 이 과정에서 1960년대 기지촌은 전성기를 맞이했다. 미군 남성의 소비를 늘려 외화를 획득한다는 논리로 국가가 여성의 성을 동원하였다.

이 시기 정부 주도 산업화 과정에서 정치와 경제의 주요한 결정이 술과 성접대가 이뤄지는 요정에서 행해지는 경우가 많았고, 요정은 정경유착에 의한 거대한 권력형 부정부패의 현장이 되었다. 1965년 한국과 일본 양국의 외무장관이 한일기본조약에 합의를 이룬 곳, 남과 북의 요인이 7·4남북공동성명을 논의한 곳 모두 서울의 요정에서 이뤄질 정도였다. 1967년 여성단체들이 '정치지도자에게 보내는 건의문'을 발표하였다. 여기에는 비밀리에 요정에서 이뤄지는 정치를 중단하고 요정을 단속해 달라는 내용이 포함되었다.

그러나 요정을 중심으로 한 '기생파티'는 1970년대 들어 관광상품으로 더욱 활성화하였다. 닉슨 독트린으로 동아시아에서 냉전이 완화되는 분위기가 조성되고 1970~1971년 주한 미군 1만 8,000명이 감축되었다. 주한 미군이 감축되자 기지촌을 중심으로 한 외화 획득에도 차질이 빚어졌다. 해외

관광객 접객여성 등록증
(출처: 《경향신문》 1972년 10월 5일 4면)

차관의 원리상환일이 다가오는 시점에서 박정희 정부는 미군의 빈자리를 일본인 관광객으로 채우고자 했다. 1972년 일본과 중국이 수교하면서 대만이 일본과 외교관계를 단절하자 대만으로 섹스관광을 가던 일본인들이 대안으로 한국을 찾게 되었다. 이후 1970년대 내내 외국인 한국 관광객 가운데 일본인 관광객은 전체의 80퍼센트를 상회했고, 일본인 관광객 가운데 90퍼센트 이상이 남성이었다. 이들 일본인 남성 상당수는 '기생파티'가 포함되는 여행을 생각하며 한국에 건너왔다. 정부는 외국인 관광객 접대 여성에게 등록증을 발급하며 야간통행금지에 관계 없이 영업할 수 있도록 했고, 이들 여성에게 정기적으로 성병 검진과 교양교육을 실시하도록 했다. 1973년에는 한국과 일본의 여성단체가 기생관광 반대운동을 전개하고, 해외 언론에서도 한국의 기생관광 실태를 폭로하는 기사가 실리기도 하였다. 그러나 박정희 정권은 기생관광이 외국 남성을 대상으로 외화를 버는 애국 행위라는 논리로 대응하며 여성의 성을 도구화했다. '관광기생'은 요정 지배인, 마담, 여행사, 호텔 담당자 등에 돌아가는 수수료가 공제된 채 극히 일부만 손에 쥘 뿐이었다.

1980년대 한국의 경제성장과 한국인의 전반적인 구매력 상승과 함께 내국인 대상 성매매 비중이 증가하였고, 성매매의 산업화 경향이 두드러졌다. 전두환 정권은 1982년 야간통행금지를 해제했고 총선을 앞둔 1984년에는 정부 주도로 사치성 유흥업소 규제를 완화하였다. 이러한 방침은 성매매 산업이 확대할 토양을 제공하였다. 서비스업 중 음식업, 숙박업이 급팽창하는 가운데, 부정한 돈이 생산적인 산업에 투자되지 못하고 각종 투기나 향락업소에 투자되었다. 게다가 정상적인 방법보다 음성적 거래를 위한 기업의 접대문화는 향락산업을 키우는 요인이었다. 해방 이래의 성매매 지대였던 미군기지 부근과 국내 일반인을 대상으로 한 서울의 역 주변, 하월곡 1동(이른바 '미아리 텍사스'), 부산 충무동(과거 미도리마치, 완월동)이나 인천 옐로하우스 등의 성매매 집결지만이 아니라, 1980년대 이후는 서울의 방배동, 신사동 등 강남지역으로 새로운 환락지대가 조성되었다. 1980년대 중후반 '3저 호황'과 소비주의가 확대되면서 룸살롱, 스탠드바 등 유흥업소가 번성하였다. 향락산업은 사무실, 주택가, 학교 부근을 가리지 않고 침투하였고, 지방 면 소재지마다 여러 곳의 티켓다방이 들어섰다.

1987년 민주화투쟁 이후 성매매 문제를 보는 기존 시각에 대한 사회적 도전이 시작되었다. 이는 여성 활동가들이 국회에 들어가 여성적 관점을 운동과 법 정책에 투영하려는 움직임이 본격화하였기 때문이다. 1990년대에 들어서는 일본군'위안부' 문제가 제기되었고 1992년에는 동두천 기지촌 술집 종업원으로 일하던 윤금이씨 피살사건이 사회 전면에 떠올랐다. 1961년 제정 후 한 차례도 개정되지 않은 〈윤락행위등방지법〉을 개정하려는 노력도 있었다. 1953년 형법에서 성범죄를 규정한 장의 제목은 '정조에 관한 죄'였다. 여성에 대한 '성적 순결'을 강요하는 정조 관념이 투영되어 있던 해당 조목은 법이 만들어진 지 42년 만인 1995년 '강간과 추행의 죄'로 개정됐다. 이후 이 죄에 관한 항목은 피해자의 성폭력 입증 여부로 판결되는 경향이 있고, 성소수자나 장애인 등에 관한 성폭력을 포괄하지 못하는 문제가 있어서, '성적 자기결정권에 대한 침해죄'로 개정되어야 한다는 주장이 제기되고 있으나 아직 수용되지 않고 있다. 이는 성과 관련한 범죄가 얼마나 남성적 시선으로 재단되고 피해자 또는 소수자를 보호하지 못했는지를 보여 주는 하나의 예이다.

여기서 주목할 것은 〈윤락행위등방지법〉에서 성매매 여성들을 보호지도소와 직업보도시설이라는 관제시설에 수용하여 범죄자로 취급하고, 그들을 감금하며 인권을 유린한 것에 대하여 성매매 여성 스스로가 문제 삼기 시작하였다는 점이다. 1991년 윤락행위 혐의로 체포되어 서울특별시립여자기술원에 수용된 여성이 이 수용조치가 헌법상 기본권을 침해한 위헌이라며 헌법재판소에 헌법 소원 심판을 청구하였다. 이후 그는 행정심판을 청구하여 퇴소할 수 있었는데, 같은 시설에 수용된 여성들도 서울시장을 상대로 행정심판과 소송을 진행하였다. 성매매 여성의 문제 제기가 있고 난 뒤, 그리고 유사 시설이었던 경기여자기술학원의 대형 화재 참사로 여성 40명이 숨진 1995년 이후에야 비로소 〈윤락행위등방지법〉이 개정되어 부녀보호지도소 수용의 규정이 폐지될 수 있었다.

〈성매매특별법〉 이후

2000년대 들어 군산에서 일어난 두 번의 화재사건이 성매매 문화에 큰 변화를 가져왔다. 입구가 바깥에서 잠기고 봉쇄되어 화마 속에서도 몸을 피하지 못한 성매매 여성이 2000년에 5명, 2002년에 14명 희생되었다. 특히

2002년 화재는 2000년 사건의 닮은 형으로 성매매 여성들의 끔찍한 처지를 그대로 보여 준 것으로, 2000년에 문제를 제대로 해결되지 못한 결과 반복되어 일어난 사고였다. 이를 계기로 여성운동계는 성매매 여성들에 대한 비인간적인 처우 문제 해결을 운동의 중요한 과제로 삼아 활동하였다. 앞선 시기에 못 끝낸 관련법 개정 및 제정문제가 다시 논의되어 2004년 성매매 관련법들이 제정되었다.

한국의 성매매정책은 금지를 표방하나 오랫동안 여성만 통제하고 남성에 대해서는 묵인하는 방식이었다. 2000년대에 들어와서야 성매매 여성에 대한 변화된 관점이 법에 반영되어 2000년 〈청소년의 성보호에 관한 법률〉(이는 2021년 〈아동·청소년의 성보호에 관한 법률〉로 대폭 개정) 제정, 2004년 〈성매매알선 등 처벌 특별법〉과 〈성매매방지 및 피해자보호 등에 관한 법률〉이

서울 영등포역 앞 경인로와 타임스퀘어 사이 성매매 집결지(2024년 2월 현재)
상당히 넓은 공간을 차지하였으나 최근 축소되고 개점휴업 상태에 있다.

제정·시행되는 데 이르렀다. 2004년에 제정된 두 법을 묶어 〈성매매특별법〉이라 한다. 이 가운데 전자는 성매매를 방지하고 성매매 피해자 및 성을 파는 행위를 한 사람의 보호와 자립을 지원하는 것을 목적으로 하고, 후자는 전자를 보완하기 위해 만들어졌다. 두 법이 제정되면서 〈윤락행위등방지법〉이 폐지되었다.

특별법 시행으로 폭력이나 감금 등 성매매 여성에 대한 노골적인 인권침해가 줄었고, 성매매 처벌이 강화하면서 남성들의 구매 동기도 일정하게 감소했다는 평가를 받는다. 성매매 집결지의 규모도 감소하였다. 그러나 룸살롱, 단란주점 등 유흥업소와 안마시술소, 다방, 노래방에서의 성매매 알선이 늘었고 키스방과 휴게텔, 채팅 어플리케이션으로 이뤄지는 성매매 규모가 늘어났다. 무엇보다 특별법은 성매매 여성과 구매자, 알선자 사이의 기울어진 관계를 무시한 채 성매매 여성을 처벌하는 문제가 있다. 구매자는 업소에서 여성을 통제하며 남성성을 실현하고자 하고, 경제적 이유로 성산업에 유입된 성매매 여성은 업자와의 관계에서 부채 등으로 인하여 종속된 위치에 있다. 성매매는 성매매 여성에서 비롯되는 것이 아니라 여성 종속과 지배를 통해 남성성을 실현하려는 한국의 성차별적인 남성문화와, 이를 이용하는 성매매 자본 때문에 지속된다. 더구나 특별법은 성매매 여성이 적발됐을 때 비자발적으로 성매매를 하게 된 사실을 입증해야 처벌받지 않도록 규정하였다. 성매매 여성 스스로 비자발성을 입증하는 과정이 쉽지 않다. 업주는 성매매 여성이 단속에 걸려 '불법'의 위치에 놓일 수 있는 약점을 노려 성매매 여성에게 부당한 대우를 요구하는 경우가 많다. 이에 여러 여성·사회단체들은 성매매 여성을 처벌 대상으로 삼지 말 것을 요청하며 법 개정을 요구해 오고 있다.

2004년 특별법 제정에 반대하는 수많은 성매매 여성들이 거리 시위를 벌였듯이, 2000년대 들어 성매매 여성이 집단화하는 움직임이 보이고 있다. 성매매 여성들이 조직을 꾸린 점은 주목할 만하지만, 성매매 업자들의 입김 아래에서 성매매 여성들이 온전히 자기 목소리를 내었는지는 의문이다. 업주를 통해 대부업자로부터 대여금을 받고 성산업에 뛰어드는 여성들은 의류비, 화장품비, 병원비 등을 업주로부터 제공받으며 월급을 차감당하고, 성형 대출과 방 임대료 등을 매일 갚도록 하는 일수대출로부터 대부업자에 종속되어 있다. 여기에 성매매 여성을 향한 사회적인 비난과 혐오 속에 그들의 처지는 계속 열악한 상태에 있다.

한국 성매매는 국제적으로 검토 대상이 되었다. 2001년 미국 국무부가 처음 발간하여 매년 발간하고 있는 〈세계인신매매실태보고서〉에서 처음에 한국은 3등급을 받았다. 이때 지적된 사항은 인신매매의 발생국이자 경유국이란 점이었다. 보고서를 통하여 남태평양 키리바시에서의 한국인 남성 선원들이 벌인 현지 미성년자 성매매, 동남아시아 등지에서 조직된 골프 그룹 여행에서의 성매매, 인신매매 및 국제 성매매 조직망에 의해 미국·캐나다·일본·호주·홍콩·두바이 등지에서 벌어지는 한국 여성의 해외 원정 성매매, 예술흥행비자로 한국에 입국한 외국인 여성에 대한 성매매 강요, 한국인 남성과 결혼했던 외국인 여성의 성매매 문제 등이 국제사회에 알려졌다. 같은 보고서에서 북한은 계속 3등급을 받고 있는데, 중국으로 밀입국한 북한 여성 가운데 상당수가 인신매매와 성매매의 대상이 되고 있기 때문이다.

2001년 인신매매국 3등급의 성적표를 받은 한국 정부는 이후 나름의 노력을 하여 2021년까지 1등급을 유지하였으나 2022~2023년에는 2등급을 받았다. 2023년 보고서는 외국인 여성을 모집한 뒤 여권을 빼앗고 협박하여 성매매를 강요한다든가, 인신매매범들이 가출 청소년과 가정폭력 피해자를 포함한 한국 여성들을 온·오프라인 성행위로 착취하고 있는 한국의 현실을 꼬집었다. 인신매매와 관련해서는 단독법조차 없었으나 겨우 2021년에 〈인신매매등방지 및 피해자보호 등에 관한 법률〉이 제정되어 2023년부터 시행되고 있다.

한국의 성매매 실상은 어느 수준일까? 《2016 성매매 실태조사》(여성가족부)에서 '한 번도 성 구매를 하지 않았다'는 남성은 49.3퍼센트였다. 남성의 50.7퍼센트는 성 구매 경험이 있다는 말이다. 여성가족부가 발표한 《2019년 성매매 실태 및 대응 방안 연구》에 따르면 성인 남성 1,500명 중 631명(42.1퍼센트)이 평생 한 번 이상 성 구매를 경험한 적이 있다고 답했다. 이는 2016년 조사보다는 8.6포인트 감소한 수치이다. 성매매 업소가 '단체 손님 할인'을 광고하며 프로모션을 진행하는 것처럼, 한국에서 성 구매는 남성들에 의해 집단적으로 경험되는 경우가 많다. 그러한 문화 속에 절반 가까운 한국 남성이 성 구매 경험이 있다. 성 구매와 성착취를 당연시하는 문화를 바꾸기 위해서는 이에 반대하는 남녀 모두와 연대하여 극복하려는 노력이 필요하다.

정부 및 사법 기관의 성범죄 처리 방식에도 문제가 많다. 성폭력, 성접대 등의 혐의가 있던 전 법무부 차관 김학의는 검찰의 '제 식구 감싸기'의 전형이라는 사회적 비판을 받은 끝에 무죄 판결을 받았다. 빅뱅의 승리 등이 저지른 버닝썬게이트(2018년 말 발생)는 성매매·성폭행·성접대·마약 및 도박·

불법자금 세탁·수사관 금품수수 등 각종 비리가 응축되어 있었다. 그러나 충분한 수사나 처벌이 이뤄지지 않은 채 축소 처리되는 양상이다.

최근 비대면 온라인의 발달과 함께 손정우의 '다크웹', 조주빈의 박사방 사건과 같이 미성년자나 여성 등 타인의 성을 착취하는 신종 범죄들이 일어나고 있다. 특히 손정우의 경우 세계적 규모의 조직과 시장을 가지고 있었다. 사이버 성폭력 피해자들은 성폭력 장면이 계속해서 인터넷에 떠돈다는 사실에 큰 공포심을 안고 살아가고 있으며 N번방이나 사이버 성착취에 가담한 자들은 서로 공모해 살인이나 다름없이, 아니 더 잔인하게 사람을 해치고 있다. 이 때문에 강력한 처벌이 필요하나 관련 단속 기관의 대응은 늘 사회의 기대에 못 미친다. 범죄자들에 대한 한국의 형량도 너무 적다. 이러한 사정을 알고 손정우는 엄한 처벌을 하는 미국을 피해 한국 재판부를 선택하였다.

인권의식의 부재는 성매매 부분만이 아니라 성차별로, 또 다른 영역으로 부정적 영향이 확산한다는 점에서 단순하게 볼 문제가 결코 아니다. 성매매 여성에게는 처벌보다 탈성매매의 기회와 재활 지원이 중요하며 성매매나 성착취 관련 범죄자들에 대해서는 더욱 철저한 조사와 처벌이 필요하다. 나아가 업자들의 불법적인 수익을 환수하는 데도 노력을 기울여야 한다. 무엇보다 가출과 빈곤 때문에 여성이 성매매의 길을 택하지 않도록 빈부 격차를 해소하며 사회 안전망을 만들어 가야 할 것이다. 국내외에서 이러한 노력이 지속될 때 비로소 성매매 공화국이라는 불명예가 지워질 수 있을 것이다.

강정숙 _이화여대 이화사학연구소 연구원

2부 교육과 욕망

아는 것이 힘, 배워야 산다

시험과 출세의 역사

아는 것이 힘, 배워야 산다

김도형

우리는 흔히 "교육은 국가 백년의 대계"라고 한다. 나라와 사회의 발전을 견인하고 또 미래를 만들어 가는 동력이 교육에서 비롯되기 때문일 것이다. 근현대 시기의 교육은 그 이전에 비해 이런 점이 더 명확하다. 모든 사람이 교육을 받아 지적, 인격적 성장을 꾀하면서 사회 변화의 '동량(棟梁)'이 되었다. 교육은 국민의 기본적 권리이자 또한 의무이다. 모든 국민은 균등하게 교육받을 권리를 가지고 있으며, 의무적으로 교육을 받아야 하는 것이다. 그런데 제도화된 교육 속에는 여러 측면의 '욕망'들이 엉켜 있다. 개인에게는 지식 기반 사회에서 입신양명할 수 있는 사다리이기도 하였고, 국가로서는 사회에서 필요한 인재를 양성하면서 동시에 체제 유지를 위한 이념을 재생산하는 도구이기도 하였다. 한국 근현대 변화 속에서 교육은 상반된 여러 측면의 명암이 짙게 드리워져 있다.

민지(民智) 계발, 문명과 독립

한국 근대사는 제국주의 세력의 침략으로부터 나라를 지키고, 사회를 근대화시켜 근대 민족국가를 만드는 과정이었다. 그 방안의 하나가, 매우 모순적이지만, '제국주의' 열강의 근대 문명과 학문을 배우는 것이었다. 우리의 근대 교육은 이런 필요성에서 시작하였다. 교육으로 일반 백성들의 지식이 늘어나면, 문명개화와 독립을 이룰 수 있는 힘, 실력이 된다는 것이었다.

근대적인 교육을 처음 시작할 때는 유교 이념을 굳건히 하면서 서양의 기술문명을 수용하여 부국강병을 이루고자 하였다. 1880년대 초, 중국과 일본, 그리고 미국에도 근대화 사업을 배우기 위한 시찰단을 파견하였다. 시찰단의 일원으로 일본으로 갔던 사람 중에는 그대로 남아 중등교육기관이나 일본군사학교에 유학한 이들도 있었다. 보빙사 일원으로 미국에 갔던 유길준(俞吉濬)도 그곳에 남아 공부하였다.

우리나라 최초의 근대학교는 1883년에 세운 원산학사였다. 원산 개항과 더불어 일본 상인들이 들어오자, 이에 대응하기 위해 읍민들이 기금을 모아 학교를 세우고, 문예반과 무예반을 두었다. 조선 정부는 변화된 국제 환경에 대처하기 위해 외국어에 능한 사람을 양성하는 학교로 동문학(同文學, 1883, 通辯학교, 후에 육영공원, 1886)을 세웠다. 또한 기독교 전교는 허용하지 않았으나, 선교사를 '교사'로 인정하고 의료 부문이나 학교 교육을 허용하였고, 육영공원에도 외국인 교사를 고빙하였다.

체계적인 근대 교육은 갑오개혁(1894) 때 시작하였다. 학부아문을 두어 근대 교육기관 설립과 운영을 담당하게 하였으며, 또 학문과 기술을 배우기 위해 외국(일본)에 유학생을 보냈다. 1895년 2월에는 '교육조서(敎育詔書)'를 반포하여, "부강하고 독립된 나라는 모두 인민의 지식이 개명하고, 지식의 개명은 교육의 선미(善美)로 되었으니, 교육은 실로 국가를 보존하는 근본"이라고 하였다. 서울에 소학교를 세우고, 교사 양성을 위해 한성사범학교를 개교하였다. 학교 교육에 필요한 각종 교과서도 편찬하였다.

근대 교육의 필요성을 더 강력하게 주장하던 사람들은 개화세력이었다. 이들은 문명화와 독립을 위해서는 서양의 근대문명을 더 적극적으로 배워야 한다고 하였다. 서양의 기술문명뿐 아니라 근대정치제도, 심지어 기독교도 인정해야 한다고 하였다. 갑신정변을 주도했던 박영효도 그러하였다. 독립협회(1896), 그 후의 국민교육회 같은 단체를 거쳐, 1905년 국권상실 이후의 여러 계몽운동단체들이 이를 주장하였다. 그들은 국가나 민족의 존망이 자강(自强) 여하에 달려 있고, 자강을 위해서는 힘을 기르면서 동시에 '조국정신', '민족정신'을 굳건하게 해야 한다고 하였다. 힘을 기르는 실력양성의 방안이 곧 교육이었다. "아는 것이 힘이다, 배워야 산다"는 기치였다. 그들은 전국에 각종 학교를 설립하고, 또 자산가들에게 학교설립을 권유하였다. 옛 학문에 젖어 신교육을 반대하던 보수층을 공격하여, 시세에 따른 변화를 촉구하고, 자제들을 신학교에 보낼 것을 권장하였으며, 의무교육의 필요성도 개진하였다. 1910년에 이른 시점에 각종 학교는 2,000개교를 넘었다.

이런 한국인의 민족적 근대 교육은 일제 강점 아래 더 영글어 갔다. 특히 1920년대 문화운동에서는 개조와 신문화 건설, 실력양성이 유행하고, 그 방안으로 교육을 가장 중시하였다. 지방에서는 옛 서당을 개량하여 이용하기도 하였고, 각지에 조직된 청년회에서는 야학을 실시하였다. 민족 인사들이 설립한 사립학교도 성황을 이루었다. 이런 결과, 민족적인 고등교육에 대한 열망도 일어났다. 1922년, 대학을 설립하기 위해 '조선민립대학설립기성회'를 만들었다. 이 운동은 일제의 억압과 자금 모집 부진 등으로 성공하지 못했다. 하지만 몇몇 사립전문학교를 비롯한 여러 중등 교육기관에서 행해진 민족교육으로 민족과 근대화를 짊어질 인재를 양성하였다.

일제의 황민화 교육과 민족문화 억압

일제의 교육은 조선인의 '황민화'를 목표로 하였다. '내선일체(內鮮一體)'라는 식민정책의 이념을 실현하기 위한 것이었다. 강제병합 직후 총독부는 〈조선교육령〉을 발표하고, 조선에서의 교육은 '충량(忠良)한 국민'을 양성하는 것임을 천명하였다. 조선인에게 보통교육과 실업교육을 중점적으로 행하여, 식민 지배체제에 필요한 하급 인재를 양성하려는 것이었다. 대학 설치는 허용하지 않으면서 약간의 전문적 기술을 가르치는 전문학교만 설치하게 하였다. 또 일본어 교육을 강화하고, 실업교육을 강조하였다. 보통학교의 경우 조선어와 한문 시간이 1주에 5~6시간인 데 비해 일본어는 10시간이었고, 고등보통학교에서도 조선어·한문이 3시간이고 일본어는 7시간이었다. 또 수신(修身)을 강조하여 일본의 '황실과 국가에 대한 관념' 등을 가르쳐 일제의 식민지배에 순응하는 '선량한 황국신민'을 양성하고자 하였다.

일제의 황민화 교육은 대륙침략 전쟁을 일으키면서 더 심해졌다. 중일전쟁을 도발하고 파쇼체제를 강화하면서 〈조선교육령〉을 개정하였다(제3차, 1938년). 조선의 3대 교육강령으로 ① 조선인의 황국신민화를 더욱 철저하게 하는 '국체명징(國體明徵)', ② 조선인의 민족성을 말살하는 '내선일체', ③

침략전쟁 아래 인내를 강요한 '인고단련(忍苦鍛鍊)' 등을 제정하였고, 각급 학교에서는 "황국신민서사(皇國臣民誓詞)"를 암송, 제창하게 하였다. 전쟁에 모든 사회 역량을 강화하는 '총동원체제' 아래, 조선인을 전장으로 몰아넣고, 조선어 교육을 금지하면서 민족문화를 없애려 하였다. 학교도 병영으로 간주하여 여성이나 아동까지 '근로보국'이라는 이름으로 각종 사업에 동원하였다. 또한 전문학교 수준에서 유지되던 민족문화, 조선학 연구를 억압하면서 그 대신 '신체제'에 필요한 '일본학'이라는 과목을 강제로 가르쳤다.

근대화, 실력 양성 교육의 명암

식민체제가 제도 교육을 통해 안정적으로 유지되면서 조선인의 교육열도 높아졌다. 이런 경향은 1930년 보통학교 입학경쟁이라는 '기현상'으로 나타났다. 1910년대 보통학교 취학률은 5퍼센트를 넘지 못했으나, 1920년부터 상승하기 시작하여 1933년부터 비약적으로 늘어났다. 1942년에는 남자 취학률이 66.1퍼센트, 여자 취학률이 29.1퍼센트나 되었다. 교육에 대한 욕구는 상층의 소수 엘리트에서 하층 조선인으로 확산되었다. 총독부의 보통학교 증설로는 이런 조선인의 교육열을 감당하지 못했다. 보통학교 입학경쟁이 만성적으로 나타나기도 하였다.

이런 교육열의 원인은 많은 점들이 있었지만, 무엇보다 민족을 위해서도, 또 개인을 위해서도 교육이 필요하다는 인식이 광범위하게 확산되었기 때문이었다. 황민화 교육의 틈바구니 속에서 식민지의 현실을 자각하고 민족의식을 가진 지식인이 배출되었지만, 다른 면으로 교육은 개인의 성장과 입신양명(立身揚名)을 위한 '사다리'이기도 했다. 교육은 식민지배라는 억압 구조 속에서 조선인이 사회이동, 신분 상승을 꾀할 수 있는 유일한 기회를 주었다. 총독부가 보통학교 졸업생을 식민체제 유지를 위한 직업인으로, 농촌진흥운동의 중견 인물로 양성하려던 것과 일치될 수도 있었다. 그중에서 '능력'이 있으면 고등문관시험에 합격하여 군수나 판사 같은 고급관료로 출세하여 자신의 신분을 상승시켰다. 이들은 교육을 통해 사회의 중심인물로 성장하였지만 이 성장이 민족적 과제와 결합하지 못하면 교육은 단지 개인의 입신양명과 부귀영화만을 가져다주는 수단이 될 뿐이었다.

이런 점은 일제 강점 이전, 근대화 과정에서도 마찬가지였다. 일본에 유학하여 근대 학문을 배우면서도 동시에 일본 문화와 정

'궁성요배' 독려 전단
일제 말기 학교에서는 황민화 교육이 실시되었다. 일본 천황이 있는 궁성에 절을 하는 '궁성요배'와 황국의 신민임을 맹세하는 '황국신민서사'를 암송하도록 강요하였다.

신에 세뇌된 '친일' 세력이 양산되었다. 1920년대에서 1930년대를 걸쳐 일제의 식민지배가 가혹해지고 그 과정에서 많은 조선의 농민층이 몰락하였고, 또한 조선인을 전쟁으로 내몰기 위한 내선일체와 황민화 교육이 더욱 강화되던 현실과는 매우 상반된 현상이었다. 교육이 가지는 또 다른 얼굴인 셈이다.

해방 후 교육의 부활

1945년 8월 해방으로 교육은 새로운 차원으로 발전하였다. 해방 이후 우리 교육은 식민지 유산을 극복하고 새로운 민족문화를 건설하는 주역이 되었고, 또 우리가 전혀 경험하지 못했던 민주주의 제도를 위한 민주교육, 새로운 도덕을 위한 도의교육 등을 시작하였다.

해방 후, 무엇보다도 시급한 것이 새로운 교육체계를 마련하는 것이었다. 바로 10월부터 전면적으로 새로운 교육을 시작하였다. 각 학교에서는 교육을 위해 우선적으로 한글을 익히는 특별교육을 실시하였다. 교육에 필요한 각종 교과서도 편찬하였다. 학제도 미국식을 근간으로 6-6-4년을 골격으로 정비하였다. 초등교육은 의무교육으로 추진하였다. 1945년 11월에 만들어진 교육심의회에서는 '홍익인간'을 교육이념으로 확정하였다. 대한민국 정부수립 후 신교육법(1949)에도 이어졌다.

이렇게 시작된 자주적인 교육은 한국 사회의 경제발전, 민주주의 정착, 사회문화의 발전에 중추적인 역할을 담당하였다. 특히 1950년대 이후 주로 미국에 유학하였던 엘리트들은 경제정책 추진의 핵심 두뇌로, 또 교육 분야에서는 실용주의 교육의 '전도사'로 활약하였으며, 과학기술의 발전에도 크게 기여하였다. 경제발전의 원동력이 교육열에서 나왔다는 평가처럼, 교육의 광범위한 확산과 교육열에 의해 양산된 여러 수준의 기능인에 의해 이른바 '조국 근대화'가 달성될 수 있었다. 물론 어느 경우에나 개인의 신분 상승이 수반되었다는 점을 빠뜨릴 수 없다.

새로운 한국 사회 건설을 위한 교육은 6·25전쟁의 와중에서도 흔들림 없이 추진되었다. 임시수도가 있던 부산으로 모여든 여러 학교는 열악한 조건

속에서도 수업을 이어 갔다. 천막교실도 훌륭한 배움터가 되었다. 심지어 피난 온 대학생을 위한 전시연합대학이라는 것도 만들어 운영하였다.

구호세대의 비애

그러나 남북 분단 상황 아래에서 교육은 다른 면을 보였다. 교육은 체제 유지를 위한 도구로 전락하였고, 반공주의와 국가주의를 내세운 구호들이 교육계를 지배하였다. 학생들은 물론 온 사회 구성원이 이런 구호들을 앵무새처럼 되뇌었다.

1950년대 이승만 정권은 일민주의(一民主義)라는 이념 아래 반공주의, 국가주의가 결합된 형태로 교육을 주도하였다. 이 시대를 풍미하던 반공주의, 북진통일론은 이승만 정권을 유지하는 수단이었다. 이에 따라 학도호국단이 만들어지고 학교는 병영 형태로 운영되었다.

1952년에 〈우리의 맹세〉를 제정하였다. 6·25전쟁을 거치면서 이전 〈우리의 맹세〉를 더 구체적으로 표현하였다. "첫째, 우리는 대한민국의 아들딸, 죽엄(죽음)으로써 나라를 지키자. 둘째, 우리는 강철같이 단결하여 공산 침략자를 쳐 부시자. 셋째, 우리는 백두산 영봉에 태극기 날리고 남북통일을 완수하자."는 것이었다. 교과서는 물론 각종 책의 마지막 부분에 인쇄되었고, 학생들은 모두 이 〈맹세〉를 외었다.

체제를 지키기 위한 '구호'는 박정희 정권 시절에 더 강화되었다. 5·16군사쿠데타의 정당성을 확보하기 위한 여러 조치들을 학교교육에 그대로 파급하였다. 〈우리의 맹세〉는 4·19 후에 폐지되었지만, 학생들은 이제 〈혁명

휴전반대 시위
이승만 정권기에는 관제시위
가 빈번하였고, 주요 동원 대
상은 학생들이었다. 사진은
1953년 여학생들의 휴전반대
시위 모습이다. 영문으로 쓴
'통일이 아니면 죽음을 달라'
는 구호가 눈에 띈다.

공약)을 외어야 했다. 그 구호 역시 반공주의와 애국주의였다. 혁명공약의
제1조는 "반공을 국시(國是)의 제1로 삼고 지금까지 형식적이고 구호에만
그친 반공태세를 재정비 강화한다."는 것이었고, 또 제5조는 "민족적 숙원
인 국토통일을 위하여 공산주의와 대결할 수 있는 실력 배양에 전력을 집중
한다."는 것이었다. 군사정권은 문교정책 실천 요강으로 '인간 개조'를 강조
하였고, 사회 전반에 걸친 '재건운동'을 전개하였다. 학생들은 모두 '재건'을
부르짖으며, "재건, 재건, 만나면 인사"하였고, 마침내 "혁명공약 이루자"는
노래를 목청껏 불러 댔다.

군사정권에 의한 인간 개조와 사회 개혁은 박정희 정권이 내세우던 경제
건설, 경제개발, 곧 '조국 근대화'의 일환이었다. 혁명공약에서 제시했던

"절망과 기아선상에서 허덕이는 민생고를 시급히 해결하고 국가 자주경제 재건에 총력을 경주한다"(제4조)는 것을 본격적으로 실천에 옮긴 것이었다. 흔히 박정희의 산업화, 경제발전의 공적으로 거론하는 부분이기도 하다.

경제발전과 '조국 근대화'에서 교육은 중요한 위치를 차지하였다. 1967년 박정희 정권은 교육을 경제발전을 위한 '제2의 경제'라고 규정하였다. 물질적 생산에 직결되는 것이 제1경제라면, 정부의 정책에 대한 국민의 자발적 협조, 조국 근대화와 민족중흥에 이바지하는 정신적 바탕의 배양이 바로 '제2의 경제'라는 것이었다. 이에 따른 교육의 지표가 필요해졌고, 1968년 12월, 〈국민교육헌장〉이 탄생하였다. "우리는 민족중흥의 역사적 사명을 띠고 이 땅에 태어났다."로 시작되는 이 〈헌장〉은 민족중흥을 위한 정신적 기반, 새로운 국민이 지켜야 할 덕목, 반공정신으로 새로운 역사의 창조 다짐 등을 내용으로 하였다. 국가주의, 반공주의를 강조하고 경제개발정책의 정당성을 민족중흥이라는 차원으로 승화시켰다. 이 헌장은 학교 교과시간에 포함되었고, 그림책, 영화, 음반 등으로 제작 배포되었으며, 모든 학생들은 393자의 '헌장'을 처음부터 끝까지 줄줄 외워야 했다.

이와 아울러 "잘살아보세, 잘살아보세, 우리도 한번 잘살아보세", "새벽종이 울렸네, 새 아침이 밝았네" 등과 같은 노래가 언제나 학교에 울려 퍼졌다. 학교의 교육현장에서도 '경제건설'이 강요되었다. 모자라는 쌀을 보충하기 위해 전 사회적으로 분식과 혼식이 강조되면서 각급 학교에서는 도시락 검사를 통해 혼식을 강제로 실시하였다. 그리하여 검사 때 다른 친구의 도시락에서 보리나 잡곡을 빌려 자기 도시락에 '모심기'하는 우스꽝스러운 일까지 일어날 정도였다. 학생들은 식목일에 나무 심기, 초여름에는 온 산의 송충이 잡는 일에도 동원되었다.

1970년대 이후 정신적인 면을 가르치는 과목(가령, 국사)은 국정교과서를 통해 교육하였다. '한국적 민주주의'라는 유신체제의 이념 속에서 '민족주체성'을 높이기 위한 것이었다. 국민정신교육을 위한 이데올로기 연구기관으로 한국정신문화연구원 같은 기관을 만들었다. 고등학교 이상에서 교련교육이 실시되고, 학도호국단이 부활되어 학원의 병영화도 가속화되었다. 1980년대에는 전두환 군사정권에 의해 '정의사회구현'이라는 변형된 이념과 함께 국민윤리교육을 강화하였다.

무즙 파동, 뺑뺑이 세대 그리고 '망국 과외'

경제발전과 조국 근대화가 고학력의 인력을 필요로 하였던 것처럼, 이른바 학력중심 사회가 되면서 학벌을 중시하는 사회풍조가 만들어졌다. 이제는 "배우지 않으면 망한다."는 비극적인 입시지옥 현상을 가져왔다. 교육이 사회에서 필요로 하는 건전한 민주시민을 양성한다는 이념과 대의명분은 허망하게 되어 버렸다. '근대화'의 과정에서 교육은 출세를 위한 수단이 되어 버렸고, 따라서 고등교육, 일류학교를 지향하는 입시경쟁과 과열 과외를 야기하였다.

과열된 입시경쟁에서 '무즙 파동'이라는 것도 일어났다. 1964년 12월 7일 전기 중학입시의 공동출제 선다형(選多型) 문제 가운데 "엿기름 대신 넣어서 엿을 만들 수 있는 것은 무엇인가"라는 질문이 있었다. 당시 정답으로 채점된 것은 디아스타제였지만 보기 중 하나였던 '무즙'도 답이 된다는 것이었다. 무즙을 답으로 써서 낙방한 학생의 학부모들은 이를 법원에 제소하였고, 무즙으로 만든 엿을 먹어 보라고 하면서 엿을 만든 솥을 들고 나와 시위를 벌이기도 하였다. 이 파동은 무즙을 답으로 써서 떨어진 학생 38명을 정원에 관계없이 경기중학 등에 입학시켜 일단락되었다. 또 1967년 중학입시에서도 미술과목의 '창칼 파동'이 있었다. 경기중학에서 시교위가 정한 정답이 애매하다고 판단하여 복수정답으로 채점하여 일어난 것이었다. 이 사건도 대법원까지 갔다.

중학교 입시가 과열되자 정부는 1969년 입시부터 중학교 평준화 정책을 추진하였다. 서울 지역을 시작으로 입시제도를 폐지하고 추첨으로 학교를 배정하였다. 세칭 일류 중학을 폐지하거나, 학교 이름을 바꾸었다. 학생은 은행알(구슬)을 넣은 수동식 추첨기를 '뺑뺑' 돌려 학교를 배정받았다. 중학교 무시험 제도는 필연적으로 고등학교의 과열 입시경쟁으로 이어졌다. 그러자 다시 정부는 고등학교 입시에도 평준화정책을 시행하였다. 지금도 시험을 치고 진학했던 세대들은 그 아래의 무시험 세대를 자신들과 구별하여 흔히 '뺑뺑이 세대'라고 부르고 있다.

그러나 입시경쟁과 과외 열풍은 중고등학교 무시험제도로 사라지지 않았다. 입시경쟁과 과외는 대학입시로 옮겨 갔다. 그러자 1980년, 비상계엄하의 국가보위비상대책위원회는 군부 통치라는 강력한 권력을 배경으로 7·30 교육개혁조치를 단행하였다. 대학별로 치르던 본고사를 폐지하고 대입학력고사와 내신제로 학생을 선발하되, 졸업정원의 30퍼센트를 더 뽑게 하였다(졸업정원제). 또 사회의 병폐로 여긴 과외를 전면적으로 금지하였다. 그런데 이 조치는 오히려 더 많은 부작용을 낳았다. 금지된 과외를 비밀리에 하기

빵빵이 추첨
1969년부터 중학교 입시제도가 추첨제로 바뀌게 되었다. 통 속에는
숫자가 적힌 은행알이나 공이 들어 있으며 통을 돌려 나오는 숫자에
따라 학교가 배정된다.

위해 '족집게 선생'에게 엄청난 위험수당까지 지불해야 했다. 과외금지 조치
는 결국 그 실효성이 문제가 되어 점차 완화될 수밖에 없었다. 또한 졸업정
원제의 실시는 본래의 취지를 살리지 못하고 대학생 숫자만 30퍼센트 늘린
것이 되었다.

　그 이후 몇 차례의 교육개혁, 대학입시제도 개선 등이 취해졌지만 여전히
대입 경쟁, 사교육 문제는 해결하지 못하고 있다. 이를 둘러싼 국민들의 의
견은 정말 다양하다. 1996년 '5·30' 교육개혁의 일환으로 고교 종합생활기
록부의 채택과 대학 입시에서 내신제의 비중 강화 등이 그 골격을 이루면서

학력고사, 내신 성적의 등급제, 학종의 강화, 논술 고사 등 갖가지의 방안
도, 문자 그대로 백약이 무효이다. 사교육은 점차 커지고, 이와 반비례로 공
교육은 위축되어 갔다. 공부는 학원에서 하고, 학교에는 휴식하러 온다는
말까지 나돌 정도로 희화화하였다. 성적 등으로 청소년 자살률은 유례없이
높아졌다. 국내의 사교육에 드는 돈이면 차라리 국외에 유학을 보내는 것이
좋다는 정서도 있다. 심지어 현재 우리 사회의 한 문제인 출산율 저하의 원
인 가운데도 자식 교육에 대한 부담이 작용하고 있다고 한다. 최근에도 수
시와 정시의 비율 문제, 복잡한 대학입시제도와 종류의 단순화 등이 취해지
고 있지만 여전히 사교육 열풍은 계속되고 있고, 공교육 정상화는 힘들어지
고 있다. 대학입시의 과열로 부모의 지위를 이용한 '찬스', 시험지 유출 사건
등이 사회 문제로 지속적으로 제기되고 있다. 심지어 사회적 화두인 '강남특
구'의 '부동산 문제'까지 교육, 입시와 연결하는 지적도 있다. 한동안 장안의
화제가 되었던 드라마 〈스카이 캐슬〉이 허무맹랑한 얘기가 아니라고 한다.

그래도 희망은 교육에 있다

한말 이래 근대화 과정에서 우리 교육은 많은 역할을 담당하였다. 교육은
서양의 근대문명을 수용하는 통로이자 근대 민족운동의 온상이 되었고, 또
한 해방 후에는 민주시민, 그리고 근대화와 경제발전의 역군을 길러 내었
다. 많은 연구에서 한국 경제발전 원인의 하나로 교육을 들고 있다. 또한 한
국의 민주주의 수준은 어떤 나라에도 뒤지지 않는다. 국민들의 민주 의식으
로 정부와 사회를 바꾼 경험을 가질 정도로 성장하였다. 이 또한 교육의 힘

이다.

반면에 교육은 개인적인 신분상승의 기회를 제공하여 그 열기가 과도하게 표출되기도 하였다. 또 다른 면으로는 국가의 체제 유지 수단으로 전락하기도 하였다. 특히 1960년대 이후의 조국 근대화와 경제발전 속에서, 민족우월주의에 근거한 왜곡된 애국주의, 국수주의가 교육 속에 결합하였다. 지식이 우선되는 풍조 속에서 학교에서조차 '선의'라는 말로 색칠한 '무한경쟁'을 강조하여, 참다운 인격체를 양성해야 할 교육의 근본 목표를 근저에서 흔들어 버렸다.

그래도 희망은 교육에 있다. 우리 민족의 과제인 민주화와 통일을 지향하는 올바른 논의들 또한 교육을 통해서 형성되었다. 일제강점기의 민족교육은 물론이거니와, 해방 이후 이승만 정권에 대항한 4월 혁명도 학생들이 선도하였고, 또 박정희 정권 당시에도 줄곧 민주화 운동의 주력도 학생들이었다. 일선에서 교육을 담당하는 교수, 교사들의 민주화운동, 참교육운동도 일어났다. 민족을 본위로 하는 참다운 교육에서 우리 민족의 희망을 찾아야 한다. 입시경쟁에 찌든 우리의 아이들을 참 인격체로 키워 가는 일, 국가 간의 무한경쟁을 뛰어넘어 인류의 진보에 기여하는 민족이 되는 길, 이 모든 것이 교육에 달려 있다.

김도형 _전 연세대 사학과 교수, 전 동북아역사재단 이사장

시험과 출세의 역사

임대식

　전통시대에도 과거(科擧)와 같은 시험제도가 있었다. 다만 전통시대에는 신분제에 의해 경쟁에 제한이 있었다. 신분제가 폐지된 근대 이후 경쟁과 시험은 더 치열해질 수밖에 없었다. 인생은 입학시험, 채용시험, 승진시험 등 각종 시험의 연속이다. 경쟁과 시험이 없는 세상에 살고 싶어 하는 것은 인간의 본능이지만 시험을 회피할 수 없다.

　"억울하면 출세하라!"라는 유행어를 낳은 유행가가 있다. 그런데 '빽'도 없고 돈도 없는 무지렁이가 어떻게 출세할 수 있을 것인가? 요즘은 사정이 약간 달라졌지만, 배워야 출세할 수 있다는 인식이 있었다. 서민들이 꿈속에서나마 그릴 수 있는 최고의 출세는 높은 시험(편의상 高試라 칭하겠다)합격이었다.

　고시는 과연 출세의 지름길인가? 이 질문에 답하기 이전에 먼저 과연 출세가 무엇을 의미하는가를 살펴보자. 출세한다는 것은 권력과 명예와 부를 동반하는 것이고 결국 지배집단에 편입되거나 그 지름길에 서 있는 것을 의미한다. 그런데 '출세'란 말을 사전에서 찾아보면 이와는 정반대의 의미를 동시에 내포하고 있다.

출세(出世):1) 사회적으로 높은 지위에 오르거나 훌륭하게 됨. 또는 그 일.
2) 속세(俗世)를 버리고 불도(佛道) 수행에 들어감, 출가(出家).《새 우리말
큰 사전》

결국 출세는 세상에서 출중하게 드러나는 것과 속세를 떠난다는 양 극단
의 의미를 동시에 내포하고 있다. 출세란 어쩌면 덧없는 것일지도 모른다.

김홍도, 〈삼일유가도(三日遊街圖)〉(국립중앙박
물관 소장)
전통시대 과거 합격자는 중앙 정치권력의 핵심을
거의 독차지할 수 있었다. 선비들은 관료등용을
꿈꾸며 평생을 과거 준비에 소진하기도 했다.

그러나 여기서는 이 말을 전자의 의
미로 한정하여 사용하기로 하자. 물
론 이러한 의미로 제한한다고 하더
라도 출세의 기준은 논자에 따라 다
르고 또 출세한 집단의 구성과 성격
도 시기에 따라 다르다.

전통시대의 고시, 과거제
전통시대에는 고시와 비견될 수
있는 것으로 과거제도가 있었다. 물
론 당시에는 과거를 통하지 않더라
도 음서제(蔭敍制), 대가제(代加制),
납속수직(納贖受職) 등을 통해 관품
과 관직을 얻을 수 있었지만 과거를
거쳐야 청요직이나 당상관 등 핵심

관료로 등용될 수 있었다. 특히 중앙정치에 참여하기 위해서는 대과(大科)로 불리는 문과와 무과 합격이 필수적이었다.

과거는 3년마다 정기적으로 치르는 식년시와 부정기적으로 치르는 별시가 있었는데, 식년시보다는 별시 출시자가 다수를 차지하고 있었다. 과거급제자의 수는 시기가 지날수록 증가하는 추세였는데, 문과급제자에 국한하면 조선 초부터 1863년까지 총 1만 2,872명이었다. 무과급제자수는 매년 20~30명을 넘지 않았다. 18세기 후반에서 19세기 중반에 이르는 시기에도 문과급제자 집단은 1,000여 명을 넘지 않았다. 바로 이들 1,000여 명이 당시 중앙정치권력의 핵심을 차지했던 것이다. 당시 과거합격자의 연령별 분포를 보면 20세 이하 1.5퍼센트, 20대 22.8퍼센트, 30대 37.1퍼센트, 40대 24.3퍼센트, 50대 10.8퍼센트, 60세 이상 4퍼센트로 40세 이상이 39.1퍼센트나 차지하고 있었다. 과거 준비생인 선비들은 평생을 과거 준비에 몰두했으며 또한 시험을 핑계로 서울 유람길에 오르기도 했다.

이렇듯 과거제도는 유교 정치가 발명해 낸 합리적 인재등용 프로그램이었고 지방 사족(士族)층을 중심으로 상대적으로 넓은 사회계층을 국가에 포섭할 수 있는 장치였다.

식민지 지식인의 초라한 꿈, 고등문관시험

전통시대에는 과거를 치를 수 있는 응시자 집단이 따로 존재했다. 이들이 바로 정치세력의 저변을 이루는 넓은 의미의 지배층이며 중앙정치세력의 모집단이라 할 수 있다. 그러나 근대 이후 특정한 응시자 집단은 존재하지 않게 되었다. 1894년 갑오개혁으로 인한 신분제 과거제 폐지는 형식상 근대적인 인사제도가 수립될 수 있는 기회였다.

일제는 과거제도를 대신하는 새로운 인재등용제도를 도입하지 않았다. 대신 1913년 '문관임용령' 등에 의거해 일본 국내의 관리 임용제도를 조선에 그대로 적용하였다. 당시 일본의 관리임용 시험에는 고등문관시험과 보통문관시험이라는 두 가지 종류가 있었는데 조선인의 경우, 일본의 고등문관시험에 통과하면 총독부의 고등관(高等官, 勅任官과 奏任官)으로 진출할 수 있었던 것이다.

일제의 통치는 직접 식민통치 방식을 기본으로 했다. 주요 직책은 일본인들이 장악하고 있었고 고위직에 진출할 수 있는 조선인은 극소수였다. 1943년 당시 조선총독부 및 소속 관서 공직자(10만 8,628명) 중 일본인이 반수 이상(54.6퍼센트)이었다. 그런데 고등관인 주임관대우 이상의 경우, 일본인 비율이 1935년 81.9퍼센트 1943년 86.4퍼센트였다.

조선인 고등관은 1935년에는 390명, 1943년에는 516명에 불과했다. 이러한 조선인 고등관 중 고등문관시험 출신자들이 일부 있었다. 고등문관시험은 연 1회 도쿄에서 치러졌다. 고등문관시험에 조선인이 얼마나 합격했는지에 대한 정확한 통계는 없지만, 점차 조선인 합격자의 수가 조금씩 증가했던 것으로 추정된다. 1930년대 고등문관시험 행정과의 경우 총원 200~300명 중 조선인이 10여 명 정도 합격했다. 사법과에도 비슷한 숫자의 조선인이 합격했다. 합격자들은 시보(試補)라는 일정한 수습 기간을 거쳐 군수 등 고등관에 임명되었다.

조선변호사시험과 고등문관시험 행정과와 사법과 등 여러 시험에 합격했던 윤 모씨의 회고록을 통해 1930년대 고등문관 시험의 실체를 살펴보자.

그는 원주 인근의 보통소학교를 졸업한 이후 경제 사정으로 진학하지 못한 채 큰아버지가 하던 한의사 일을 거들다 1933년 17세의 나이로 상경하여 고학을 하며 고등보통학교 과정을 독학했다. 전문학교 입학 검정시험을 통과한 후 3년제 전문학교인 법정(法政)학교에 입학했다. 그는 보통문관시험과 전검(專檢)이라는 검정고시 시험에 합격했다. 보통문관시험에 합격했기 때문에 지방법부(法部)의 서기 견습으로 취직했다. 1937년 4월 중순 일본으로 건너가 일본대학 전문부 법과 2학년에 편입했다. 일본에 간 지 1년 만에 조선변호사 시험을 치르기 위해 귀국하여 13명의 합격자 중 최연소 나이(22세)로 수석 합격했다. 각 신문과 잡지에 그에 대한 기사가 실렸고 문중과 각계에서 격려금이 답지했다. 향학열에 불타는 청소년들로부터 수백 통의 편지를 받았다. 문중 독지가들의 지원에 힘입어 공부에 전념한 끝에 1938년 가을 고등문과시험 사법과와 행정과에 합격했다. 이듬해 봄 일본대학 전문부 졸업과 동시에 조선총독부 농리부 고등관 시보 발령을 받고 귀국했다. 2년간 고등관 시보로 근무한 후 1941년 1월 25세의 나이로 전남 강진 군수로 발령받았다. 1943년 무안 군수로 전임되었고 1945년 초에 조선총독부 학무국 사회교육과로 전임되어 근무하다 해방을 맞았다.

그의 고등문관시험 양과 합격은 문중의 경사였고 지역(원주)의 자랑이었다. 이렇게 그는 회고록에서 식민지시기 경력을 자랑스럽게 늘어놓고 있다. 그런데 식민지시기에 고등문관시험에 합격했다는 것은 개인적으로는 영광이지만 고위 관리로서 일제 식민통치에 비중 있게 참여했다는 것을 의미한다.

고시의 문은 열렸지만

해방 후 친일파 처리가 불철저하게 이루어졌다는 것은 주지하는 바이다. 미군정과 우익세력은 식민지시기의 조선인 관리들을 중용했다. 정부가 수립된 이후 반민특위의 친일 청산 시도도 실패했다. 고등문관시험 출신자들이나 고등관리들은 행정 경험과 능력이 있다는 이유로 중용되었다.

일본인 관리들의 복귀 이후 새로운 관료 충원이 필요했다. 그래서 1949년 8월 12일 '국가공무원법'을 통해 공무원의 선발과 임용에 대한 기본적인 사항을 규정했다. 채용방법으로 고시와 전형이 있었고, 고시는 다시 고등고시와 보통고시로 나누었다. 고등고시는 행정과 사법과 기술과로 나누어져 있었으며 보통고시는 4급(현 7급)공무원의 임용자격에 관한 시험이었다.

고등고시 행정과 시험은 1949년부터 1962년까지 총 14회 치러졌으며 모두 374명이 합격했다. 평균 경쟁률은 51대 1이었다. 고등고시 사법과 시험은 1949년부터 1963년까지 총 16회 치러졌는데 모두 667명이 합격했다. 평균 경쟁률은 58대 1이었다. 결국 행정과와 사법과 시험에 매년 각각 26.7명과 44.5명이 합격한 셈이다. 이 인원수는 조선 후기 문과급제자 숫자를 겨우 웃도는 정도였다. 해방 후 많은 고급 인력이 필요했음에도 불구하고 극소수만이 고시를 통해 충원되었다. 그렇다면 대다수 고위 공직자들은 어떻게 충원되었던 것일까?

그 대부분은 시험이 아니라 전형을 통해 충원되었다. 1951년부터 1959년까지 고등전형 응시자 4,350명 중 4,050명이 합격했다(합격률 93.9퍼센트). 같은 시간 3급을 (현 5급) 공무원의 경우 전형합격자는 3,080명인 데 비해 3급을 공무원의 임용자격이 부여되는 고등고시 합격자수는 불과 239명에 불과했다. 결국 전체 공직의 대부분이 공개경쟁보다 정실(情實) 임용이 통하는 전형을 통해 충원되고 단지 5퍼센트만이 공개경쟁 방식인 고등고시와 보통고시에 의해 충원되었던 것이다.

이렇게 자유당 정권 시기에 고등고시제도를 통해 근대 관료제의 외형은 갖추었지만 고시가 고위관료 등용의 주류를 이루지는 못했다.

고시의 전성시대

4·19혁명 이후 고시제도에도 일정한 변화가 있었다. 민주당정권하에서 고시제도가 일부 개정되었다가 5·16 이후 다시 '국가공무원법'이 개정되면서 시험제도도 일부 개정되었다. 1963년 '공무원임용시험령'이 공포되면서 고등고시 행정과의 명칭이 '3급을류 공개경쟁채용시험'으로 개칭되었다가 1973년부터 행정 고등고시로 이름이 다시 바뀌었다. 흔히 '행정고시' 혹은 '행시'라고 불리는 것이 바로 이 시험이다. 합격자는 일정 기간의 연수를 거쳐 5급 공무원에 임명되었다. 합격자수는 매년 증가하여 1990년대 들어 300명 선을 유지했다. 합격자의 평균연령은 20대 중후반이 대종을 이루었다. 1968년부터 행정고등고시에서 외무고등고시가 분리되어 실시되고 있는데 합격자수는 30~40명 선이었다.

한편 고등고시 사법과는 1963년 '사법시행령'이 공포되면서 사법시험으로 바뀌었다. 흔히 '사법고시' 혹은 '사시'라고 불리는 것이 바로 이 시험이다. 사법 법무관계 인사가 있을 때마다 '고시' 몇 회 혹은 '사시' 몇 회 출신이 발탁되었다고 하는 보도들을 접하게 되는데, 이는 바로 고등고시 사법과(고시)와 사법시험(사시) 출신 횟수를 각각 지칭하는 것이다. 합격자는 2년간의 사법연수원 기간을 거쳐 판검사 혹은 변호사로 진출했다. 합격자는 매년 수십 명 수준에서 소폭 증가하다가 1981년 합격자수가 300명 선으로 대폭 증원된 이후 2001년에는 1,000여 명에 달했다. 2007년 법학전문대학원 설치가 결정되면서 사법시험은 2017년 시험을 마지막으로 역사 속으로 사라진다.

1963년 사법시험이 도입된 이래 2015년까지 70만 2,513명이 도전해서 2만 609명이 합격했다. 합격률 2.93퍼센트였다.

고시, 출세의 지름길

조선시대에 승경도(陞卿圖)라는 것이 있었다. 서당 생도들이나 규방 여인네들이 하던 놀이로, 넓은 종이에 벼슬 이름을 품계와 종별로 써 놓고 다섯 모진 주사위를 굴려서 나온 끗수에 따라 패를 써서 관등을 올리고 내리는 놀이이다. 승경도에는 여러 가지 종류가 있지만 여기에는 문과에 급제하여 청요직을 거쳐 영의정에까지 오르는 길과 도중에 파직, 유배, 사약으로 이어지는 길이 함께 배치되어 있다. 그래서 어느 자리에 자신의 패가 놓여지느냐에 따라 출세하느냐 아니면 나락으로 떨어지느냐 운명이 결정되는 것이다.

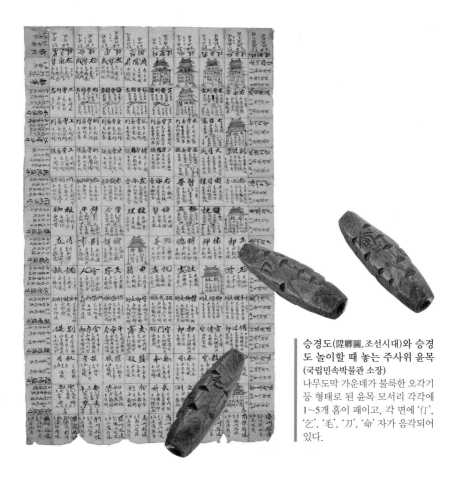

승경도(陞卿圖, 조선시대)와 승경
도 놀이할 때 놓는 주사위 윤목
(국립민속박물관 소장)
나무도막 가운데가 불룩한 오각기
등 형태로 된 윤목 모서리 각각에
1∼5개 홈이 패이고, 각 면에 '仃',
'乞', '毛', '刀', '命' 자가 음각되어
있다.

현대판 승경도를 다시 그릴 수 있을 것이다. 물론 시기에 따라 그리고 정
권의 변화에 따라 승경도는 달리 그려질 수 있을 것이다. 가령 군사정권하
에서 육군사관학교는 지름길로 올라가는 통로였고 서울대학교는 지배 엘리
트에 편입되거나 혹은 감옥으로 가는 통로였다. 이러한 다양성에도 불구하
고 고시 합격은 현대판 승경도에서 고위직으로 올라갈 수 있는 주요한 통로
였다.

새로운 흐름들

우리 사회에는 기이하게도 고시에 대한 선망과 사시(斜視)라는 두 가지 인식이 병존하고 있었다. 식민과 해방, 독재와 민주, 분단과 통일이 극단적으로 대립하고 있는 상황에서 고시 합격은 정당하지 못한 권력의 하수인으로 전락하는 것으로 인식되는 경향마저 있었다. 그러나 그 극단의 시대가 지나면서 인식에서도 변화가 나타났다.

한국 사회에서는 고시와 함께 대학입학시험이 주요한 통로로 작용하고 있다. '서연고 서성한 중경외시 건동홍숙 국숭세단 광명상가' 같은 조어들에서 상징되는 대학 서열화가 이를 단적으로 보여 준다.

이러한 극단적 대학 서열화와 함께 최근 들어 문과에서는 법대, 이과에서는 의대에 대한 선호도가 극단적 양상으로 나타나게 되었다. 학부과정을 로스쿨 준비 과정으로 여긴다거나, 대학입시에서 전국 모든 의대 다음 서열에 서울대가 위치한다거나, 의대 증원 문제조차 의사들의 저항에 직면하여 번번이 좌절되는 이례적 양상마저 나타나고 있다. 식민 독재 가난의 극단적 시대가 지나면서 법조인과 의사 집단의 진출과 영향력이 더해지고 있다. 한편 고시는 물론 대학입시에서도 계층 이동의 사다리 기능은 약화되었다. '개천에서 용 난다'는 말은 전설이 되고 말았다.

임대식 _전 역사비평 편집주간

3부 유통과 소비, 소유

뒷박과 잣대의 역사

하원호

전통시대의 도량형

'86,61,91'

TV에서 인기를 모았던 어느 한 탤런트의 몸매 사이즈이다. 넉넉한 체격의 모씨 정도가 연상되겠지만, 실은 미스코리아 출신의 여자 탤런트 몸매이다. 이 수치는 인치가 아니고 미터로 환산된 수치이다. 1인치가 약 2.54센티미터이니까, 인치로 바꾸면 '34,24,36'이 된다. 미터법이 과학적이라지만 앞처럼 바꾸어 놓았을 때는 그 탤런트의 매혹적인 몸매가 잘 연상되지 않는다. 더구나 아무리 전통을 사랑하고 옛것을 좋아하는 사람이라도 미인의 기준을 한국화해서 몇 자, 몇 치로 바꾸자는 사람은 없을 것이다. 근래 들어 이미 몸매는 서양식으로 재는 관습에 젖어 있을 뿐만 아니라 벗은 몸의 둘레를 재는 서양식 몸매 측정이 우리의 전통 속에는 없기 때문이다.

우리의 전통적인 잣대(척, 尺)는 고려 이전에는 고증이 어렵지만 세종 때 확립된 도량형제에 의하면 다섯 종이 있었다. 황종척(黃鐘尺), 주척(周尺), 예기척(禮器尺), 영조척(營造尺), 포백척(布帛尺)이 그것이다. 세종 때 황종척을 만든 이는 박연이다. 국악의 기본음을 정하려고 황종척을 만들었다. 따라서 황종척은 예악의 기본 척도였고, 모든 도량형(도=길이; 량=부피; 형=무게)에도 적용되었다.

주척은 주로 가묘(家廟)의 신주, 도로의 리수(里數) 등에 사용되고 혼천의 (渾天儀), 물시계, 측우기의 제작에도 이용되고 토지의 넓이를 재는 양전(量田)이나 검시(檢屍)에도 사용된 척도였다. 예기척은 예기 제작 때 사용되어 조례기척이라고 불리기도 했고, 문묘나 종묘제례의 제도 기준척이었다.

그러나 일반적으로 가장 널리 사용된 것은 영조척과 포백척이다. 영조척은 요즘도 목공소에서 흔히 쓰는 T자 형의 척도로 주로 병기, 축성, 교량, 도로, 건축, 선박, 차량, 양기(量器)의 기준척이었다. 포백척은 말할 나위도 없이 옷감의 길이를 재는 척도이다. 이것의 유래는 당연히 의복의 역사와 같이 하는 것인데 어떤 학자는 단군조선에서부터 그 연원을 찾고 있다. 원래 척도는 나라마다 시대마다 차이가 있지만 대부분의 경우 사람 몸, 그중에도 손 한 뼘, 발의 한 걸음 길이에서 유래하는 것이 일반적이다. 서양의 인치나 푸트가 그렇고, 한 치 두 치 하는 우리의 척도도 마찬가지이다. 따라서 척도 중에서도 몸에 걸치는 옷의 길이를 재는 포백척이 가장 오래된 것은 당연하겠다. 전통한복을 포백척이 아닌 미터법으로 만든 자로 마름질하면 고유의 맵시가 안 나는 것도 포백척 자체가 우리 몸매에 맞추어 만들어졌기 때문이다.

위에서 예를 들은 여러 척도 중에서도 가장 사회적으로 문제가 되었던 척도는 포백척이다. 나머지 척도는 조선 말기까지 거의 변화가 없지만 포백척만은 다르다. 고려 말 문익점이 가져온 목화씨는 무명이란 옷감을 만들게

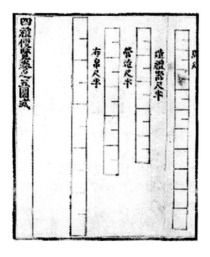

《사례편람四禮便覽》에 실린 전통 척도
이 책은 1844년(헌종 10)에 이재(李縡, 1680~1746)가 편술한 관혼상제에 관한 종합적인 참고서였다. 여기에 주척, 조례기척, 영조척, 포백척 등 전통시대 자[尺]의 모습이 보인다.

했고, 조선시대에 들면 면포, 곧 무명이 세금으로도 받아들여졌다. 따라서 포백척의 기준이 필요했는데 새로 확립된 다른 척도와는 달리 전래의 포백척을 교정하는 수준에서 이루어졌고, 민간의 것까지 완전히 통일된 것은 아니다. 그런데 이 포백척은 조선후기에 들어 면포의 생산이 증가하고 지역 간의 교역이 발달함에 따라 면포의 척도로서 기능하면서 지역에 따라 극심한 차이를 보이기도 했다.

세종 때 확립된 도량형의 실크기는 당시의 유물인 현재 장충단공원에 남아 있는 수표교를 실측해서 산출한 황종척의 길이 34.72센티미터에 기준해서 환산해 보면 주척은 21.04센티미터, 영조척 31.21센티미터, 예기척 28.57센티미터, 포백척은 46.80센티미터가 된다. 그런데 20세기 초 일본인의 기록에 의하면, 영조척 1척이 30.30센티미터의 일본 곡척(曲尺) 1척과 동일하고 나머지도 영조척을 기준으로 환산하면 황종척 33.70센티미터, 주척 20.44센티미터, 예기척 27.72센티미터, 포백척 45.15센티미터가 된다고 하였다. 1896년경 정부에서 만든《결호화법세칙(結戶貨法細則)》이란 기록도 조금 차이는 나지만 일본인의 조사와 거의 일치한다. 도량형의 절대 원기가 그대로 전해지지 못한 상황에서 시대에 따라 조금씩 차이가 나는 것은 어쩔 수 없었던 것 같다.

세종 때에는 척도만이 아니라 양제(量制)와 형제(衡制)도 함께 교정되었다. 양제나 형제는 새로이 만들어 냈다기보다 고려 때의 것을 이어받으면서 통일적으로 파악한 것으로 보인다. 양제의 단위는 10작(勺)=1홉(合), 10홉(合)=1되[升], 10되[升]=1말[斗]의 십진법 체제를 갖추었지만 중국이나 일본과는 달리 곡(斛)은 소곡(小斛=平石)=15말[斗], 대곡(大斛=全石)=20말[斗] 체제로 이루어져 있었다. 그러나 실제 사료에는 1곡이 10말로 환산되는 사례도 많다. 1되의 실크기는 영조척에 기준했는데 길이와 넓이 각 7촌, 깊이 4촌이어서 리터법으로 환산하면 약 0.6리터가 된다. 일본의 1되가 1.8리터였던 데 반해 약 3분의 1 정도였던 것이다. 하지만 법적 규정과는 달리 19세기 20세기 초에는 지역에 따라 다르기는 해도 2분의 1로 환산되는 경우도 많았다.

형제는 고려의 형제를 그대로 이어 16냥=1근이었고 중국이나 일본도 다를 바 없다. 이 경우도 지역에 따라서는 10냥=1근으로 계산되는 경우도 있었다.

고을마다 됫박이 다른 까닭

정조 5년(1781) 장령 홍병성의 상소에 의하면, "한 집안에서도 부부가 각각 달리 쓰고, 한 가게에서도 아침저녁으로 달라지고, 한 고을의 됫박이 이웃 고을의 반 되밖에 안 되고, 동쪽 장시의 잣대가 서쪽 마을보다 몇 치나 적다."라고 했다. 실제로 개항 이후 일본인들이 각 지역을 돌아다니며 도량형의 크기를 잰 결과도 마찬가지였다. 1887년 가을부터 1888년 사이에 일본인이 돌아다니며 조사한 결과에는 "동쪽은 울산에서 서쪽은 전라도 진도,

전통시대의 도량형 검정
위쪽부터 한 홉[合], 한 되[升], 한 말[斗]이다.
조선시대에는 공조에서 표준 양기를 만들어 각
도에 보내고 관찰사가 이것으로 지방 관청의 되,
말을 검정하고 낙인을 했다. 개인이 만든 용기
또한 예외가 아니어서 서울에서는 평시서, 지방
에서는 큰 고을에서 검정하여 검인을 찍었다.

북쪽은 충청도 직산에서 남으로는
전라도 남해에 이르는 대략 200 수
십 리 사이 100여 개의 고을에서 사
용되는 것을 조사해 보니 1말[斗]의
용기가 56종, 1되[升], 50종, 5홉[合]
2종이 있었고, 척도는 71종으로 직
물의 길이를 재는 것이 비단 11종과
목면 10종이 발견된다."라고 한다.

일본인들은 이 도량형의 문란이
상품경제가 발달하지 않고 자연경
제 상태에 머무르고 있었던 한국 사
회의 정체성 때문이었다고 주장한
다. 한국 사회가 식민지가 될 수밖
에 없었다는 일본의 식민사관의 근
간을 이루던 정체성론이 이 도량형
문제에도 깔려 있었던 것이다. 우리
나라의 도량형 사가들도 조선 전기
까지는 도량형제가 확립되어 있었
지만 조선 후기에는 문란해졌다는
식의 현상적 파악으로 일본인들의
정체성 주장에 동의한다. 그러나 이
문제는 역사적으로 보면, 정체성의

문제가 아니라 오히려 조선 후기 이래 상품화폐경제의 발전을 보여 주는 하나의 증거가 된다.

조선 전기까지는 상품화폐경제의 성장이 미숙해 대부분의 노동생산물은 상품보다 주로 국가에 세납물로 납부되고 있었기에 민간도량형이 독자적으로 나타날 필요성이 결여되어 있었다. 물론 일부 상품으로 유통되는 일이 있어도 '문란' 자체가 문제가 될 만큼 심각한 것은 아니었다.

하지만 조선 후기 사회는 전근대적 수취체제가 유지되는 한편, 일정 정도 상품화폐경제의 성장도 진행되고 있었다. 즉 노동생산물의 세납물과 상품으로의 대체가 함께 이루어지고 있어 그것을 계량하는 도량형도 서로 달랐던 것이다. 현존하는 대개의 조사 기록은 민간도량형이고 일본인이 지적하는 문란 현상도 주로 민간의 것이다. 앞에 인용한 홍병성의 상소도 민간의 교역에서 모리배들이 도량형의 변조로 이익을 남기는 폐단을 지적하고 민간도량형의 통일을 요구하는 과정에서 나온 것이다.

관변의 도량형도 조세를 요즘처럼 화폐가 아닌 현물로 받는 제도적 결함을 이용해 관리들이 도량형을 조작하고 수탈을 꾀하는 판에 민간도량형이 이익에 눈 밝은 장사치의 손에서 늘거나 줄어드는 건 자연스러운 현상이었다. 더구나 상품경제가 발달했다고 하더라도 여전히 '외부에 대한 지방적 배타성과 내부에 대한 지방적 통합성'이 강하던 전통사회의 틀 내에서 대부분의 상품은 주로 지역 내에서 교환되는 처지라서 이웃 마을과의 도량형에서의 차이가 큰 문제는 아니었다. 하지만 상업이 점차 발달하는 과정에서 이 같은 차이는 지역 간 교역의 당면한 과제가 되었고, 표준화도 요구되었다.

19세기 초 다산 정약용이 함경도 온성에서 제주도까지 동일한 도량형을 사용하면 물건 값이 분명히 정해지고 속이는 폐단이 없을 것이라고 한 것도 당시 전국적으로 형성되어 가던 상품의 시장권을 염두에 두고 한 말이었다.

민간도량형의 문란은 전국적 시장권이 아직 제대로 형성되지 못한 결과이기는 하지만 일본인들이 말한 것처럼 지역 간의 교역 자체를 불가능하게 만든 것은 아니었다. 쌀 한 가마니 용량의 지역적 차이를 보여 주는 것이 다음의 표다. 이 표는 개항 후 1890년대부터 1900년대 초까지 일본인 조사자들이 일본의 됫박으로 측정한 결과를 종합한 것이다.

〈표〉 개항 후 각 지방 쌀 한 가마니의 용량

지명	충청 전라	경기	평안 진남포	경상 고성 통영	경상 부산	함경 원산	함경 길주
일본 두승	8두	8두 5홉	8두 7승5홉	8두	5두	4두 8승	5두 2~3승

(출전: 《통상휘찬》 각 호)

조선 후기에 성립된 상품의 유통권은 경상도 남해안에서 서울을 거쳐 평안도에 이르는 시장권과 경상도 동해안에서 함경도에 이르는 지역으로 양분된다. 육로 교통이 발달하지 못해 주로 대량의 상품교역이 해로나 수로를 통해 이루어지고 있었고, 이 양대 유통권도 여기에 기준한 것이다. 그런데 이 표에서는 양대 유통권에 따라 한 가마니의 용량이 명확히 구분된다. 부산에서 길주에 이르는 지역은 일본 됫박으로 5말 전후인 데 반해 경상도 남해안에서 평안도 지역까지는 8말 남짓했다. 일반 장시의 도량형은 장시권에 따라 다르지만, 지역 간 교역 단위가 되는 도량형은 하나의 유통권에 포함된 경우 용량이 같아 실제 민간의 경제생활에서 도량형의 차이는 현실적으로 불편이 거의 없었던 것이다.

개항 이후 외국과의 교역량이 증대하고 국내적 상품유통도 전에 비할 수 없이 증가하게 되자 민간도량형의 전국적 통일은 당면과제가 되었다. 객주 상회사들이 도량형의 통일을 위해 직접 나서는가 하면 개화파도 도량형의 통일을 국민경제 성립의 기초로 삼았다. 1894년 갑오개혁 때는 도량형 통일의 의안이 만들어지기도 했다. 갑오개혁으로 조세를 화폐로 내는 금납화가 이루어짐으로써 노동생산물은 세납물이 아닌 상품으로만 바뀔 수밖에 없어 이 개혁은 결국 민간도량형의 통일을 의미하는 것이었다.

그리고 고대부터 토지면적 단위를 파악하는 데 사용되었던 우리의 전통적 결부법도 이 시기에 들어오면 바뀌어 갔다. 결부제(結負制)는 열 주먹[把]을 한 묶음[束], 열 묶음을 한 짐[負], 그리고 백 짐을 한 결[結]이라고 부르는데 생산량을 기준으로 한 토지 파악 방식이어서 기름진 땅과 농사가 잘 되지 않는 토지 사이에는 절대 면적에서 큰 차이가 난다. 전근대 지배계급의 입장에서는 조세수취가 가장 큰 관심사였고, 따라서 토지 파악도 조세로 거둘 양을 그대로 보여 주는 제도를 택했던 것이다.

하지만 뒤로 갈수록 생산량을 기준으로 한 결부제는 절대 면적을 기준으로 하는 두락제(斗落制)로 바뀌었다. 거름을 주거나 수리시설, 모내기 등의 방법으로 생산량이 늘어나면서 기름진 땅과 그렇지 못한 땅과의 차이가 줄어드는 바람에 결부제보다는 두락제가 오히려 현실적 토지 파악 방식이 되었던 것이다. 두락제는 오늘날도 농촌에서 논의 면적을 잴 때 사용하는 '마지기[斗落]'가 그것이다. 한 말의 볍씨를 심을 수 있는 면적이 한 마지기이고, 한 섬이면 당연히 한 섬지기이다.

20세기 초 대한제국에서 실시한 토지조사사업이었던 광무양전의 결과로 만들어진 광무양안에 결부제와 두락제에 의한 조사결과가 함께 기재되고 있었던 것은 관변의 토지 파악 방식도 시대에 따라 달라지고 있었던 사정을 반영한다.

일본이 바꿔 버린 도량형

도량형제는 1909년 일본 도량형제로 일거에 바뀌어 버렸다. 척관법(尺貫法)은 말할 것도 없고 전통적 토지 파악 방식도 결부법에서 일본의 '정반평제(町反坪制)'라는 절대 면적 파악 방식으로 제도화되어 일제하의 토지조사사업에서도 이 방식이 사용되었다.

물론 일본이 우리의 도량형제를 바꾸기 전에 이미 우리 쪽에서도 도량형을 통일하는 법안을 만든 적이 있었다. 1902년 평식원에서 만든 '도량형규칙'이 그것이다. 이 법령에서는 일본 곡척을 기준척으로 하지만 앞서 보았듯이 일본 곡척이 우리 영조척의 길이와 같아서 전통적 도량형을 근거로 한 '옛날과 오늘의 것을 참작[參古酌今]'하는 태도를 취했고, 주척이나 포백척 등 전통적 척도도 함께 인정할 뿐 아니라 1되의 용량도 1.8리터의 일본과는 다르게 전통적 되의 크기인 0.6리터를 기준으로 했다. 이 규칙은 제대로 시행되지 못하다가 1905년 도량형법으로 다시 손을 봐서 반포되었는데 복수의 척도를 인정하는 등 대부분 1902년의 규칙과 비슷하지만, 1되의 크기를 일본 되와 같이 했다는 점이 가장 다르다. 이는 당시 일본으로의 곡물수출이 증가하면서 양국간 됫박의 통일이 필요했던 사회적 사정과 무관하지 않다.

근대적 도량형의 도입
광무 6년(1902)의 1두 표준원기로 이를 제정한 '평식원'의 이름이 새겨져 있다.

1909년 '합방' 직전 경제생활의 기준이 되는 도량형을 일본식으로 완전히 바꾸었다는 것은 우리 경제를 일본에 종속시키겠다는 상징적 표현이었다. 그러나 일본의 의도가 실제 경제생활에 그대로 적용될 수는 없었다. 도량형의 끈질긴 관습성이 일본이 바라는 대로 하루아침에 청산될 수는 없었고, 총독부는 도량형의 통일을 위해 1926년 미터법을 기본으로 한 '도량형령'을 발포했다. 하지만 이 역시 종래의 도량형기나 척관법을 당분간 사용한다는 예외 규정을 두어 현실을 인정할 수밖에 없었다.

일본이 식민지시대 도량형에 가장 관심을 두었던 쪽은 양제였다. 조선을 농업식민 원료산지로 만들기 위한 산미증식계획까지 하는 처지에 됫박의 차이는 일본의 현실적 이익과 직결되었던 것이다. 그래서 양제에 관한 한 수매 과정에서도 철저히 일본식 됫박을 기준으로 한 만큼 전통적 우리의 됫박은 점점 골방으로 들어갈 수밖에 없었고, 우리의 상거래 관습도 적어도 쌀에 관해서는 일본식 됫박을 기준으로 하게 되어 지금까지 이르고 있다. 그러나 일본이 수매하지 않았던 다른 잡곡의 경우는 지금도 상품에 따라 그 용량의 차이가 있을 정도로 아직 끈질긴 생명력을 가지고 있다.

됫박과 상투

1926년에 만든 도량형령이 폐지된 것은 북한의 경우 1947년 '북조선 도량형에 관한 림시규칙'에 의해서 미터법과 그램제를 사용하면서였고, 남한의 경우 1961년 국제단위계(SI)에 기준한 '계량법'의 제정 이후이다. 북한은 다시 1998년 도량형개혁에서 법정계량단위를 국제단위계(SI)를 기준으로 비법정계량단위의 사용을 금지했지만 현실적으로는 아직도 전통적 척관법이 혼용되고 있다.

남한의 경우는 1961년의 '계량법'에 의하면 1963년까지는 척관법이나 야드, 폰드법을 법정단위에 포함하고 1966년 이후는 미터, 그램으로 표시하게 하였다. 2007년 7월부터는 평, 돈 등 비법정도량형의 사용을 금지했지만, 우리가 현실 경제생활에서 체험하듯이 미터법만 쓰지는 않는다. 일상적으로 사용되는 됫박이나 돈냥중, 한복을 마름질할 때 사용되는 전통적 잣대가 바로 그렇다.

도량형은 사회적 변화와 함께 바뀌고 제도는 그것의 통일을 위해 노력하지만 강인한 관습성은 좀처럼 버리지 못한다. 서울에서 고기 한 근을 사다 저녁에 식구와 나눠 먹은 사람이 있다고 치자. 그는 부산에 이사 간 첫날 고기값이 정말 싸구나 하고 싼 맛에 두 근도 산다. 그런데 서울에서는 한 근이 600그램이지만 부산에서는 400그램을 한 근으로 계산한다. 1냥이 37.5그램 정도인데 서울은 16냥을 한 근으로 치고 부산은 10냥 정도를 한 근으로 계산하기 때문이다. 이것은 예전 일본인들이 지적한 대로라면 정체성의 한 증거이겠지만 요즘 같은 사회에 그 논리가 적용될 수 없고, 현실 경제생활에 불편이 없는 한 강인하게 지속되는 관습성에서 그 원인을 찾을 수밖에 없다.

사실 전통이나 관습은 생활 속에 살아남아 있을 때만 생명력이 있다. 필자가 1970년대 쌀을 됫박으로 사던 자취 시절에는 됫박의 크기가 바로 저녁 밥그릇에 담기는 밥의 높이와 관련이 있었고 자연히 되질을 야박하게 하던 쌀가게로 발길이 갈 리 없었다. 하지만 지금은 됫박으로 쌀을 구입하는 사람들이 거의 없고 대부분 킬로그램 단위의 포대로 쌀을 구입한다. 됫박의 크기에 대한 현실감각이 없어진 지금 사람들에게 전통적 됫박의 의미는 양복 입은 사람이 상투 틀 생각을 해 본 적이 없는 것과 마찬가지이다.

하원호 _ 동국대 대외교류연구원 부원장

구호물자로 살펴보는 일상의 역사

한봉석

구호원조의 배경 이해하기

제2차 세계대전 이후 한국은 우리가 생각하는 것보다 훨씬 가난했고, 또 상상 이상의 원조를 받아 왔다. 예를 들어 1950년대 한국은 지금도 미국의 보고서 등에서 제2차 세계대전 이후 미국으로부터 가장 많은 원조를 받은 나라 중 하나로 종종 회자되곤 한다. 유엔 및 국제사회의 원조도 적지 않았다. 다만 1945~1961년까지는 주로 미국 및 유엔의 무상원조가 이루어졌다면, 1960년대 이후부터는 서독 등 다른 나라들이 추가되고, 원조도 무상에서 차관으로 전환하는 등 변화가 컸다. 그런 의미에서 일반적으로 한국인들이 상상하는 '구호'의 범주에 속하는 무상원조의 시기는 1961년 정도이며, 이때까지의 미국 대한원조 금액은 약 31억 달러 정도로 추정된다(홍석률·박태균·정창현 저, 《한국현대사 2》, 푸른역사, 2018, 41쪽).

다음은 흔히 우리가 알고 있는 미국 대한원조의 구성을 기존 연구인 홍성유(1962), 이현진(2009)의 연구를 참고해서 정리한 것이다.

〈표〉 1945~1961년 미국 대한원조*

원조명		기간	성격	구호물자 내용
점령지역행정구호원조 (GARIOA)		1945.9.~1948.8.	해방 직후 미육군성 자금 바탕 긴급구호지원	긴급구호물자 중심 식량, 의류, 의약품 등
경제협조처원조 (ECA)		1949.1.~1951.6.	1948년 12월 10일 체결된 대한민국 및 미합중국간의 원조협정에 따라 지원	시설재, 소비재 및 기술 원조 중심
한국민간구호 계획원조 (CRIK)	SEC	1951.6.~1953.5.	ECA원조 중 미사용분으로 UNCACK에 인계	
	SKO	1950.7.~1956.6.	전쟁 발발 직후 국제연합 안전보장이사회가 계획한 민간구호계획 (그중 미 육군성)	
	SUN		(유엔을 통한 민간단체 및 개인지원물품)	
국제연합한국재건단 (UNKRA)		1950.9.~1959.6.	전후 한국 재건 목적으로 유엔이 책임을 맡김. 부흥과 구호 양측 사업을 진행	1952년 5월부터 물자 도입 구호원조에서 시작해서 재건 기술 분야 원조를 상당 부분 포함(농업,수산,공업,전력,전송,통신,광업,주택, 교육,보건,위생 등 분야)
대외활동본부(FOA)		1953. 8.~1955. 6.	미국상호안전보장법에 근거 군사, 경제, 기술 원조	상호안전보장법 틀 아래 군사, 경제, 기술, 농산물 원조 지원
미국무부 경제협조처(ICA) – 미군사원조(AFAK) – 자선단체물자운송 – 미국잉여농산물 (MSA 402조)		1955.6.~1961.9.	상동	상호안전보장법 틀 아래 군사, 경제, 기술, 농산물, 개발차관기금 등 지원
미군대한원조(AFAK)		1954~1969	1960년대 초 일부 사업 주한 케아에 대행시킴.	다수의 프로젝트를 통한 지원사업
개발차관기금(DLF)			상동	산업개발자금
미공법 480호 (PL 480)	타이틀 I	1955.5.~		농산물판매, 대충자금
	타이틀 II			구호 및 기아
	타이틀 III			민간자선단체

국제개발처(AID)	1962~	1961년 9월 4일 미국 대외원조법(FAA, 1961)에 근거한 대한원조	경제원조와 군사원조 분리, 개발차관 강조
유엔 산하 기구들의 원조			주로 보건, 의료 영역 등으로 대부분 기술원조의 형식으로 도입되었음.

*홍성유, 《한국경제와 미국원조》, 박영사, 1962, 94쪽; 이현진, 《미국의 대한경제원조정책 1948~1960》, 혜안, 2009, 51쪽을 참조해서 재구성한 것이다.

이 표를 요약해 보자면, 미국의 대한원조는 군사, 경제, 기술 원조 그리고 미국 잉여농산물 원조 등으로 정리해 볼 수 있다. 다만 '구호'물자의 도입과 분배에는 표에는 반영되지 않은 존재들도 참여했다. 오늘날의 NGO와 같은 역할을 했던, 혹은 그 기원이 되었던 외국 민간원조단체들이다. 얼핏 머리에 떠오르는 인도주의 구호단체, 비영리단체 등의 단어로 설명될 수 있는 이들이다. 여기에는 일제강점기부터 활동했던 종교 단체들도 있었지만, 해방 이후 등장한 단체들도 많았다. 해방 직후인 미군정 시기에는 종교단체들이 주도권을 가졌던 LARA(Licensed Agencies for Relief in Asia)가 결성되어 이들을 대표했다. 한국전쟁 발발 이후에는 주한유엔민간원조사령부(United Nations Civil Assistance Command in Korea, UNCACK)의 지휘하에 전후 구호를 진행했다. 1952년 3월 5일, 7개 단체를 중심으로 외국민간원조기관한국연합회(Korea Association of Voluntary Agencies, KAVA)가 결성되었다. 한국 정부는 1955년의 '한미간 민간구호활동에 관한 협정'과 '동 해석각서'를 통해 이들의 활동을 조율하고자 하였다. 1960년대 한때 123개 단체에 달했던 이들은 1960년대 활발히 활동하다가, 한국에서의 긴급구호의 필요성이 약해지는 1970년대 중반 이후 점차 다른 구호지역을 물색해 떠나가기 시작했다.

그러나 이들 중 일부는 여전히 국내에서 활동하고 있다. 1950년대 무렵 구호물자의 중요한 원천이었던 미국 잉여농산물들을 사용한 사업에 참여하였던 중요 외국 민간원조단체들을 꼽아 보면 아래 정도로 정리해 볼 수 있을 것이다.

> 한미재단(AKF), 케아(CARE), 가톨릭구제위원회(Catholic Relief Service-United States Catholic Conference), 주한기독교세계봉사회(Korean Church World Service), 루터세계구호(Lutheran World Relief), 메노파교도 중앙위원회(Mennonite Central Committee), 제7일안식일교, 세계구호위원회(World Relief Commission)

그 외에도 1950년대에는 유엔 산하 WHO, UNICEF 등 여러 기구들이 의료, 긴급구호 등의 영역에서 한국에 원조를 단행했다. 이들은 주로 제2차 세계대전 이후의 보편적 인권 및 인도주의의 측면에서 세계의 저개발국 중 하나였던 한국에 구호의 손길을 뻗었던 것이다. 그 외 유럽 지역도 일부 접촉이 있었으나, 이들의 경우 거의 유엔을 통한 전달이 많았다. 대표적인 것이 한국전쟁 중 조직되었던 운크라(UNKRA)를 통한 원조였다. 1960년대 중반 이후 유엔의 원조는 유엔개발계획(UNDP) 등을 통해 한국에 전달되는 등 다양한 경로를 밟았다.

이렇듯 1980년대 한국의 사회복지관련법안들이 정비되기 전까지, 공식·비공식적 영역에서 외국 원조는 큰 역할을 했다. 예를 들어 한국전쟁 중 민간에 대한 긴급 구호를 지원했던 CRIK 원조는 식료품, 의료위생품(의료품,

의약품, 살충제, 기타), 연료, 건설자재(목재, 기타), 운수용품(트럭, 자동차부분품), 농업용품, 고무 및 고무제품, 섬유 및 의료품(의류) 외 기타 항목의 물자들을 들여왔다. 또 비공식적 영역에서 활동했던 외국 민간원조단체들 역시 식량, 옷가지, 의약품 등을 중심으로 여러 가지 물품들을 들여왔다.

이러한 구호물자는 한국인들의 삶에 큰 영향을 끼칠 수밖에 없었다. 구호물자는 홀로 오지 않았기 때문이다. 공식 비공식 영역을 통해 공여국의 사람, 기술, 문화가 함께 한국 사회 곳곳으로 전달되었다. 이하에서는 1950년부터 1970년까지 도입되었던 구호물자, 구호사업을 통해 한국사에 생겨났던 변화들, 혹은 일상의 모습들을 살펴볼 것이다. 그리고 그 속에서 알게 된 몇 가지 사연들을 통해, 오늘날 한국이 국제사회와 나눌 경험이 단순히 '발전'에 국한된 경험만은 아니었음을 이야기해 보고자 한다.

주한 케아의 패키지를 통해 본, 그 시절 우리가 받았던 구호물자

한국인들이 구호물자를 받기 시작한 것은 해방 직후부터였다. 구호물자의 구성은 천차만별이었는데, 우선 급한 이불이나 헌옷, 혹은 당장 필요한 물자 등 다양한 물품들이 한국 사회에 구호물자로 들어왔다. 그렇기 때문에 만약 구호물자의 개략을 알고 싶다면, 주한 케아의 패키지 박스를 열어 보는 것이 한 방법이 될 수 있을 것이다. 한국 정부가 발간했던 '외원단체 인감증명원'에 '주한 케아'로 적시되어 있던 이 단체의 정식 명칭은 '케아(the Cooperative for American Relief Everywhere)'이다. 지금도 미국 뉴욕에 본부를 두고 활발히 활동하고 있는데, 그 역사는 제2차 세계대전 직후로 거슬러 올라간다. 당시 미국 내 민간단체들이 유럽에 구호물품을 전달하기 위해 모임을 만든 것이 그 시초다. 유럽에서의 긴급구호는 일찌감치 마무리되었다. 이후 케아는 아시아로 발길을 돌려, 일본 및 한국 사업에 진출하였다. 1948년 11월 20일 한국 정부와 계약을 체결한 후, 한국전쟁 발발로 인해 잠시 사무소를 철수하였지만, 다시 UNCACK의 지휘 아래 외원단체의 하나로서 한국 구호 사업에 복귀하였다. 그 후 1950년대에는 유네스코 우유급식사업의 실질적 수행자로, 1960년대에는 미 제

케아로부터 새 신을 받고 기뻐하는 소녀
(출처: 주한 케아 홈페이지 CARE History(https://www.care.org/about−us/our−history/) 참조)

8군의 미군대한원조(AFAK) 사업의 마무리 파트너로, 자조근로사업의 참여자로, 그리고 구호물자의 현지 운송자로 활동하기도 하였다. 실제로 주한 케아는 한국 사업의 공로로 박정희 전 대통령으로부터 감사 편지를 받기도 했다. 1979년 6월 11일 한국에서 사업을 철수하면서 그 30년간의 활동을 마무리했다.

이런 여러 활동 중 주한 케아의 백미는 역시나 케아 패키지 공급에 있었다. 이들은 자신들이 수집한 구호물품을 '케아 패키지(CARE Package)'라는 형태로 수원국에 보냈다. 특히 한국전쟁 구호에 참여하면서 주한 케아는 다

양한 종류의 패키지를 만들어 냈다. 당시 주한 케아는 이렇게 만든 '케아 패키지' 중 일부를 계약을 통해 미군이나 다른 원조단체에 공급하기도 하였다. 물론 주한 케아의 패키지가 그 시절 구호물자의 전부를 대변할 수는 없을 것이다. 그러나 당대 구호 현장 곳곳에 케아 패키지가 일상적이었던 것도 사실이다. 그런 점에서 케아 패키지를 통해 1950~1960년대의 구호물자의 일단을 살펴보는 것도 의미가 있을 것이다.

1950년대 주한 케아가 한국에 들여온 패키지의 기원은 유럽 사업에서 따온 것이었다. 유럽 구호를 시작하면서 케아는 당시 미군의 군용 패키지를 본따 자신들의 '케아 패키지'를 만들었다. 이는 병사 한 명이 10일간 필요한 식단, 혹은 병사 열 명의 하루치 식사에 필요한 영양성분으로 구성되었기 때문에, "Ten in One Food Package"라고 불렀다. 패키지별로 종류에 차이가 있었는데, 일반적으로 육류, 비스켓, 설탕, 과일 잼 또는 푸딩, 야채, 커피·코코아·(또는) 과일주스 분말, 농축우유, 버터, 치즈 등이 포함되었다. 유

유럽에서 사용되던 일반 패키지 구성
(출처 : 미국 뉴욕 공립도서관 소장 CARE Records)

럽에서는 5개 정도의 표준 패키지 외에 지역별 특징에 따라 변화를 주었다.

한국전쟁에 참여했던 주한 케아의 패키지는 초기 형태와는 비교하기 어려울 정도로 그 가짓수가 늘어났다. 케아의 사업에는 단순히 패키지를 구성하는 것 외에 '푸드 크루세이드' 등 미국 현지의 모금을 통한

마을 지원, 혹은 구호물자를 수집해서 전달하는 형식도 있었기 때문에 전쟁 당시 패키지의 형태는 초기와 달리 식품에 한정되지 않았다. 당시 인기가 있었던 일반 패키지에는 다음과 같은 것들이 있었다.

타입 36K – 식량 패키지

타입 40 – 면(혹은 솜)(10달러)

타입 49 – 기본 식량

타입 54 – 결핵예방키트

타입 67 – 스웨터

타입 71 – 망막질환 지원 키트

타입 73 /74 – 쟁기(10달러), 농기구(7달러)

타입 76 – 식량(4달러)

타입 82 – 담요(7달러)

타입 83 – 모직 양복(10달러)

타입 84 – 속옷(10달러)

주한 케아는 또 '자조(Self-Help)'라는 이름을 붙여, 미국 내 모금한 기금으로 다양한 형태의 패키지를 구성해 마을에 전달하기도 했다. 주한 케아는 패키지 지원을 통해 "다양한 종류의 도구와 설비들을 지원함으로써 (공동체의) 삶의 질을 개선하는 것을 목적"으로 했다. 다음은 1960년경 주한 케아가 발주한 '자조' 패키지 추가 주문서이다.

재봉틀 키트, 뜨개질 기계 키트, 산파(조산사) 키트, 금속노동 키트, 초등학
교 키트, 전기 키트, 체육교육 키트, 미국산 목공 키트, 통조림 구호 키트,
지역 구매물품 키트, 스토브 키트

주민들에게 특히 인기 있었던 물품은 역시나 재봉틀이었다. 당대 동아시
아 주부들을 매혹시켰던 '싱거미싱(Singer Mising)'이 구호물자로 전달되기도
했다. 1970년대 기성복이 유행하기 전까지 집에서 옷가지를 만드는 일이 낯
설지 않았던 시대, 미싱은 선망의 대상이 되기도 했다.

| 싱거 재봉틀을 받은 어느 집의 풍경
(출처: 미국 뉴욕 공립도서관 소장 CARE Records)

다만 이러한 구호물자가 오로지 선의로만 가득했던 것은 아니었다. 한국은 오랫동안 미국 잉여농산물 원조의 대상지였는데, 1960년대 중반 이후에는 가공식품도 원조물자에 포함되었다. 이러한 변화는 아직 외국 기업의 국내 진출이 용이하지 않았던 1960년대 초중반, 다양한 미국 내 회사들이 안정적인 조건하에 국내에 진출하는 계기를 제공하기도 하였다. 이는 전 세계적으로 케어가 1960년대 이후 외국에 보내는 구호물자 중 식량 부분은 미국내 유명 식품회사들과 계약을 통해 공급받기도 하였기 때문이다. 이러한 흐름을 타고, 1960년대 이후 미국 종자회사인 버피 씨드(Burpee Seed, 1967)는 물론 열량과 칼로리가 중시되던 시대적 흐름을 반영해 여러 제과 회사들의 물품이 국내에 들어오게 되었다. 유명 초콜릿 회사인 슈래프츠(Schrafft's)의 '수디즈(Soothies)', 캔디 파스틸레스(candy pastilles)(1968), 뉴욕의 캔디 가게에서 시작했던 투지 롤 인더스트리(Tootsie Roll Industries)의 "Pop A Roll"(1968), 치즈 및 땅콩을 판매하던 플랜터스(Planters)의 치즈피넛버터크래커샌드위치(1968), 네슬레 산하의 회사인 거버 유아식(Gerber baby food)(1968) 등이 구호물자 품목에 그 이름을 올렸다. 그리고 이후 거버 이유식의 사례처럼, 이들 중 일부는 한국 시장에서 새로운 판로를 개척하기도 했다.

1970년대 통일벼가 성공하기 전까지, 한국 사회는 언제나 식량이 모자랐다. 또 한국전쟁 이후 재건 과정에서 생필품 등 소비재는 언제나 품귀 현상을 빚었던 터였다. 이런 상황에서 외국을 통해 들여온 구호물자들은 한국 사회의 여러 필요한 부분을 메우는 데 이용되었다. 구호물자는 종종 암시장으로 흘러들어가 시장에 판매되기도 했다. 정부로서는 단속에 나서는 등 골머리를 썩었으나, 보통 사람의 입장에서는 그렇게라도 필요한 물품을 구해야 했던 시절이었다. 필요한 것은 언제든지 다*소에서 구매할 수 있는 지금 으로선 상상할 수도 없던 그 시절, 구호물자는 한국인의 삶의 한 공백을 책임졌던 셈이다.

토끼는 언제부터 당근을 좋아했을까?

흔히 구호물자는 먹고 사는 것에 집중되었다고 생각하기 쉽다. 그러나 구호물자는 때론 공여국의 문화를 수원국에 전달하는 역할을 한다. 옛날 동화나 만화에 나오던 토끼와 당근의 이야기를 기억하고 있을 것이다. 이는 주로 서양의 동화를 옮긴 이야기들이다. 그런데 소박한 궁금증이 생겼다. 서양 토끼야 당근을 좋아할 수 있다지만, 한국 토끼도 원래부터 당근을 좋아했을까? 우리 역사를 돌이켜보면, 토끼와 당근은 별반 친할 수 없는 관계이다. 실제로 1970년대 한 농촌 청소년의 과제장에 적힌 한국 토끼의 식성은 비지, 민들레, 쑥 등을 두루 잘 먹는 잡식성이었다. 또 당근은 1980년대 이전까지 한국인이 선호하는 음식이 아니었다. 그럼 이 이야기는 그냥 서양의 전래동화에 불과할까? 결론부터 이야기하자면, 한국 토끼도 '결국은' 당근을 먹게 되었다. 그러나 그것은 디*니 만화에서처럼 토끼가 당근을 좋아해서가 아니라, 의도치 않았던 여러 요인들 때문이었다. 토끼와 당근에 얽힌 수수께끼의 답은 1947년 미군정장관에 의해 소개되었던 4H 클럽과 이를 통해 국내에 들여왔던 '구호물자'에 그 단서가 숨어 있다.

오늘날 청소년들에게는 낯설겠지만, 4H 클럽은 미국에서 농촌 청소년의 교육과 농가의 상품 판매를 책임지던 일종의 농촌 단체였다. 일제강점기에

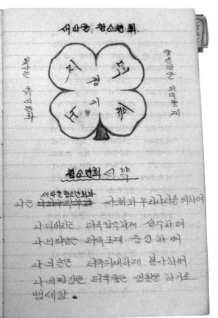

▌4H 과제장(출처: 한국4H운동본부 소장 마을 4H 일기 참조)

'사각소년회(四角少年會)'라는 이름으로 잠시 등장하였다 사라진 후 1947년 경기도 군정장관 앤더슨(Charles A. Anderson) 중령에 의해 본격적으로 한국에 도입되었다. 그는 해방 후 열악했던 한국 농촌의 상황을 보고, 자기 고향의 기억을 떠올렸고, 미국에서 한창 유명했던 이 운동을 국내에 소개했다. 이후 우리나라에서는 영어의 Head(지육), Heart(덕육), Hands(노육), Health(체육)을 지·덕·노·체(智·德·勞·體)로 옮겨 널리 홍보했다.

토끼가 당근을 먹는 이유와 4H 클럽 활동의 연관성은 1950년대 말, 1960년대 초 농촌 청소년이 남겼던 클럽 활동 과제장에 숨어 있다. 이 과제장에는 미국의 농촌지도를 농촌에 전파하기 위한 각종 실험 활동들이 담겨 있는

미공보부 잡지 《새봄》의 토끼 요리 소개
(출처: 국사편찬위원회 전자사료관)

4H 클럽 농촌 청소년 과제장
(출처: 한국4H운동본부 소장 마을 4H 일기 참조)

데, 그 내용의 절반 이상이 토끼 키우기와 당근 재배법에 대한 여러 가지 노력들에 관한 것이다. 왜 그랬을까? 토끼는 일제강점기 말 조선총독부가 식량 및 가죽 등 군수물자 부족으로 시달릴 때, 전시 다목적용으로 육성되었던 동물들 중 하나였다. 중요한 단백질 공급원으로 간주되었기 때문인데, 그 특이한 냄새 때문에 소나 닭의 위치를 넘보지는 못했다. 해방 이후에는 상황이 달랐다. 해방 후 남한의 그해 쌀 수확은 나쁘지 않은 편이었지만 미군정의 미숙한 식량정책, 만주 등 다른 식량 공급처와의 단절 등으로 인해 갑작스런 식량난이 발생했기 때문이다.

당연히 동물성 단백질을 구하는 것도 쉽지 않았다. 한국인들은 개, 닭, 소 등을 선호하였지만, 자주 먹을 수는 없었다. 결과적으로 다시금 '토끼'가 유력한 단백질 후보로 주목되었다. 1950년대 농정은 다양한 방식으로 토끼 사육을 권유했다. '토끼 가죽의 기름 빼는 법' 등 응용법을 담은 팸플릿도 여럿 등장했다. 다만 농사일로 바쁜 동네에서 토끼 먹이를 주는 것은 으레 마을 청소년들의 몫이었다. 4H 클럽의 과제장에 토끼 먹이에 대한 상세한 내역이 남아 있는 것은, 이 시기 농촌 청소년들의 일과에 토끼 먹이를 주는 것이 중요한 과제 중 하나였기 때문이다. 다만 토끼는 쉴 새 없이 먹고, 또 쉴 새 없이 배변을 하기 때문에 먹이를 계속 구하는 것이 귀찮기는 했다. 그런 농촌 청소년들 옆에 수북히 쌓여 있는 야채, 그것이 바로 당근이었다.

당근이 한국인에게 완전 낯선 채소는 아니었다. 기록상으로는 16세기 조선시대에 그 재배 기록이 남아 있다. 다만 당근은 한국인이 즐겨 먹던 채소는 아니었던 것으로 보인다. 일제강점기까지의 각종 조리법에도 당근은 아주 드물게 등장하거나, 거의 없었다. 1907년 기록을 보면, 당근은 여전히 '외래종'으로 기록되어 있다. 당근이 한식의 식단에 본격적으로 편입되고 대중화된 것은 1980년대 이후부터였다. 해방 후 당근을 주목했던 것은 한국인이 아닌 미국인들이었다. 해방 후 미군정 시기, 한국인들의 배급을 주도하던 미국인들이 알게 된 것은, 그동안 신선한 야채들이 주로 만주로부터 수입되고 있었다는 사실이다. 그런데 일제의 패망으로 인해 그 수입 경로가 차단되었다. 미국의 입장에서는 당장 비타민을 공급해 줄 신선한 야채가 필요했다. 당근은 미국이 점지한 차세대 '비타민' 공급의 대체재 중 하나였다. 미국은 이 새로운 야채를 한국 곳곳에 보급하길 원했다. 각 지역의 농촌 교도소를 통해 집집마다 당근이 수북이 전달되었다. 당시의 농촌 청소년들은 이 생경한 야채의 씨앗을 뿌리고, 키우고, 육성하는 것을 하루 일과로 삼았다. 1950년대 4H 클럽은 주로 농촌 청소년의 문화생활과 농촌 학습을 지도했는데, 이때 당근은 새로운 학습 재료로 사용하기에 너무나도 훌륭한 소재였던 셈이다. 또 실제로 미국 4H 클럽에서 당근은 통조림 캔을 제작하는 데 활용되기도 했던 대표적 야채였기 때문에, 실습에 자주 등장하는 것이 이상하지도 않았다. 결과적으로 1950년대 말 1960년대 초 농촌 청소년의 일상은 거의 토끼와 당근으로 점철되었다.

문제는 미국인들의 식습관과 풍습에 근거했던 식단들이 한국인들의 취향과 별반 맞지 않았다는 데서 발생했다. 구호물자로 수령한 당근에는 친절하게 "오일 드레싱을 곁들여" 먹으면 좋다는 조리법이 적혀 있었다. 한국인들은 당근을 기름에 무쳐 먹기보다는, 산으로 가서 나물을 뜯기 시작했다. 그럼 남은 당근은 미군이 먹으면 되지 않을까? 미군은 당근에 익숙했지만, 먼 이국땅에서 한국인들이 퇴비를 뿌려 수확한 야채를 먹으려고 하지 않았다. 흔히 씨 없는 수박의 재현으로 유명한 우장춘 박사가 이들을 위한 '올가닉' 야채를 별도로 수경 재배해야 했을 정도였으니 말이다. 그렇다면 누가 남았을까? 당시 각 지역의 과제장을 작성하던 농촌 청소년이 남았다. 쉴 새 없이 먹어 젖히는 토끼와, 한쪽에 수북이 쌓여 있는 당근. 먹성 좋은 토끼에게 줄 풀을 뜯다 지친 청소년의 선택이란 너무 뻔하지 않았을까? 이윽고 세월이 지나 그런 모습을 미국 책과 드라마와 만화영화를 보며 자란 아이들이 지나가면서 한 마디 하면, 이 거대한 서사는 완성된다. '엄마, 토끼는 진짜 당근을 좋아하나 봐'. 그렇게 새로운 동화가 완성이 되는 법이다.(최근 발간된 한 책에 의하면, 자연 속의 토끼는 당근을 즐기지 않는다고 한다. 결국 만들어진 신화인 셈이다.)

우유 먹고 배가 아프면, 대신 모딜락(Modilac)을 먹읍시다

토끼와 당근 이야기가 기호의 문제였다면, 그보다 조금 더 적응하는 데 오래 걸렸던 구호물자가 있었다. 그것은 바로 우유였다. 한때 중동에서 인기가 폭발했던 드라마 '대장금'을 보면, 임금님이 우유를 넣은 죽, 즉 타락죽을 즐기는 장면이 나온다. 이것만 보면, 한국인들이 오랫동안 우유를 즐겨왔던 것처럼 착각할 수 있다. 그러나 드라마 대사처럼, "그 귀한 타락을"에서 알 수 있듯이, 한국 사람들이 일상에서 우유를 즐기게 된 것은 그리 오래지 않았다. 일상에서 우유가 권장된 것은 일제강점기 때부터였다. 일본은 메이지 유신을 전후해 미국 등에서 낙농업을 접한 후, 산업을 개발하고, 일상에서 우유를 권하였다. 실제로 일본을 넘어 조선에서도 우유가 권장되기도 했다. 그러나 조선인들의 거부감, 공급과 유통문제, 위생문제 등이 섞여서, 일상적 식문화로 자리 잡지는 못했다. 우유가 본격적으로 한국인의 식단에 등장한 것은 해방 후의 긴급구호, 그리고 한국전쟁을 겪으면서였다.

양차대전을 겪으면서 국제사회는 인도주의적 측면에서 아동의 영양 상태 개선에 주목하였는데, 이때 유효한 해결책 중 하나로 제시된 것이 우유의 보급이었다. 우유는 가공 및 유통과정에 신경을 써야 했으나, 성분상 완전식품에 가까웠다. 해방 직후 가난하기로는 세계에서 손꼽히던 한국에도 여러 원조단체들과 기관들을 통해 우유 급식이 시도되었다. 긴급구호인 GARIOA 원조는 물론, ECA, 유니세프 등이 한국에 우유 급식을 하기 위해 노력하였다. 이러한 노력은 한국전쟁을 겪으면서, 미국상품공사의 탈지분유를 사용하게 되면서, 더욱 확대되었다.

실제로 한국전쟁 중 우유(실제로는 거의 탈지유)는 아동은 물론 식량이 부족한 피난민들에게도 제공되었다. 임시수도 부산에 집결한 피난민 수는 이미 부산시가 건사할 수 있는 수준을 넘어섰다. 집도, 물도, 식량도 모두 부족했다. 그 속에서 피난민들이 그나마 먹을 수 있는 음식 중 하나가 우유였다. 이 시기부터 분유와 옥수수 가루를 섞은 죽, PX에서 흘러나온 분유 등을 통해 한국인의 식사에 우유가 드물지 않게 등장했다.

다만 흔히 접할 수 있었던 것과 별개로, 한국인들이 우유를 일상적으로 즐기기에는 신체적 문화적 장벽이 존재했다. 첫 번째는 신체적 거부 반응이었다. 대개의 아시아 사람들이 그러하듯이 한국인 대부분은 락타제(Lactase) 라는 유당분해효소가 결핍된 상태로 유당불내증이 있었다. 힘들게 '양키'시 장에서 구해 온 분유를 먹고, 가스가 차거나 방귀를 뀌거나, 심하게는 설사에 시달리는 사람들도 많았다. 우유를 가열할 경우, 이러한 증상은 사라지지만, 이번에는 우유죽 냄새가 비위에 맞지 않은 경우도 있었다. 그래서 급식으로 나온 옥수수 우유죽은 종종 꿀꿀이죽으로 불리기도 했다. 당시 농촌을 방문했던 유니세프의 한 직원은 농촌에서 우유를 물에 타서 풀 대신 도배에 쓰거나, 혹은 돼지 먹이로 사용하는 것 등을 목도하고 놀랐던 경험을 기록으로 남기기도 하였다.

이러한 현상은 언뜻 한국인만의 "후진"으로 느껴질 수도 있겠지만 사실 당시 긴급구호물품으로 우유를 수원한 세계의 여러 곳에서 흔히 벌어졌던 일이었다. 예를 들어 1960년대 이집트의 경우, 주식인 밀 대신 분유를 배급하자, 받은 구호물자를 전부 동물 먹이로 줘 버리는 일이 발생하기도 했다. 정부의 계몽 캠페인이 벌어지기도 했지만, 별 소용이 없었다. 흔히 오랫동안 우유를 음미해 왔을 것이라고 오인받는 유럽 역시 우유 급식의 역사가 대중화된 것은 1920년대였던 것을 생각해 보면, 당시 사람들의 반응이 그렇게 색다른 것은 아니었던 셈이다.

그러나 저개발국의 호불호와는 별개로 공여국들은 꾸준히 우유의 영양학적 중요성을 강조하였다. 1950년대 유니세프는 미국 농무부 비축분을 지원받아 주한 케아에 현지 사업을 위탁하는 방식으로 우유급식사업을 시작하였다. 주한 케아의 우유급식사업은 1960년대 중반까지 이어졌다. 사업이 진행되면서, 유당불내증이 있는 사람들을 대비한 대용품도 등장했다. 경우에 따라서는 옥수수 가루가 우유를 대체하거나, 혹은 콩가루와 물을 섞은 것이 대용으로 제시되기도 하였다. 그리고 드디어 유당불내증이 있는 아동들을 위한 전용 분유인 모딜락(modilac)이 구호물자 리스트에 등장하였다. 우유를 잘 먹지 못하는 아시아인들을 위한 배려랄까.

그럼에도 불구하고, 한국인들이 우유를 일상적으로 즐기기에는 시간이 더 필요했다. 우선 우유는 한식 조리법상 디저트 외에 등장하기가 어려운 식품이었다. 사정이 이러니 우유가 일상적으로 소비되는 것이 쉽지는 않았다. 당시 한 한국 우유회사는 우량아 선발대회를 여는 등 우유 홍보에 열을 올리기도 하였다. 또 일상적으로 소비하기에는 가격도 조금 비쌌다. 그렇게 한국인들은 시간을 들여, 구호물자에 식성을 맞

거버사 모딜락
1960년대 말 구호에 등장했던 모딜락은 프랑스 브랜드가 아닌 거버사가 만든 제품이었다.
(출처: 미국 스미스소니언 박물관 홈페이지 https://americanhistory.si.edu/collections/nmah_209918 참조)

취 갔다. 사실 한국인들이 주식으로 삼았던 것은 쌀이었다. 그러나 그런 목소리는 잘 전달되지 못했다. 구호물자의 선정은 수원국이 아닌 공여국이 선택했기 때문이다. 다음에 살펴볼 영양급식사업은 인도주의 구호 물자가 결국 수원국이 아닌 공여국의 선택에 의해 구성된다는 것을 잘 보여 주는 또 다른 사례이다.

한국인의 '탄단지'를 끌어~ 올려!

1960년대 말 미국 국제개발처 지원으로 진행되었던 영양교육사업은 구호 물자의 수원이 단순히 식성의 문제에 국한되는 것이 아니라, 공여국의 문화와 시스템이 전파되는 현대적 방편 중 하나일 수 있다는 것을 잘 보여 준다.

1969년 8월 14일 정부의 국민영양개선령이 통과되었다. 그 후 두 차례에 걸쳐 전국적인 국민영양표본조사가 시행되었다. 이를 통해 비로소 표준적인 한국인들의 영양상태, 그리고 필요한 영양 요소가 이야기될 수 있었다. 그 이전까지 원조 당국이나 구호단체들은 일부 지역에 대한 조사나 샘플을 바탕으로, 막연히 한국인의 식습관이 좋지 않다고 생각하고 있었다. 따라서 한국에 대한 원조는 주로 공여국의 식습관이나 물산을 따라 이루어지는 경우가 많았다. 한국인의 식성에 맞지 않는 밀이 주로 구호물자로 등장했던 것은, 막대한 미국 잉여농산물의 해소를 위한 탓도 있었지만, 기본적으로 쌀의 영양학적 효능이 밀보다 못하다고 생각했던 당대 원조 담당자들의 사고도 한몫했다.

이런 와중에 전국적인 영양 조사가 이루어졌고, 때마침 1960년대 말 1970

년대 초 미국 국제개발처(USAID) 산하 기아와의 전쟁국(Office of the War on Hunger)이 저개발국의 영양개선 및 아동 급식 사업에 대한 장려금 사업이 한국에서 시작되었다. 장려금 지원 사업은 "지역 음식을 효율적으로 사용할 지식의 부재로 발생하는" 영양실조를 '풀뿌리 노력'으로 교정하고자 신설된 것이었다. 주 대상은 저개발국 미취학 아동들이었다. 특히 이 사업은 한국이 다른 저개발국들과 비교할 수 없을 정도로 문맹 타파가 이루어졌다는 점을 고려해 시범적으로 공영 라디오 방송, 전단지, 만화, 팸플릿, 달력 등을 통한 선전이 진행되었다.

당시 민간원조단체들의 평가에 의하면 한국인들의 영양상태는 세계적인 표준에 미달하였다. 한국인들은 유엔식량농업기구(FAO)의 1일 권장 칼로리 3,000칼로리보다 훨씬 적은 2,000칼로리를 조금 넘는 섭취량을 보였다. 그나마 칼로리 섭취의 70프로 이상은 쌀과 보리 등 탄수화물로 구성되어 있었다. 그 외 단백질 섭취, 비타민 A, C, 리보플래빈 등은 결핍이 심했고, 칼슘 및 지방의 섭취도 권장되었다. 이러한 '심각한' 상태를 개선하기 위해 모수미 등 한국 측 영양학자들, 그리고 FAO 및 원조단체 파견 영양학자들은 미국 및 일본의 식단을 참조해 새로운 식단을 만들어 냈다.

새로운 식단을 만들어 내는 과정은 외원단체 측과 한국 측의 문화적 충돌이 드러나는 지점이었다. 외원단체 담당자들은 밥 외에 다양한 가짓수의 반찬(side dish)의 필요성을 납득하지 못했다. 결국 한 한국인 자문이 이들에게 한국에서 반찬이란 "어머니의 정"과 같은 것이라 설명하는 등 논쟁 끝에, 5대 영양소를 반찬 속에 녹여 내는 것으로 방향이 결정되었다. 식재료상의 차이로 인해 애초 상정된 항목이 다른 것으로 번역되기도 했다. 한국인들은

5대 식품군을 강조한 달력	5대 식품군을 강조하는 홍길동 영문판
(출처 : 미국 뉴욕 공립도서관 소장 CARE Records)	(출처 : 미국 뉴욕 공립도서관 소장 CARE Records)

미국 측이 제시한 녹황색 채소에 대한 강조는 굳이 표기할 필요가 없다고 생각했다. 김치가 이미 있기 때문이다. 그래도 정 넣어야 한다면, 녹황색 채소는 '나물'로 번역해서 추가하기로 했다. 우유는 한식에서 식단에 반영하기 어려웠기 때문에 멸치 등과 같은 잔뼈생선으로 대체되었다. 콩과 동물성 단백질 섭취에 대한 강조는 계란과 기름에 대한 강조로 이어졌다. 다만 흰쌀 대신 혼식을 강조하는 내용은 캠페인에서 빠지게 되었다. 이미 1960년대 초반부터 식생활개선 운동 등을 통해 혼분식을 하고 있었기도 하고, 경제적 문제 때문에 자연스럽게 여기에 동참하고 있기 때문이기도 했다. 이후 이

사업은 별도의 영양교육사업으로 발전해 1970년대에 추진되었다.

이 사업의 진행 과정은 원조와 구호물자가 단순히 필요를 충족하기 위한 물건에 그치지 않는다는 점을 보여 준다. 공여국은 가장 기본이 되는 식품을 전달하면서, 자신들이 사고하는 "선진적인" 식단(영양학)과 음식들을 강조하였다. 물론 이 과정에서 한국의 여러 학자들도 적극적으로 참여하였다. 그러나 '선진'이 정해진 상황에서, 한국의 학자들은 주로 옳은 지식에 부합하는 재현에 충실할 수밖에 없었다. 예를 들어 우유 대신 멸치를 추가하는 것 등이 그렇다. 그러나 세월이 흐르고 보니 미국 및 FAO의 영양학이 만능인 것은 아니었다. 1960~1970년대 초 세계적으로 영양학의 대세는 지나치게 고단백질과 비타민을 강조했다. 또 밀의 영양학적 우수성을 맹신한 반면 쌀의 영양학적 가치는 너무 폄훼하였다. 한국인들은 끝까지 쌀을 포기하지 못했으나, 정부까지 나서서 설렁탕에 국수를 집어넣거나, 일반 식당의 스탠밥그릇 크기까지 줄여 버리니 결국 적응할 수밖에 없었다. 이 과정에서 외국 영양학자들이 추천한 다양한 퓨전 음식이 등장하기도 했다. 이 시절 〈영양독본〉이라는 영양학 팸플릿에는 밥에 마가린, 간장, 참기름을 더한 식사가 우수한 식단의 예로 등장하기도 했다. 일단 기름에 튀겨 열량을 높인 음식들도 칼로리 섭취량을 높이기 위해 자주 권장되었다. 이는 당시 국제적 영양학의 추세였던 1일 칼로리 섭취량을 높이기 위해서였으나, 오늘날처럼 칼로리의 질을 따지는 형태는 아니었다. 결과적으로 구호물자를 받는 대신, 한국인들은 '탄단지' 중 부족한 (고기)단백질과 지방을 보충하기 위해 몇십 년 동안 자신들의 식성을 바꾸도록 압박을 받았던 셈이다.

그러나 격세지감이랄까? 오늘날 한국인에 대한 권장 칼로리는 2,500칼로리(kcal)로 그 시절 FAO의 기준보다 500칼로리나 적다. 또 그토록 손에서 놓지 않고자 했던 탄수화물, 그중에서도 쌀은 대중의 다이어트 식단에 방해가 된다는 이유로 점점 소비가 줄어들고 있다. 구호물자를 수원하던 국가가 어느덧 공여국 일반과 같은 단계에 이른 것이다. 그런 점에서 구호물자는 세계적인 '표준'을 접하는 하나의 매개이기도 한 셈이다. 이 점은 한국인의 몸에 관여했던 또 하나의 중요한 구호물자, 의료 영역에서도 잘 드러난다.

MASH, 구호물자와 함께 도착한 선진 의학

그 시절 우리가 받았던 구호물자는 여러 영역에 걸쳐 있었다. 그중 한국인의 삶과 직결된 또 하나의 중요한 품목은 바로 의료·의약품이었다. 아래 사진은 한국전쟁 중 병원에서 가장 긴요한 물자 중 하나였던 '혈액', 그 성분

중에서도 귀했던 혈장을 미군 병사가 점검하는 모습이다.

한국전쟁은 문자 그대로 피를 많이 흘린 전쟁이었다. 제2차 세계대전 이래 수류탄 등의 등장으로 당시 동맥 출혈 환자가 제2차 세계대전보다 두 배 이상 발생하였다. 다만 차이점이라면, 한국전쟁은 전장에서의 혈액 보급이 긴급하게 이루어질 수 있는 체제를 재빨리 완성했기에,

| 혈액을 관리하던 미군 병사
(출처: 국사편찬위원회 전자사료관 제공 미국 국립문서
기록관리청 문서)

출혈로 인한 사망을 상당 부분 줄일 수 있었다. 다만 전쟁 후반, 한국군에 혈액은행이 설치되기 전까지는 수혈에 필요한 혈액은 미국 적십자사, 그리고 일본 주둔 미군 비전투원 중의 자원자, 일본인 자원자 등의 헌혈 등으로 공급되었다. 그리고 이렇게 입수한 피는 한국전쟁 당시 미국의 최신 의학이 꽃피었던 현장, 즉 미 육군이동외과병원(Mobile Army Surgical Hospital, 이하 MASH)에 보급

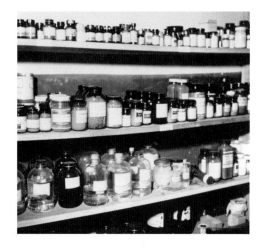

제14야전병원에 비치되었던 의약품들
주로 미국에서 수입된 것들이었다.(출처: 국사편찬위원회 전자사료관 제공 미국 국립문서기록관리청 문서)

됨으로써 여러 환자들을 살리는 데 큰 기여를 했다.

　흔히 MASH로 약칭되는 육군이동외과병원은 양차대전의 산물로 전선 부근에서 사단 및 연대 단위의 의료지원, 그리고 부산, 일본 등의 후방 운송 등의 '허브'로 기능했다. 이 '허브'에서 많은 수술이 이루어졌는데, 특징은 '환자의 생명을 구하는 대신' 불가피한 사지손상은 감수하는 방식이었다. 당시 한 의사는 이 수술실에서의 광경을 미트볼 수술(meatball surgery)이라고 빗댈 정도로 절단 수술이 많았다. 한국전쟁 발발까지도 주로 일제강점기의 이론 중심 의학에 익숙했던 한국인 군의관들은 후방의 병원선, MASH 등에서 실시간으로 이루어지는 의료 기술, 첨단 기기 등에 큰 충격을 받았다. 실제로 이 과정을 통해 신경외과, 흉부외과, 마취, 혈액, 재활 등 다양한 의료 분야의 비약적인 발전이 있었다. 한국전쟁 이후에는 다시 세계보건기구

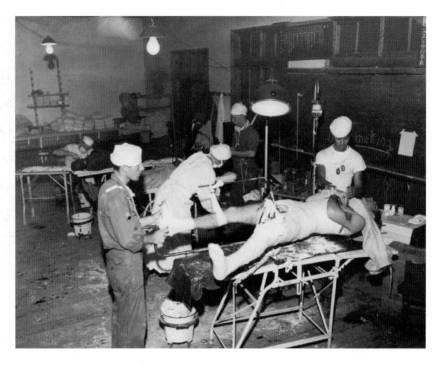

한국전쟁 중 외과 시술
(출처: 국사편찬위원회 전자사료관 제공 미국 국립문서기록관리청 문서)

(WHO)의 지원, 미국의 대한 기술원조였던 미네소타 프로젝트를 통한 서울대 의대 지원, 그리고 미국 록펠러재단 소속의 차이나메디컬보드를 통한 서울대, 연세대, 경북대, 부산대, 전남대 등에 대한 의료설비 지원이 있었다. 이러한 인적, 물적 구호를 통해 한국의 의학은 이론 중심의 일본 의학에서 임상을 강조하는 미국식 의학 시스템으로 변화할 수 있었다.

또 한 가지 특기할 부분은 한국전쟁을 통해 영국 및 미국 등의 보장구와 보장구 제작 기술이 도입되었다는 사실이다. 전쟁은 수많은 병사들 혹은 민간인들의 신체에 직접적인 손상을 야기했다. 현대화된 전쟁에서 더 이상 민간인도 피해 대상에서 예외가 아니었고, 수류탄 등의 무기 개발, 전쟁 중 생존을 위한 의료 처치 속에서, 사지절단 환자가 늘어나기도 했다. 그러한 시대상을 반영한 것이 바로 상이군경의 등장이었다. 그리고 이 상이군경의 '재활'과 관련이 깊었던 것이 바로 보장구의 존재였다. 한국에서 장애인의 육체 손상을 보완하는 보장구는 일제강점기에도 제작되긴 했지만, 한국전쟁을 통해 급격히 그 제작이 늘어났다. 정부는 전쟁 첫해였던 10월 부산에 정양원을 개원하였고, 1952년 10월 부산 육군

제작된 의지를 시범 착용해 보는 한 병사
(출처: 국사편찬위원회 전자사료관 제공 미국 국립문서기록관리청 문서)

의지창을 발족시켰다. 이를 통해 미 제8군의 군의관들을 통해 의지 제작기술이 국내에 소개되었다.

보장구 보급과 기술 전수에는 미 제8군 등을 통한 공식적 루트 외에 외국민간원조단체들을 통한 비공식적 부문의 역할도 컸다. 한미재단(Korean American Foundation), 캐나다 유니테리안 봉사회, 기독교세계봉사회 등이 대표적이다. 가장 역할이 컸던 한미재단은 세계보건기구(WHO)의 조사를 바탕으로 국립재활원 의지과를 지원했고, 재활 과정에 필요한 기술원조를 했다. 이 과정에서 한국형 의지가 개발되기도 했다. 캐나다 유니테리안 봉사

회는 삼육소아재활원을 통해 어린이에게도 보장구 제작과 보급을, 기독교세계봉사회는 대전 회덕 등에서 사업장을 개설하고 의수족프로젝트를 진행하기도 했다.

식품은 물론이고, 의료는 한국인들의 몸을 보다 국제적인 표준에 가깝게 다가서게 하였다. 많은 질병들에 대한 대응이 표준화되었고, 국제적인 건강에 부합하도록 여러 의료기술과 의약품 등이 구호물자를 통해 전달되었다. 그러나 의료기술과 의약품의 전달이 긍정적인 측면만을 가지고 있는 것은 아니었다. 훗날 WHO의 결핵 치료는 당대의 기준에서는 최선이었지만, 한국 현지의 사정을 충분히 고려하지는 못했다. 실제로 오늘날 의학사에서는 한국의 결핵 극복 과정에서 약의 내성 문제를 둘러싼 갈등이 1970년대 있었음을 기록하고 있다. 그러나 당시 한국 측의 의료적 소견들은 WHO나 이른바 "선진국"을 잘 설득하지 못했다. 인도주의라는 이름하의 국제적 선의를 저개발국 현지의 사례로 뛰어넘기 어려웠기 때문이다. 국제사회 원조의 이러한 한계는 세월이 흐른 후, 한국이 "선진국"의 반열에 들어선 후 비로소 회자되기 시작했다. 그런 점에서 국제사회의 원조가, 인도주의라는 이름하에 기계적으로 이루어지는 것에 대해서는 경각심을 가질 필요가 있다. 다음에 살펴볼 1960년대 자조근로사업은 인도주의라는 이름하에 이루어지는 구호물자의 전달, 그 이후를 생각해 볼 필요성을 제시한다.

오병이어?! 아니 밀과 옥수수로 땅을 일궈 내다

1960년대 한국 및 여러 동아시아 국가들에서 진행되었던 자조근로사업,

미국식 명칭으로는 근로를 위한 식량(Food for Work) 사업은 인도주의라는 이름하에 진행된 모든 사업이 곧 '선'이 될 수는 없음을 보여 주는 대표적 사업 중 하나이다.

이 사업은 국제사회 구호물자의 저장고 역할을 했던 미국잉여농산물의 역사에 대한 지식을 조금 필요로 한다. 미국은 양차대전 시기를 시작으로 미국 잉여농산물을 구호물자로 활용하고자 했다. 그러나 여기에는 유통 기한이 따라붙는 등 많은 제한이 뒤따랐다. 1954년 미국 정부는 농업무역발전과 원조법안(Agricultural Trade Development and Assistance Act of 1954, 이하 미공법 480호)을 통과시켰다. 이 법안은 초기의 과도기를 거쳐 최종적으로 1-4관(Title)으로 구성되었다. 1관이 주로 정부 대 정부 사이의 대규모 지원을, 제2관이 기아와 구호를 위한 긴급지원을, 제3관이 미국 민간자선단체들의 국제활동에 대한 항목을 다뤘다. 제4관은 1959년 신설되었고, 차관 등에 활용되었다.

한편으로 1950년대 미국은 냉전의 한 리더로서 자유주의 진영에 속하는 저개발국 일반의 고른 발전을 지원하고자 했다. 비록 미국 상호안전보장법을 통해 가성비를 추구하고자 했으나, 실질적으로는 막대한 금액을 외국 원조에 쏟아부었다. 그러나 1950년대 말에 이르러, 이러한 방식의 한계가 드러났다. 미국이 모든 국가를 '선진국'으로 만들 수는 없었던 것이다. 그러나 여전히 수많은 저개발국들이 미국의 개발 원조를 희망했다. '근로를 위한 식량' 사업은 저개발국의 개발 요구와 미국의 한계 사이에서, 미국 잉여농산물을 밑절미 삼아 등장한 사업이었다.

미국은 1950년대 말 저개발국에 대한 원조를 차관으로 전환하고, 대신

1960년대 평화를 위한 식량 사업 홍보 포스터
(출처 : 미국 뉴욕 공립도서관 소장 CARE Records)

기존 인도주의 구호에 할당된 미국 잉여농산물 2관과 3관을 저개발 개발에 전용할 수 있도록 법안을 손보았다. 그 결과 미공법 480호 2관의 밀가루를 기아나 구호를 넘어 지역개발사업 등에 전용할 수 있게 되었다. 이러한 방침 변경은 당시 한국에서 인도주의 구호활동을 하던 외국민간원조단체들에게도 영향을 끼쳤다. 한국 정부는 장면 정권 당시 미국으로부터 전달된 경제계획 내용을 담은 딜론각서를 통해 이러한 구상을 처음 접하고 국토건설단 등을 기획했으나 성사되지 못했다.

5·16군사 쿠데타로 집권한 박정희 정권은 구호에 책정된 이 농산물들을 '간척사업'에 '발전'적으로 사용하고자 했다. 이것이 가능했던 것은 2관이 '지역사회개발사업'을 허용하고 있었기 때문이다. 결과적으로 1960년대 초의 시범기간을 거쳐, 1968년까지 이른바 '자조근로사업'이 진행되었다.

소위 대규모 국토개간을 목표로 했던 이 사업은 그 범위가 너무 넓고, 사업의 종합이 일률적으로 이루어지지 못했기 때문에 종합적인 역사적 평가를 하기는 쉽지 않다. 다만 해당 지역 중에는 서산간척단의 사례처럼 애초 약속된 권리를 얻지 못하거나, 혹은 강제적으로 국가에 의해 끌려가 간척에 동원된 사람들도 있었다. 물론 그렇지 않은 마을도 있었다.

　이 사업의 특수성은 인도주의 구호라는 이름하에 지원된 양곡이 정부의 경제개발정책의 자금으로 사용되었다는 사실이다. 실제로 이 사업에 사용된 미국 잉여농산물은 원래대로라면, 긴급구호 등을 위해 사람들에게 구호물자로 전달되었어야 할 것들이었다. 그러나 미국 법률의 변경, 그리고 군사정부의 쿠데타 이후, 구호 방침의 변경으로 인해 구호물자를 합법적으로 간척 사업에 이용하는 것이 가능해졌다. 그 결과 원래 구호사업에 사용될 밀과 옥수수의 대부분이 '임금'이라는 형식으로 소비되었다. 한국 정부가 관할하는 사업지의 경우에는 그나마 도입된 잉여농산물이 현지에 도착하기 전에 암시장으로 팔려 나가는 일도 비일비재했다. 또 2관과 3관의 경우 그 성격이 달랐기 때문에 수원자에 따라 10일치 임금으로 한 달을 버텨야 하는

잉여농산물 항만 불하 광경
(출처: 미국 오벌린 대학교 소장, 제1대 유솜처장 레이몬드 모이어 문서)

경우도 많았다. 또한 한정된 물자를 개발사업에 전용했기 때문에, 당연히 구호부문에 사용될 물자는 줄어들었다.

미국의 보고서는 이러한 '근로를 위한 식량' 사업을 저개발국의 '자조' 노력으로 상찬했다. 성실히 노력하는 자들이 구호물자를 받을 자격이 있다는 것이다. 그러나 한국의 경험은 그러한 보고서가 표피적이라는 사실을 보여준다. 결과적으로 인도주의 구호는 많은 견제와 관심과, 끊임없는 감독이 필요하다. 오늘날 미국은 우리에게 주었던 바로 그 식량, 미공법 480호 2관을 여전히 인도주의라는 이름하에 유엔 세계식량계획 혹은 미국 민간자선단체들에게 공급하고 있다. 수많은 공여자들의 선의는 아름답지만, 때때로 이들은 수원국의 국민들이 스스로 '자조(self-help)'하는 모습을 보이지 않는다는 비판을 하기도 한다. 그러나 속사정은 아무도 모른다. 다음은 국제개발협력 사업의 한 보고서에 등장하는 에피소드이다.

어느 날 국제기구가 저개발국 시골 마을의 농촌 여성들을 위해, 큰돈을 들여 마을의 부엌을 모두 최신식으로 바꾸는 사업을 진행했다. 그런데 사업이 완료되었음에도 불구하고, 마을 여성들이 전혀 부엌을 이용하지 않는 것이다. 국제기구 사람들은 처음에 마을 주민들이 게으르거나 선진적인 문물을 몰라서, 기꺼이 '자조'적으로 부엌을 이용하지 못한다고 생각했다. 그러나 정작 이유는 다른 곳에 있었다. 의문을 느낀 국제기구 직원의 탐문 결과 마을 여성들이 이 부엌을 사용하지 않는 이유는 간단했다. 실제 주방일을 하기에 너무 불편하게 설계되었던 것이다. 이 같은 일은 부엌을 설계하는 단계에서 정작 누구도 이 지역 마을 여성의 참여를 생각하지 못했기 때문에 발생했다. 그 설계는 사업단의 엔지니어와 그 마을의 평소 살림에 참여하지 않던 남성들이 만든 상상 속의 부엌이었던 셈이다. 이 사업은 관리, 감독되지 않고, 저개발국의 요구와 무관한 막연한 선의가 얼마나 어리석고 낭비적인 결과를 가져왔는지를 잘 보여 준다. 그러나 대개의 경우, 종종 그 책임은 저개발국 사람들의 게으름 혹은 후진으로 간주되곤 한다.

오늘날 한국은 전 세계에서 미국의 원조를 받은 나라 중 유일하게 과도적이나마 '선진국'의 반열에 들어섰다. 그렇기 때문에 한국 사회는 언제나 성공의 비결을 세계에 나누고 싶어 한다. 그러나 인권과 인도주의가 피상적으로 난무하고, 저개발국이 영원한 기아에 갇힌 요즘, 한국이 나눠야 할 기억은 발전의 기억이 아닌, 구호의 기억일지도 모를 것이다.

한봉석 _부경대 사학과 조교수

미군 PX 제도의 정착과 일상생활의 변화

이동원

해방 이후 미군 진주에 따른 암시장 형성과 '코리안 PX'

1945년 8월 15일, 일제 강점에서 벗어난 한국인들은 해방의 기쁨에 감격했지만, 아시아태평양전쟁에서 일본에 승리한 연합군은 패전국 일본의 병합된 식민지였던 조선을 패전국의 일부로 간주하고 일본군 무장 해제와 함께 한반도에 대한 군사 점령을 시작했다.

미국 태평양육군(AFPAC) 사령관 맥아더(Douglas MacArthur)는 9월 2일 일본의 정식 항복을 받은 뒤 도쿄에 연합국최고사령부(SCAP)를 설치하고, 일반명령 제1호를 선포했다. 이는 북위 38도선 이북의 일본군은 소련 극동군 사령관에게, 북위 38도선 이남의 일본군은 미국 태평양육군 사령관에게 항복할 것을 지시한 것으로, 이를 바탕으로 연합군은 한반도의 분할 점령을 시작했다. 이와 함께 맥아더는 9월 7일 미국 태평양육군사령부 포고 제1호를 통해 북위 38도선 이남에서 미군정을 실시할 것을 선포했고, 하지(John R. Hodge) 중장이 지휘하는 제24군단은 9월 8일 인천에 상륙하여 9월 9일 서울에 입성했다.

이와 같이 해방 직후부터 북위 38도선 이남에 군단급 부대가 진주하고 군정(軍政)을 운영하면서 미군은 단위 부대 내에 다양한 규모의 PX를 설치했다. PX란 'Post Exchange'의 약자로 미군 부대 내에서 군인과 그 가족, 허가된 군속(軍屬) 등에게 식품이나 일용품 등을 판매하는 매점을 말한다.

미군 PX 판매 물품들은 당시 한국에서는 구하기 힘든 '귀한 물건'들이었다. PX는 럭키 스트라이크, 카멜, 체스터필드, 필립 모리스 등의 미국 담배들과 시가(cigar), 껌, 캔디, 땅콩 등의 기호품들을 갖추고 있었다. 1945년 11월 1일, 미군의 캐스퍼(Kasper) 이등병과 쥬커(Zucker) 이등병은 PX에 진열된 품목들을 기록했는데, 그중 대표적인 품목들은 땅콩 캔, 리더스 다이제스트 1945년 9월호, 포켓 북, 우유, 치약, 칫솔, 아스피린, 면도날, 면도솔, 면도 로션, 피부 상처 치료제, 살균제, 담배, 성냥, 납지, 팬츠, 셔츠, 모자, 수건, 벨트, 속옷, 구두약, 헤어핀, 냅킨, 비누곽 등으로 매우 다양했다.

일제의 아시아태평양전쟁 수행 시기부터 만성적인 전시 인플레이션과 물자 부족으로 고통받던 한국인들은 해방 이후에도 연합군의 분할 점령에 의한 경제권 축소와 200만 명 이상으로 추정되는 귀환 동포로 인해 극심한 물자 부족과 생활고에 시달렸다. 따라서 미군 PX의 '귀한 물건'들은 호기심과 선망의 대상일 뿐만 아니라 구할 수만 있다면 큰 이윤을 남길 수 있는 특별한 가치를 갖고 있었다. 일시적 자유시장 정책에 뒤따른 혼란을 수습하고자 미군정이 선택한 통제시장 정책과 이를 뒷받침하지 못했던 행정력은 한국에 암시장(暗市場)을 발호하게 만들었고, PX 물품들은 다양한 경로로 암시장에 흘러들어 새로운 시장을 형성했다.

'점령지' 한국의 미군 PX는 부대 안에만 머물지 않고 적산(敵産)으로 미군

서울 주둔 미 제24군단의 장교 PX 내부 모습(1946년 4월 16일, 미국
국립문서기록관리청(NARA))

미 제24군단 PX의 크리스마스 장식과 마네킹을 구경하는 한국
인 가족(1947년 11월 23일, 미국 국립문서기록관리청(NARA))

정이 접수한 도심 한복판의 대형 건물에 자리 잡아 시민들의 호기심을 자극
했다. 오늘날의 명동 롯데 영플라자 자리에 있던 중앙백화점(일제강점기 조지
아 백화점)과 충무로의 종연방적 건물 등에 자리잡은 미군 PX는 "오랫동안
물건에 굶주린 조선 사람의 눈을 현혹"하고 "철없는 양풍 병자들의 선망의
표적"이 되었다. 일반 시민들은 미군 PX를 드나들 수 없었기에 오히려 미군
PX 주변에는 '사설 PX'라 불렸던 암시장이 점차 그 규모를 키워 갔다.

　암시장을 통한 PX 물품의 거래는 불법이었기 때문에, 1947년 3월 수도경
찰청은 미군 헌병대와 함께 남대문부터 충무로 일대까지 산재해 있던 미군

암시장 단속 기사 속 노점의 모습(《경향신문》
1948년 9월 25일)

물품 판매자 남녀 60여 명을 검속했
고, 9월에도 '명동 PX'를 비롯해 남
대문 시장 뒤 화원동 등 시내 각처의
미군물품 비밀시장 일체를 단속하
여 수백만 원어치의 각종 미군 물품
을 압수했다.

그러나 이러한 암시장을 무작정
단속하는 것도 능사는 아니었다. 미
군 PX 물건을 '불법 판매'하는 '무허
가 양키시장', 이른바 '코리안 PX'는
미군정기 3년 동안 이미 상당한 규
모를 갖추었고 종사자 수도 늘어나

한국인들에게 일자리를 제공하고 의약품 등 생필품을 공급하는 역할까지
하고 있었기 때문이다. 당시 언론들도 '코리안 PX'가 "해방 후의 명물이요,
또한 서울의 명물"로, 도시 미관상, 범죄 방지상 빨리 정리해야 할 대상이지
만 "오히려 날이 갈수록 번창하여" "확고한 지반"을 닦고 있다고 보도했다.
1948년 9월 당시 서울에는 이미 "10여 개소의 무허가 시장에 4,000여 세대
가 종사"하고 있었는데, "무허가 시장 배후에는 용이치 않은 특수한 사정도
많이" 있다고 여겨졌다. 따라서 정부 수립 후 1년이 지난 1949년 9월이 되
어도 "서양 사람의 내의를 한 아름씩 안은 젊은 여인들이 행인의 길을 막고"
물건을 판매하는, "속칭 남산 밑 PX는 흡사 외국 물품 시장의 축소판"으로
남아 있었고, 일본제와 미국제의 타이야찡(Diazine), 아데뿌링(Atebrin) 등 다

양한 약품까지 판매하고 있었다.

남북 분단으로 인한 경제 침체와 물자 부족, 암시장의 성황은 미군 PX 물건을 노린 범죄를 양산하기도 했다. 1949년 6월 28일 주한미군 '특무기관'과 서울시 경찰국 특경대 형사들은 PX 절취 계획범 수십 명을 일망타진했는데, 이들은 터널을 파서 PX 창고에서 수억 원어치의 물자를 훔쳐 내려던 "두더쥐"라고 보도되었다. 지하 하수도를 이용하여 무교 탕반점 앞까지 가서 거기서부터 지하로 터널을 뚫어 바로 옆에 있는 PX 창고로 침입할 "엉큼한 계획"을 세웠던 것이다. 검거 당시 그들은 벌써 20여 미터의 터널을 뚫어 성공을 눈앞에 두고 있었다.

미군 PX는 대한민국 정부 수립 이후, 주한미군 철수와 함께 그 규모가 크게 축소되었다. 그럼에도 주한미군이 1949년 6월 30일까지 주둔했고, 그 이후에도 500명 규모의 주한미군사고문단(KMAG)이 주둔하면서 미군 PX의 명맥은 유지되었다. 이 시기 미군 PX의 정확한 규모를 가늠하기 어렵지만 KMAG 보고에 의하면 1949년 8월 한달치 "KMAG PX와 미 제8군 PX 물자 공급 비용으로 4만 5,798.46 달러가 소요되었다. 같은 해 10월 25일에는 KMAG PX에서 도난 사고가 발생했는데 물자 손실을 3,028.20 달러(원조물자 환율 450:1 적용시 약 136만 2,700원 상당, 당시 백미 소매물가는 한 말 당 2,200원) 규모로 추산했다.

한국전쟁과 미군 PX의 부활, '전시(戰時) 경제'와 한국사회

미군 PX는 한국전쟁 발발과 함께 다시 대규모로 부활했다. 부산과 대구

'미8군 PX'가 자리 잡은 서울 명동 거리 풍경
수원에서 근무했던 미 공군 로버트 리 윌워스(Robert Lee Walworth)가
1953년 5월 19일 촬영한 사진이다. 전쟁 중에 반파된 중앙우체국과
'미8군 PX'로 사용되고 있는 동화백화점의 모습을 담고 있다. (https://
www.flickr.com/ photos/58451159@N00/albums/72157651251638690/)

등 미군이 진주하는 대도시에 차례로 미군 PX가 들어섰고, 서울에서는 '미8
군 PX'가 오늘날의 명동 신세계 백화점 본점 자리에 있던 동화백화점(일제강
점기 미쓰코시 백화점 경성점) 자리를 차지했다.

　미 제8군을 위시한 대규모 미군과 유엔군이 한반도에 진주하고 전시 군
용물자와 구호물자의 대량 공급이 본격화되면서, 이제 미군 PX 물품을 구
매할 수 있는 군표(MPC, Military Payment Certificate)와 그 군표를 사용할 수
있는 미군은 전쟁으로 파괴된 한국인들의 삶에 '물신화'된 위상을 갖게 되
었다.

　소설가 박완서는 당시 미군 PX 초상화부에 취직해서 알게 된 박수근 화
백에 얽힌 자전적(自傳的) 이야기를 첫 장편 소설 나목(裸木, 1970)에 담아 냈
는데, 이에 관한 박완서의 회고를 통해 당시 미군 PX의 위상을 짐작할 수
있다.

"미 8군 피엑스라는 데가 지금 서울의 신세계 백화점 자리입니다. 그때는 전선이 의정부 쪽에도 있고 해서 서울에서 취직할 만한 데라고는 없었어요. 그런데 피엑스를 중심으로 해서 남대문 일대는 담배, 초콜릿 같은 것이 돌고 했어요. 거기서 얼찐얼찐 하다가 피엑스에 취직이 됐어요.

당시 취직하기가 어렵다고도 할 수 있고 쉽다고도 할 수 있는 게 여직원들이 물건을 빼돌려서 몰래 팔아먹고 하다가 들키면 내쫓기고 금세 충원을 하니까요. 그래서 결원이 생겨서 충원을 한다고 할 때 제가 대학생이라고 하고 하니까 어떻게 됐어요. 그래서 취직을 그곳에 했습니다.

피엑스 근처에는 거지들이 많았어요. 양가집 애들도 피엑스 근처의 거지로 나섰어요. 돈도 돈이지만 미군들한테 뭘 훔치려고 하는 애들도 있었죠. 피엑스 근처에서 화장도 짙게 하고 나오는 여자들한테는 그 애들이 돈 달라고 막 붙죠. 지금으로서는 상상도 못할 때죠. 제가 피엑스에 취직했다고 했을 때 동네 사람들이 '저 집 이제 좀 살게 됐다'면서 우리 집에 아부를 다 할 정도였어요."

전시의 미군 PX는 풍족한 물자와 부를 상징하는 공간이 되었고, 그곳에서 물건을 빼돌리는 일도 꽤 흔한 일이 되었다. 전쟁기의 혼란상과 생활고, 그에 대비되는 전시 군용물자 및 구호물자의 '무제한적 공급'은 레이션, 군복, 담배 등 수요가 많고 현금화하기 쉬운 생필품과 기호품의 도난 사건 증가를 초래했다. 이제 굳이 '두더쥐'가 되어 땅굴을 파는 수고를 하지 않아도 미군 PX에 판매원으로 취직하거나, 미군 군속이 되거나, 군용 물자를 취급하는 한국군 보직을 맡는 등 미군 물자에 비교적 쉽게 접근할 수 있는 다양

한 루트가 생겨났기 때문이다. 이 때문에 군사고문단을 비롯한 미군들의 회고에서 한국인들은 대개 '물건을 훔치는 존재'로 묘사되었다. 그러나 미군 PX 물자의 유출은 당시 암시장 규모를 고려할 때 미군의 방조와 협조, 혹은 적극적 주도 없이는 불가능한 일이었다.

1951년 11월 말 한국에 주둔하던 미 육군 제18전투비행단 소속 트롤링거(William Trolinger) 중위는 게르마노(Eugene Germano) 병장에게 위로휴가(R&R) 차 일본에 다녀올 때 벨벳 40야드(36.576m)를 사다 달라고 부탁했다. 게르마노 병장은 상관의 지시에 따라 긴자의 미군 PX에 들러 벨벳을 샀고 부피가 꽤 컸지만 그것을 부대로 들여오는 데 성공했

부산과 대구의 미군 PX 앞 풍경(미국 국립문서 기록관리청(NARA))

다. 며칠 뒤 21세의 한국 여성 서순희는 트롤링거 중위에게 드레스 다섯 벌을 만들기에 충분한 벨벳을 넘겨받았고, 이를 드레스로 만들어 부산 암시장에 내다 팔았다. 그는 이를 통해 공식 환율로 약 360 달러에 해당하

는 90만 원을 벌었고, 트롤링거 중위에게 80달러 군표를 주고 나머지를 자신이 챙겼다. 이들의 '친밀한' 관계는 위로휴가를 다녀오는 미군을 통하거나, 혹은 직접 빼돌린 위스키 등 다른 PX 물자들을 계속 '거래'하면서 유지되었는데, 1952년 3월 미 헌병대가 서순희의 집에서 위스키 여덟 상자를 찾아내고, 트롤링거 중위를 군법회의에 회부하면서 결국 종결되었다.

  미군이 PX와 군표, 이를 통한 군용물자 및 구호물자의 공급을 통해 추구했던 이익은 이처럼 단순히 개인적 차원에 머물지 않았다. 1952년 2월 중앙 구호위원회는 유엔군 관계 노무자 및 부두 하역 노무자들의 생활에 도움을 주기 위해 전용 PX를 우선 부산에 설치하고, 유엔 구호물자 및 생활 필수품

부산의 한국인 노무자 물자판매소(KESS) 내부 모습(1952년 3월 22일, 미국 국립문서기록관리청(NARA))

을 시가의 절반 정도에 판매하기로 했다. 드디어 '사설 PX'가 아닌 '합법적 코리안 PX'가 탄생한 셈이다. 이는 생필품을 저렴하게 구입하거나 혹은 재판매하여 수익을 낼 수 있는 한국인 노무자들에게도 도움이 되는 조치였지만, 미군 입장에서는 부산항에만 4만 5,000여 명에 이르렀던 하역 노동자들의 임금을 '생활이 가능한 수준의' 현금으로 지급하는 데 따르는 재정적 부담, 즉 '유엔 대여금' 증가 부담을 어차피 한국인에게 지급할 '유엔 구호물자'로 경감할 수 있는 일석이조의 방안이었다. 미군 노무자와 영외의 일반 노동자들의 임금 격차가 지나치게 클 경우 사회문제가 될 수 있다는 그럴듯한 명분도 있었다.

이와 같이 미군 PX와 암시장, 전시 군용물자와 구호물자의 대량 공급 및 이를 둘러싼 다양한 이권이 만들어 낸 '전시(戰時) 경제'는 미군과 한국인, 미군 기지와 기지 주변의 '기지촌', 유엔군과 한국 정부 사이의 다양한 '이해관계'를 바탕으로 구성된 것이었다. 그러나 간과해서 안 되는 것은 이러한 '전시 경제'가 실물 경제를 교란하고 다양한 형태의 사기와 범죄를 양산하는 구조적 원인이었다는 사실이다. 1952년 2월 자칭 'PX 통역'이라고 떠돌아다니던 김만복(29세)은 북아현동의 이화자(25세), 황금동(28세) 양 여사에게 "PX에서 배급 나온 설탕을 싸게 사 준다."고 속이고 선금으로 323만 5,000원을 받아 가로챈 사기 혐의로 중부경찰서에 체포되었다. 그뿐만 아니라 1952년 9월 29일 유엔군사령부 발표에 의하면 부산 PX에서 10달러 권 위조 군표가 '또 다시' 출현하여 광범위한 수사가 개시되었다.

그럼에도 한국 정부는 이러한 구조적 문제를 근본적으로 해결할 수 없었다. 전시 상황에서 미군 관련 문제에 개입하기 어려운 '권한의 한계'가 본질적인 원인이었지만, 당장의 경제적 이익도 존재했기 때문이다. 1953년 1월 유엔한국민사원조사령부(UNCACK, United Nations Civil Assistance Command in Korea) 발표에 의하면 한국인 PX는 어느새 16개소로 증가했고, 이를 이용하는 노무자 수만 7만 5,000명을 돌파했으며 1952년 11월 말 현재 586억 원의 매상고를 올리고 있었다. 게다가 한국인 PX는 유엔군사령부와 한국 정부 대표로 구성된 한미합동경제위원회(CEB, Combined Economic Board) 결정으로 임시외자관리청의 일부로 설치되었는데, 이는 원화의 통화 팽창을 완화하기 위해 한국인 PX를 활용한다는 취지로 취해진 조치였다.

이처럼 미군 PX와 암시장을 바탕으로 형성된 '전시 경제'와 각종 범죄 및 실물 경제의 교란은 한국전쟁이 정전협정으로 마무리된 이후에도 주한미군이 계속 주둔하고 미군 기지와 '기지촌'이 확대되면서 '전쟁의 유산'으로 남아 한국인들의 일상에 지속적인 영향을 미쳤다.

전후 '양키시장'의 성장과 진화

정전협정 이후 명동의 '미8군 PX'는 용산의 미 제8군 기지 안에 오늘날의 미국식 대형매장 코스트코(COSTCO)나 이마트 트레이더스처럼 창고형 대형매장 형태로 자리 잡으면서 도심 한복판에서 사라졌다. 그러나 미군 물품이나 미제 구호 물품 등 이른바 '양키 물건'을 취급하는 상인들은 피난수도 부산의 국제시장과 자갈치시장, 서울의 남대문시장, 대구의 교동시장 등에 상권을 형성하고 상인조합을 형성하는 등 '양키시장'을 확대해 나갔다. 이들은 스스로를 "많은 식구를 먹여 살리기 위해 위험한 장사인 줄 번연히 알면서

남대문 양키시장 이전 광고(《조선일보》 1954년 7월 6일)

도 하는 수 없이 몰수 대상이 되어 있는 소위 양키 물건 장사에 종사하고 있는 사람들"로 규정하며 정당화했다.

1954년 6월 23일, 남대문 시장에 건물 390호, 면적 1만 평을 전소시키는 대화재가 발생했을 때에도 '양키시장' 상인 300여 명은 일간지에 "양키시장 이전광고"를 낼 정도로 규모를 갖추고 조직화되었다. 광고는 "금반 남대문시장 화재로 인하여 남대문 양키 판매부를 서울 미창(米倉) 시장(시 경찰국 후편) 내로 이전 개점하였사오니 시민 제위께서 많이 애호하여 주심을 앙망하옵나이다."

라는 내용과 함께 "남대문 양키시장 이전 개점"에 "적극 협력"해 준 분들에 대한 "무한한 감사"를 표했다.

1955년 5월 16일자 동아일보 기사는 "흥성대는 양키시장"이라는 제목으로 "서울을 비롯한 부산, 대구 등 각 도시의 속칭 양키시장"에 "양담배, 양주, 커피 등 외래물건"들이 "일반 수요자의 손에까지 들어오는 경로"를 상세히 설명했다. 전후의 '양키시장'의 규모가 얼마나 커졌고, 여기에 얼마나 많은 사람들이 이권을 둘러싸고 개입하고 있었는지 짐작케 한다.

"흔히 양키 물건은 미군인들이나 또는 미군부대에 드나드는 한국인 종업원 등에 의해서 새나오고 구호품 등에서 시장에 흘러나온다고 알려져 있으나 이는 전혀 이 방면의 내막을 모르고 하는 이야기다. 물론 약간의 양키 물건은 호주머니 속에 감추어 빼내 오는 소위 '얌생이'에 의해서 시장으로 나오는 것도 사실이지만 그러나 현재 우리가 하루하루 소비하고 있는 엄청난 수량의 양키 물품은 도저히 그러한 미미한 공급으로는 충당할 수 없는 것이다.

좀 더 규모가 크고 배짱이 센 '얌생이질'이 수많은 인원이 동원되며 규율(?) 있게 정기적으로 감행되고 있다. 첫째 단계가 미군 수송선에서 물품이 양륙될 때 그 방면의 요로와 사전 연락이 있은 후 교묘한 수단을 써서 감쪽같이 집 더미만한(때로는 반톤 급) 짐 덩어리가 괴짝으로 송두리째 옆으로 흘러나온다. 때로는 조그만 발동선이 동원되고 때로는 한번 덤벙 바닷물 속에 가라앉았다가 다시 바깥 세상에 나오게도 된다.

다음 단계는 물론 창고에 들어가 있다가 수송에 착수하였을 기회인데 이 중에는 정기적으로 트럭이 동원되어 당당하게 다른 군수품 수송대 속에 끼어서 빠져나오기도 한다.

다음 제 3단계가 각군 피엑스에서 새나오는 것인데 여기서도 수량은 트럭에 실려 나올 정도이며 일을 수행하기 위하여 문지기서부터 각급 요로와 깍정이 소년 부랑패로부터 양공주에 이르기까지 정연한 연락망과 동원 체계가 확립되어 있는 것이다. 마지막 단계가 개인 개인이 숨겨 나오는 사소한 물품이다."

이러한 '양키시장'에서 취급하는 인기 품목들은 양담배, 커피, 양주 등이었는데 이러한 '양키 물건'들은 1955년 당시 이미 한국인들의 삶에 깊이 스며들어 있었다. 특히 커피와 양주는 정식 수입되는 것이 없는 상황에서 '양키시장'이 사실상 전국의 유통을 책임지고 있었던 셈이다. 다음은 1955년 5월 16일자 같은 제하의 동아일보 기사의 일부이다.

"현재 우리나라에서 전매청을 통하여 제조되는 궐련은 연산 약 500만 갑에 달하고 있는데 정확한 집계를 낼 방법은 없으나 서울에서 양담배가 일반 시민에 의해서 연기로 화하여지는 것이 하루에 평균 8,000갑에 달한다고 한다(이는 서울의 영등포 시장, 남대문 자유시장, 동대문 등의 도매시장에서 하루에 나가는 양담배 수량을 평균 집계하여 나온 숫자이다.). (중략)

서울에서만 하루에 평균 8,000갑의 양담배가 수요된다고 치면 일 년에 약 25만 갑의 양담배가 연기로 사라지고 그 값은 요즘 시세로 따져서 무려 3,800만 환 정도가 된다. (중략)

서울의 다방 수가 500이 넘는데 각 다방에서 끓이는 차는 모두가 시장에서 사오는 것으로 이 중에 하나도 정식 수입된 것이 없는 만큼 모두가 미군수품이며 이 수용량은 실로 막대한 양에 달하고 있다. (중략)

또한 양 술도 단 한 병도 수입되는 것이 없으나 매일 각 시장 도매상에서 나가는 고급 양주는 각 기관을 비롯한 여러 스탠드바 등에서 사 가는데 이 역시 스카치위스키(한 병에 3,200환) 같은 고급 술이 불티같이 팔리고 있다. 놀라운 일은 정부에서 개최하는 파티 식탁 위에 이러한 시장에서 나가는 고급 양주가 올라가는 일이다."

불법 유통으로 단속의 대상이지만 이미 정부 개최 파티에서 사용할 정도로 공공연한 현실로 자리 잡은 '양키 물건'과 '양키시장'의 성장은 물론 미군 PX의 확장을 배경으로 한 것이었다. 1960년대 초 미군 PX는 전국에 약 40개소로 증가했고, 연간 매상고가 1억 달러에 달할 것이라고 관측될 정도로 거래 규모도 폭증했다. 1961년 3월 14일자 동아일보는 "미국이 매년 우리나라에 주는 군사 경제 원조액을 평균 3억 불로 잡더라도 1억 불이란 돈은 실로 그 3분의 1에 해당되는 돈이며 이 중에서 거의 7할은 우리 암시장으로 흘러나온다는 소문이니 그 큰 규모에는 다만 입을 벌릴 뿐이다. 서울의 사치품 시장 시세는 파주 양키시장이 좌우하고 있다는 것은 공공연한 사실"이라고 지적했다.

게다가 한국의 미군 PX는 "미군만이 이용하는 것이 아니라 중국인을 제외한 주한외국인 전원이 이용하고 있으며 그들과 연관 관계에 있는 한국인까지도 이용의 길이 열려" 있어 "면세 조치에다 이와 같이 관대한 이용자 제한은 드디어 우리 경제의 목덜미를 꽉 움켜쥐고" 있다고 보았다. "우리 환율의 실세는 이 PX와의 관계에서 가장 민활한 움직임을 보이게 된 것도 지극히 당연하다"는 것이었다.

이 때문에 4월 혁명 이후 등장한 장면 정부는 1961년 4월 들어 한미행정협정 교섭 재개를 준비하면서 형사 관할권, 토지시설 사용권 문제 등과 함께 PX 문제를 제기하고자 했다. "특정외래품 판매금지법안까지 구상함으로써 한국 경제를 좀먹는 밀수품의 유입을 막으려" 했던 것이다. "피엑스 및 군사 경로를 통해서 흘러나오는 외래 사치품은 거의 치외법권적인 환경에서 취급되고 있으므로 이의 유입을 저지하지 못하고는 한국 경제는 외래상품의 압박으로 말미암아 만성적인 위축을 면하기 어려운 상태"라는 인식에서 "외래상품에 대해서 적절한 과세를 하도록 행정협정의 내용에서 신중히 고려"해야 한다고 주장했다. 이에 따라 정부는 정례 각의에서 밀수행위를 강력히 단속하고 시판 중인 특정외래품은 일체 몰수하여 소각 처분하기로 결정했다.

그런데 이에 대해 가장 적극적인 반대 의견을 표명했던 것은 미군이 아니라 '양키시장'에 참여하고 있던 한국인들이었다. 정부의 특정외래품 판매금지법안에 대해 약 20만 명으로 추산되는 서울시내 상인조합 연합회원들은 4월 26일부터 이틀 간 철시 데모를 전개하면서 이 법안에 대한 반대 투쟁에 돌입했다. 이들의 호소문은 ① 정부나 국회는 밀수의 근본 루트를 봉쇄하라. ② 판매금지법에 앞서 '사용금지법'을 제정하라. ③ 백만 영세상인의 직업 전환을 할 수 있는 시간적 여유를 달라. ④ 세금을 문 통관품은 판매금지법에서 제외하라. ⑤ 국산품의 질을 향상시키고 사유재산인 우리들의 상품을 정부가 매입하라는 내용으로, 미군 주둔의 부산물이자 전후의 생활고, 한국인들의 소비 욕구가 중첩되며 성장한 '양키시장'의 현실을 대변했다.

상인들의 반대와 사유재산권 관련 위헌 논란에도 불구하고 특정외래품 판금법은 5월 3일 참의원을 통과했고, 10월부터 본격 시행될 것이라는 보도가 이어졌다. 동 법안은 5·16군사정변 이후 "외국인에게 판매할 목적으로", "상공부장관의 허가를 얻은 자는 예외로 한다."는 내용을 골자로 하여 일부 개정되었고, 박정희 정권기에도 특정외래품과 '양키시장'은 단속의 대상이 되었다.

그러나 이러한 단속에도 불구하고 미군 주둔과 생활고, 외래품에 대한 소비 욕망이 사라지지 않는 한 '양키시장'은 사라지지 않았고, 오히려 진화를 거듭하며 살아남았다. '도깨비촌'으로 알려진 남대문시장 내 특정외래품 집하 도매시장은 계속 번성했고, 1967년 3월, 남대문시장 앞 특정외래품 노점상들도 남대문시장 내 자유시장으로 이동했다. 20년 넘게 존속하여 어느새 한국 사회의 일부가 된 '양키시장'은 '도깨비촌', '도깨비시장'이 되어 살아남았고, 어느새 수입품 판매점의 대명사가 되어 오늘날까지도 그 명맥을 유지하고 있다.

이동원 _ 서울대 역사학부 조교수

'한국병합' 전후 토지 권리의 연속과 단절

남기현

한국 '토지제도의 기반' 조선토지조사사업

간단한 질문 하나. 현재 거주하고 있는 주소를 적는다고 생각해 보자. 만약 서울에 산다고 가정하면 서울시 ○○구 ○○동 45-3이라고 답할 것이다. 현재 도로명 주소가 쓰이고 있지만, 옛 주소 형식도 여전히 일반적으로 쓰이고 있다. 예로 든 주소에서 45-3은 지번이라고 불리는 토지번호이다. 간단한 질문 하나 더. 집과 땅의 면적이 얼마냐는 물음에 답해 보자. ○○○ 제곱미터(㎡) 혹은 ○○평(坪)이라고 대답할 것이다. 현재 공식적으로 제곱미터라는 용어를 쓰지만 '평'이라는 용어가 우리에게 익숙하다.

한국 역사에서 주소에 사용되는 지번이 부여되고, 평이라는 면적 단위가 정착된 시기는 언제일까? 계기는 어떤 것일까? 정답은 일제강점기, 조선총독부가 주관하여 시행한 조선토지조사사업이다. 이 사업의 결과 새롭게 토지의 번호가 매겨졌다. 또한 토지 장부에 평이라는 절대 면적 단위가 적혔고, 이후 일반적으로 사용되게 되었다.

한 가지 더 생각해 보자. 토지 혹은 주택을 매매할 때 확인해 보는 서류가 있다. 통상적으로 이전 소유주를 확인하고, 거래 후에는 나의 소유권이 잘 기재되었는지를 확인하는 용도로 사용한다. 정답은 등기부이다. 등기부를 통해 내가 살고자 하는, 혹은 확인하고자 하는 주소의 토지, 건물의 소유주를 확인할 수 있다. 그리고 등기를 통해 나의 권리를 보장받을 수 있다. 이런 등기부에 기재된 소유주와 일치해야 하는 토지 장부가 있다. '토지대장(土地臺帳)'이 그것이다. 토지, 혹은 건물의 상황을 변경하는 경우, 먼저 토지대장의 기재 내용을 변경하고, 같은 내용을 등기부에 등록하여야 한다. 토지대장에는 토지의 변동 사항이 적혀 있는 것이다. 토지대장을 통해 내가 거주하는 곳(토지)의 연원을 알 수 있다.

그림 ❶은 '(폐쇄) 토지대장'이라 불리는 장부이다. 동사무소에서 이를 신청하면 해당 토지의 과거 소유자들을 확인할 수 있다. 언제 소유자가 바뀌었는지, 토지 면적은 어떻게 변화했는지 등을 볼 수 있다. 그러면 이 '(폐쇄) 토지대장'은 언제 만들어졌을까? '(폐쇄) 토지대장'은 조선토지조사사업의 결과물이다. 조선총독부의 주관하에 만든 토지대장이 1970년대까지 쓰였다. 이후 그 내용이 그림 ❷와 같이 카드에 옮겨졌고, 전산화되었다.

그러면 법적으로 인정받는 내가 거주하는 장소의 첫 시작은 언제부터였을까? 아래 내용을 유심히 읽어 보기를 권한다. 토지소유권과 관련하여 2015년 7월 9일 대한민국 대법원이 내린 판결이다.

"토지조사부(土地調查簿)에 토지의 소유자로 등재되어 있는 사람은 재결(裁決)로 사정(查定) 내용이 변경되었다는 등의 반증이 없는 이상 소유자로 사정받아 사정이 확정된 것으로 추정되어 토지를 원시적으로 취득하게 된다."

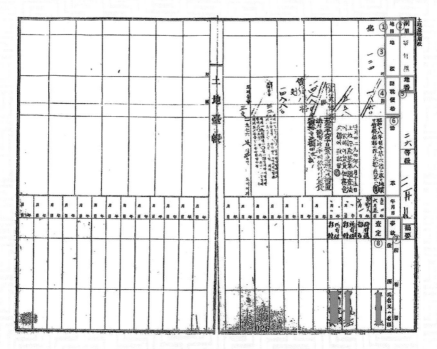

❶ (폐쇄) 토지대장
토지대장에 기재된 항목을 살펴보면 다음과 같다.
①지목 ②동리 ③지적 ④과세가격 ⑤지번 ⑥연혁 ⑦사고

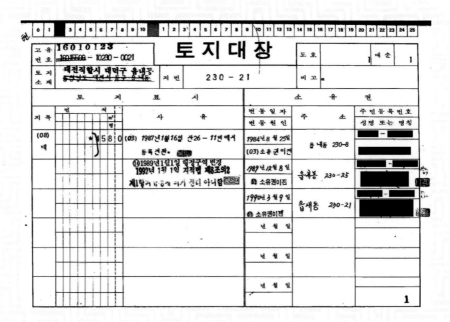

❷ (카드식) 토지대장
(출처: 국가기록원 지적아카이브(https://theme.archives.go.kr/next/acreage/
viewMain.do))

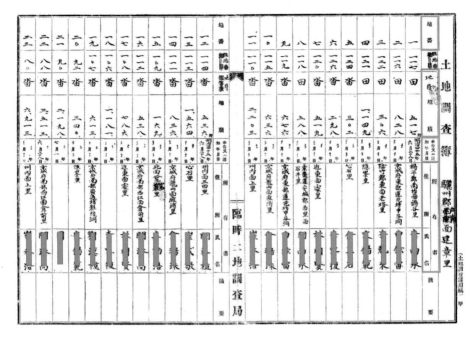

❸ 토지조사부

판결 내용 중 '토지조사부'는 조선토지조사사업의 진행 결과 만들어진 장부이다. 그림 ❸은 경기도 여주군 가남면 건장리(현 여주시 가남읍 건장리)의 토지조사부이다. 지번 순서별로 기재되어 있으며 토지의 면적, 소유자 등을 알 수 있다. 토지조사부의 내용에 이의가 없으면, 그 내용은 지번별로 만들어진 토지대장에 기재되었다. 각 토지의 소유자는 사고(事故) 항의 첫 번째에 적혔다. 이를 '사정'이라고 했다. 그림 ❶에서 ⑧을 보면 1913년 6월 27일, '사정'이라고 기재된 것을 확인할 수 있다. '사정'으로 확정된 토지의 소유자를 '사정명의인'이라고 한다. 재결은 사정 결과에 불복하여 이의를 제기한 후 얻은 결과이다.

대법원 판결문에서 '사정명의인'을 해당 토지를 원시적으로 취득한 사람으로 간주한 것을 주목하자. '원시취득(原始取得)'은 법적 용어로 '승계취득(承繼取得)'의 반대말이다. 해당 토지의 첫 소유자라는 의미이며, 소유주가 없었던 토지, 개간지, 간척지 등 새롭게 소유관계가 발생하는 경우 사용된다. 대법원은 대한민국 토지소유권의 첫 시작을 조선토지조사사업으로 확정된 '사정'이라고 인정하고 있음을 알 수 있다. 이에 대해서는 많은 논쟁이 있었다. 일제강점기, 친일의 결과 축적한 재산을 환수하는 과정에서도 문제

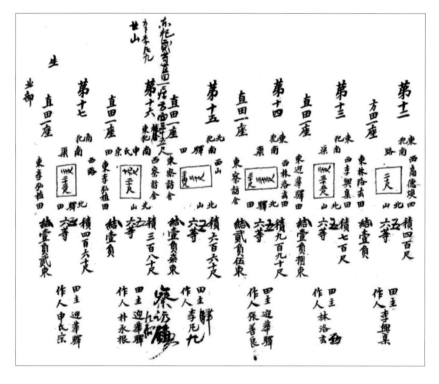

❹ 조선시대에 만들어진 양안

가 제기되었다. 그 결과, '한국병합' 이전의 소유 상황을 증명하면, '사정'의 결과에 구애받지 않고 소유권을 인정받을 수 있게 되었다. 하지만 조선시대 토지 장부였던 양안과 토지대장을 비교하여 해당 토지의 연속성을 입증하기는 매우 어렵다.

그림 ❹는 조선시대에 작성된 양안이다. 그림 ❶(폐쇄) 토지대장과 비교해 보면 확연히 다른 형식을 가진 장부임을 알 수 있다. 내용을 살펴보면, 지역명, 토지번호, 등급, 소유주 표기 방법에서 차이가 있다. 또한 현재 두 장부가 함께 존재하는 지역이 적다. 이러한 점들을 고려한다면 현재 우리에게 익숙한 한국 토지제도의 근간은 조선토지조사사업의 결과라고 할 수 있다.

조선총독부가 '사정'을 원시취득으로 간주한 의미는?

조선총독부는 조선토지조사사업 시행 후 '사정'을 토지소유권을 원시취득한 것으로 간주하였다. 이는 조선총독부가 식민지 조선에서 확립하고자 했던 토지제도의 한 모습을 볼 수 있게 해 준다. 사정의 성격에 대해서는 경성지방법원 서기 하야카와(早川保次)의 지적이 주목된다.

> "사정은 하나의 사권(私權) 확정의 방법인 행정상의 처분이다. 소유권의 존재는 사정에서부터 시작되어 확인되고 결정된 것이다. 그렇다면 사정과 사정 전의 소유권 간의 연락 관계는 조금도 물을 수 없다. 이전 소유권을 소멸시켜 새로운 소유권을 취득하는 소위 '원시취득'이라고 해석할 수 있다(早川保次, 『朝鮮不動産登記 ノ 沿革』, 1921, 56쪽)."

하야카와는 사정은 하나의 행정처분으로, 이것을 통해 민법상의 권리인 사권(私權)에 속하는 소유권을 확정할 수 있다고 강조했다. 조선토지조사사업을 주관한 기관은 조선총독부 산하 임시토지조사국이었다. 행정기관인 임시토지조사국에서 조사한 결과인 사정은 행정처분이었고, 이것을 통해서 토지소유권을 결정할 수 있음을 언급한 것이다. 이와 함께 하야카와는 사정은 식민지 조선에 성립되어 있었던 소유권들을 소멸시키고, 새로운 소유권을 취득하는 효과를 가질 수 있다고 하였다. 그리고 이를 '원시취득'한 것이라고 하였다. 앞서 살펴본 것처럼, '원시취득'의 사전적 의미는 사회적으로 전에는 없었던 권리가 새롭게 발생하는 것을 의미한다.

조선총독부가 식민지 조선에서 원시취득으로 간주한 토지는 일부 새롭게 발견된, 소유자가 없었던 토지에만 해당하는 것이 아니었다. 조선토지조사사업의 결과 모든 토지에 새로운 번호가 부여되었고, 토지대장이 만들어졌다. 사정명의인은 해당 토지를 원시취득한 것으로 규정되었다. 사정명의인은 등기를 통해 자신의 소유권을 법적으로 보호받을 수 있었다. 하지만 '한국병합' 이전, 즉 조선토지조사사업이 시행되기 이전에도 이미 각 토지에는 권리관계가 분명히 존재하고 있었다. 양안과 같은 토지 관련 장부도 만들어져 있었다.

조선총독부는 한국을 강제 병합하기 전에 관습조사를 시행하였다. 이를 통해 식민지 조선의 토지에는 소유권을 포함한 여러 권리가 있음을 알고 있었다. 1907년 부동산법조사회에서 작성한 관습에 대한 보고서에 따르면 한국에서 소유권을 취득하는 방법은 '원시적 취득'과 '승계적 취득'이 있었다. '원시적 취득'의 예로 제시된 것은 개간과 같은 의미인 기경(起耕), 일정 기간

토지를 점유하는 시효(時效), 자연적으로 영토를 얻게 되는 첨부(添附)였다. '승계적 취득'의 방법은 양도(讓渡)와 상속(相續)이었다. 조선총독부는 승계 취득이 가능한 토지가 식민지 조선에서 존재하지만, 이를 무시하고 조선토지조사사업 이후 확인된 '사정'을 원시취득으로 간주하였다. 조선총독부의 조선토지조사사업 진행 원칙은 아래와 같이 요약할 수 있을 것 같다.

① 강력한 권한을 가진 행정기관이 주도하여 토지를 조사하고 소유권을 확정한다.
② 조사된 소유권인 '사정'을 절대적 권리로 간주하고 등기를 통해 식민지 토지제도의 근간을 마련한다.
③ '사정'은 토지 소유의 시작점인 '원시취득'으로 간주한다.

결국 조선총독부가 사정을 '원시취득'으로 본 것은 '한국병합' 이전, 각 토지에 성립된 소유관계는 법적으로 부정하고, 단절하려고 했던 것을 의미한다.

1906년 이후 발표된 토지 관계 법령들

조선토지조사사업은 '한국병합' 이후 실시된 것이지만, 실제로는 통감부에서 주도하여 실시한 토지정책들의 연장선에 있었다. 1900년대 전반부터 일본인은 대규모로 한국에 건너와 토지를 확보하려고 하였다. 하지만 1906년 10월 〈토지가옥증명규칙(土地家屋證明規則)〉이 발표되기 전에는 외국인이 토지를 소유하는 것은 법적으로 금지되어 있었다. 일본인들은 한국인 거간 꾼을 고용한 후 몰래 사들이는 잠매(潛賣)를 통해 토지를 확보해 갔다.

또한 대한제국의 전통적인 부동산거래 방식을 이용하여 토지를 매입해 나갔다. 그들은 같은 토지에 권리를 가진 사람들이 동시에 존재하는 것에 주목했다. 그리고 전통적인 방식을 이용하면 토지매입이 가능하다는 것을 알게 되었다. 대한제국에서 이루어지는 부동산 거래는 토지를 파는 사람이 사는 사람에게 계약을 체결할 때 작성한 문기(文記)나 수표(手票) 외에 그 이전 거래 관계를 보여 주는 문권(文券) 일체를 넘겨주면 완결되었다. 이러한 방식으로 국가가 각종 권리를 직접 관리하는 제도는 없었지만, 민간 관행에 따라 큰 문제 없이 거래되었다. 일본인들은 일본과 토지거래 방식이 다르다는 것에 불안해하면서도 관습에 따라 거래하면 토지를 확보할 수 있음을 인지하고 불법적으로 토지를 잠매했다.

일본인들이 가장 주의했던 토지 거래 형태는 훔친 물건을 파는 것을 뜻하는 도매(盜賣)와 투매(偸賣)였다. 이것은 소유권이 불분명한 토지를 구매하는 경우였다. 일본인들은 이러한 현상을 막기 위해 토지의 소유자, 문기 등에 대해 진실성 여부를 조사하였다. 매매 후 토지에 문제가 생길 경우, 토지를 점령하고 가옥을 신축하거나 농업경영에 착수하기도 했다. 자신의 권리가 침범받게 되면 무력을 동원하여 자기가 해당 토지의 소유권자임을 보여 주기도 했다. 하지만 일본인들이 토지를 소유하는 것은 불법이었기 때문에, 그들이 도매와 투매로 손해를 입었더라도 이에 대한 손실을 법적으로 청구할 수가 없었다. 일본인들이 잠매, 도매, 투매를 통해 매입한 토지에 대한 권리는 국가의 보증이 없이는 항상 불안한 상황에 있던 것이다. 일본인이 불법적으로 확보해 놓은 토지의 소유권을 어떻게 처리할 것인지, 앞으로 획득하게 될 토지소유권의 보장과 거래의 안전을 어떻게 확보할 것인가의 문제는 일본인의 한국 진출을 장려하는 통감부의 입장에서도 해결해야 할 문제였다.

1906년 10월 26일 칙령 제65호 〈토지가옥증명규칙〉이 발표되었다. 이 법은 총 10개 조항으로 이루어져 있었다. 같은 해, 11월 7일 법부대신 이하영(李夏榮)은 총 16개 조항으로 이루어진 법부령 제4호 〈토지가옥증명규칙시행세칙〉을 발표하여 〈토지가옥증명규칙〉의 실행을 구체화하였다. 통감부에서는 〈토지가옥증명규칙〉을 일본인에게 적용하기 위해 1906년 11월 16일 〈토지건물증명규칙(土地建物證明規則, 통감부령 제42호)〉을 공포하였다. 〈토지가옥증명규칙〉의 핵심은 외국인이 내륙에까지 토지 투자를 할 수 있게 하고, 그 결과를 법적으로 증명하는 것이었다. 기존 잠매를 허용하고, 도매나 투매를 통해서 입을 가능성이 있는 피해는 관의 증명을 통해 해결하려고 한 것이다. 이 법이 적용되면서 가장 큰 혜택을 받는 외국인은 일본인이었다.

1906년 12월 28일에는 전당권을 가진 사람을 법적으로 보호하기 위한 법령인 〈토지가옥전당집행규칙(土地家屋典當執行規則, 칙령 제80호)〉이 발표되었다. 이 법의 최대 수혜자도 일본인이었다. 전당은 소자본(小資本)으로 토지를 획득할 수 있는 매우 유리한 방법이었다. 일본인들은 기한 내에 채무를 이행하지 못하면, 전당된 토지를 즉시 차지하는 계약을 선호하였다. 당시 많은 한국인이 생계를 유지하기 위해 토지를 전당잡혔음을 고려하면, 기한 내에 빌린 돈을 상환하기가 어려웠다. 일본인들은 이를 이용한 것이다. 한편 통감부는 1908년 7월 16일 〈토지가옥소유권증명규칙(土地家屋所有權證明

規則, 칙령 제47호)〉을 공포하였다. 〈토지가옥증명규칙〉에 의한 증명이 1906년 12월 1일 이후 진행된 거래에 한정되는 것을 보완하기 위해서였다. 이 법령으로 1906년 12월 1일 이전에 진행된 거래도 증명을 받을 수 있게 되었다.

〈토지가옥증명규칙〉과 이후 발표된 일련의 법령들은 일본인이 불법적으로 획득한 토지의 권리를 합법화하겠다는 통감부의 의사가 강하게 반영된 것이었다. 하지만 절차를 잘 마련한다고 하여도 증명은 토지조사를 토대로 한 것이 아니었다. 또한 근거자료도 제대로 갖추어져 있지 않은 경우가 많아서 착오는 물론 때로는 소송까지 발생하였다. 소송이 전개되면 그 책임은 조사를 소홀히 한 증명 관리가 지도록 했기 때문에 증명을 거절하는 일도 흔히 발생하였다.

토지가옥증명규칙과 조선부동산증명령, 그리고 조선부동산등기령

'한국병합' 이전에 형성된 일본인의 토지소유권은 법적으로 불완전하였다. 통감부의 주도하에 소유관계를 증명하는 법령이 공포되었지만, 이는 '국가'에 해당하는 권력이 개인의 권리를 절대적으로 보장하는 데에는 미치지 못하였다. 조선총독부는 이러한 문제를 조선토지조사사업을 통해 해결하려고 했다. 토지조사를 하여 소유권자를 확정하고, 이를 등기하게 하여 개인의 소유권을 법적으로 보장하려고 한 것이다.

'한국병합' 이후 조선토지조사사업의 시행, 토지 권리를 규정한 새로운 법령이 발표되었다. 이 과정에서 통감부에서 발표한 법령에 근거한 '증명'과 조선총독부에서 발표한 새로운 법령에 기반하여 받은 '증명'이 같은 효력을 가지는지에 대한 의문이 제기되었다. 다음으로 이러한 증명이 '사정'에 근거하여 받은 '등기'와는 어떤 관계가 있는지에 관한 의문이 제기되었다. 세 증명 및 등기의 주체가 일치한다면 문제가 될 것이 없었다. 하지만 일치하지 않는다면 분쟁이 생길 여지가 충분했다.

이 문제와 연관하여, 조선총독부가 조선토지조사사업의 결과인 '사정'을 원시취득으로 간주했었음을 생각해 보자. 이 원칙에 의하면 '한국병합' 이전에 형성된 토지 권리는 단절되는 것이기 때문에 무시되는 것이 적절해 보인다. 하지만 조선총독부는 통감부에서 주도하여 만들고 공포된 토지 관계 법률과 조선토지조사사업 과정에서 발표된 법률을 연속하도록 조치하였다. 이는 한국의 전통적인 토지제도를 부정하고 단절하려고 했던 입장과는 상반되는 것이었다.

통감부가 주도하여 발표한 토지 관계 법령과 조선총독부에서 발표한 토지 관련 법령이 어떻게 연속되는지를 살펴보도록 하자. 1912년 1월 조선 총독 데라우치 마사타케[寺內正毅]는 부동산 등기와 관련된 법들을 제정하기 위해 '제령안(制令案)'을 작성하고 이것을 내각총리대신 사이온지 긴모치[西園寺公望]에게 보냈다. 해당 '안'들은 통과되었고, 식민지 조선에서 〈조선민사령(朝鮮民事令)〉, 〈조선부동산증명령(朝鮮不動産證明令)〉, 〈조선부동산등기령(朝鮮不動産登記令)〉이라는 이름으로 발표되었다.

〈조선부동산증명령〉과 〈조선부동산등기령〉은 조선총독부가 부동산등기 제도를 식민지 조선에서 시행하기 위해 기안한 법령이었다. 등기를 위한 법령이 두 개로 나누어서 공포된 것은 조선토지조사사업 진행과 종료 시점이 지역별로 달랐기 때문이다. 토지조사사업이 종료되어 토지대장이 만들어진 지역에서는 〈조선부동산등기령〉을 근거로 '사정명의인'이 등기를 하고, 그렇지 않은 곳에서는 〈조선부동산증명령〉을 근거로 증명을 받게 한 것이다.

1912년 3월 18일, 제령 제9호 〈조선부동산등기령〉이 발표되었고 3월 26일부터 시행되는 것으로 결정되었다. 조선부동산등기령이 발표된 지 4일 후인 3월 22일에는 제령 제15호 〈조선부동산증명령〉이 발표되었고 4월 1일부터 시행되었다. 〈조선부동산증명령〉이 시행되면서 토지 건물의 증명 및 전당 집행에 관한 종전의 법령은 폐지되었다. 조선총독부는 〈조선부동산증명령〉 제1조에 "부동산의 소유권 및 전당권의 설정·보존·이전·변경·처분의 제한 또는 소멸은 이 법령으로 증명한다."라고 규정하였다. 이전 증명을 인정하고 새로운 법령과 연계시키려고 한 것이다. 하지만 기존 법령들과 새로운 법령의 연관에 대한 의문은 해소되지 않았다. 증명은 토지에 관한 권리를 나타내는 것이었고, 개인의 이익과 관계되는 것이었기 때문에 소송으로 이어졌다. 일제강점기 민사재판은 3심까지 가능하였다. 제1심 재판소는 지방법원, 제2심은 복심법원, 최종심인 제3심은 조선고등법원이 담당했다.

3심까지 진행된 다나카[田中春市]와 고야마[小山時治]의 재판은 기존 증명과 〈조선부동산증명령〉과의 관계를 잘 알 수 있게 해 준다. 고야마는 〈토지가옥증명규칙〉에 근거하여 전당권 증명을 받은 사람이며, 다나카는 〈조선부동산증명령〉에 근거하여 증명된 소유권을 넘겨받은 사람이었다. 다나카는 〈조선부동산증명령〉을 바탕으로 증명을 받았기 때문에 분쟁 토지의 소유권은 자신에게 있다고 주장하였다. 반면 고야마는 〈토지가옥증명규칙〉에 근거하여 이미 증명을 받았기 때문에 분쟁 토지는 자신의 소유라고 강조하였다. 제1심 광주지방법원 전주지청, 제2심 대구복심법원은 다나카의 주장을 받아들이지 않았다. 〈토지가옥증명규칙〉에 근거하여 받은 증명과 〈조선부동산증명령〉에 근거하여 받은 증명이 같은 효력을 가진다고 보았기 때문이다. 그 결과 고야마의 증명이 이미 진행되었기 때문에, 다나카의 증명은 무효가 되었다.

다나카는 제1심, 제2심 결과에 불복하였다. 그리고 조선고등법원에 상고하였다. 다나카가 주장한 주된 근거는 〈토지가옥증명규칙〉 등 옛 법에 근거한 증명은 〈조선부동산증명령〉에 근거한 소유권을 보존하는 증명이 될 수 없다는 것이었다. 각 증명은 다른 법령에 근거하여 받은 것이며, 두 증명 중에서 〈조선부동산증명령〉에 근거한 것이 더 우월한 효력을 가진다는 것이었다. 조선고등법원은 "〈토지가옥증명규칙〉의 규정에 따라 진행한 증명 중 존재하는 것은 〈조선부동산증명령〉으로 받은 증명과 같은 것은 의심의 여지가 없다."라고 판결하였다. 결국 통감부의 주도하에 만들어진 법령에 근거한 증명은 '한국병합' 이후에도 법적으로 연속선상에 있는 것으로 확인되었다.

다음으로 문제가 되었던 것은 〈조선부동산증명령〉에 근거한 증명과 〈조선부동산등기령〉을 바탕으로 받은 등기가 법적으로 같은 위상을 가지는지였다. 식민지 조선에서 기본적으로 적용된 민사법은 일본에서 만들어진 법률이었다. 부동산 등기를 위해 적용된 일본 법률은 〈민사시행법〉과 〈부동산등기법〉이었다. 이 법률에는 '증명'이라는 용어가 보이지 않았다. 이와 연관하여 〈조선부동산증명령〉의 '증명'과 〈조선부동산등기령〉의 '등기'가 같은 효력을 가지는지에 대한 의문이 제기된 것이었다. 조선고등법원 민사부는 "〈조선부동산등기령〉과 〈조선부동산증명령〉에 근거한 등기와 증명은 모두

제3자에게 대항할 수 있다는 것을 명시하였다. 따라서 증명과 등기는 같은 것으로 해석해야 한다."라고 하였다.

식민지 조선에서 최고 재판소였던 조선고등법원의 이와 같은 판결은 〈토지가옥증명규칙〉, 〈조선부동산증명령〉, 〈조선부동산등기령〉을 하나의 연속으로 판단한 조선총독부의 방침이 법적으로 힘을 받게 된 것을 의미한다.

토지 권리의 연속과 단절

'연속'과 '단절'이라는 단어를 통해 조선총독부가 의도했던 식민지 조선의 토지제도에 대해서 생각해 보았다. 조선총독부는 토지제도 측면에서 이전 제도와 법적으로 단절하는 것을 기본 방향으로 삼았다. 이는 조선토지조사사업의 결과인 '사정'을 토지소유권의 시작점인 '원시취득'으로 간주한 것을 통해 알 수 있다. 하지만 한국 사회에는 이미 여러 토지 관계가 형성되어 있었다. '사정'은 소유권이었다. 이를 절대적 권리로 간주한 것은 한국 사회에 이미 형성되어 있던 여러 토지 권리와 마찰이 생길 수 있는 여지를 제공한 것이었다.

한국 토지제도와의 단절을 추구하였던 것과 달리 '연속'을 고려했던 것도 있었다. 조선총독부는 통감부의 주도 아래 발표된 법령에 근거하여 받은 토지 관계 증명이 그것이었다. 〈토지가옥증명규칙〉에 의한 증명, 〈조선부동산증명령〉에 기초한 증명, 〈조선부동산등기령〉에 근거한 등기는 연속선상에 있는 것으로 판단하였다. 일제강점기 사법재판소는 법령의 해석을 통해 조선총독부의 의도에 명분을 실어 주었다.

잠매, 도매, 투매 등과 같이 불법적으로 토지에 대한 권리를 취득했던 일본인들은 통감부가 주도하여 발표한 법령에 근거하여 그들의 권리를 합법화하는 증명을 받을 수 있었다. 하지만 이 증명은 권리를 보장하기에는 불완전했다. '한국병합' 이후 이 증명은 연속적으로 파악되었고, 최종적으로 '등기'를 통해 제3자에게 주장할 수 있는 법적 보호를 받는 권리가 되었다.

남기현 _한국방송통신대 문화교양학과 조교수

장돌뱅이·객주에서 플랫폼 유통·이커머스로

류승렬

조선의 시장과 상인

조선의 물자 유통은 제한과 통제는 있었지만 나라 살림을 운영하고 백성들이 살아가는 데 불편함이 없을 정도로 활발하게 이루어졌다. 서울과 지방의 행정 중심지에는 좌상(坐商)으로 시전(市廛)이 있었고, 전국 각지에는 행상(行商)이 돌아다니면서 거래하였다. 서울 종로의 시전들은 비단, 명주, 모시, 종이, 생선 등 각종 상품에 대한 독점 판매권을 부여받는 대신 상납·책판·시역의 의무를 졌으며, 행상들도 나라의 허가를 받고 상세 납부로 부역을 대신했다. 이처럼 봉건 국가의 원리에 따라 일정한 부담을 지고 거래를 독점한 상인을 관상(官商)이라 부른다.

16세기 이후 각종 물산이 더욱 풍부해지고 상거래도 더욱 발달하는 가운데 지방에서 5일에 한 번씩 열리는 장터가 늘기 시작하고, 서울과 지방을 잇는 교역도 활발해지게 되었다. 서울 도성 밖 주요 길목이나 한강변의 나루터에 시전 외의 각종 상점들이 새로 들어서고, 지방의 포구도 늘어났다. 선상들은 장시와 포구로 연결된 전국 각처의 상거래 중심지를 배를 타고 강과

바다를 누비며 상거래를 주도하였다. 이처럼 상업이 발달하고 대규모 교역이 활발해지면서 서울과 지방에서 큰 부를 축적한 대상인들이 출현하게 되었는데, 대개 관청으로부터 특별히 독점이나 특권을 보장받은 바가 없었기에 관상과 대비하여 사상(私商)이라 부른다.

사상의 중심은 객주·여각인데, 서울의 한강가나 지방의 포구에서 성장하였다. 애초 각처에서 모여드는 선상이나 행상과 같은 객상(客商)에게 잠자리와 먹을거리를 제공한 여객주인으로부터 비롯하였는데, 상품의 위탁매매는 물론 보관이나, 운반, 어음 발행이나 자금 대부 같은 금융 등의 일도 맡게 되면서 상거래 망의 중심으로 부각되었다. 객주·여각의 거래가 상당한 규모에 이르렀기에 현금보다는 어음이 주로 이용되었는데, 나중에 수천 냥에서 수십만 냥에까지 이른 어음을 1년에 수백 장 이상을 발행한 경우도 있었다.

예전 상인으로 장돌뱅이, 장돌림, 장꾼, 황아장수, 봇짐장수, 등짐장수 등 여러 이름의 보부상(褓負商)이 널리 알려져 있다. 상품을 등에 지거나 머리에 이고 장터를 돌며 사고팔았던 이들은, '〈메밀꽃 필 무렵〉'이란 소설에 잘 나타나듯이 떠돌이 행상으로 사는 형편이 고단하고 어려워 제대로 가정을 이루지 못하고 병들거나 죽어도 돌보아줄 사람이 없는 외로운 처지였다. 그러기에 일찍부터 임방(任房)을 만들어 자신들끼리 힘을 합치고, 때로는 대규모의 상단(商

객주집(김준근, 촌가여막, MARKK-옛 함부르크 민족학박물관 소장)

보상과 부상(예덕 상무사 보부상유품전시관)

團)을 이루기도 했다. 예전에 친한 사람끼리 부르던 '동무'라는 말은 원래 보부상들 사이에 서로 간의 호칭이었다.

객주와 보부상의 관계는 가족처럼 매우 긴밀하였다. 보부상은 보통 객줏집 토방에서 잠을 잤으며, 병들면 객줏집에서 약을 써서 치료해 주었다. 객주는 보부상에게 장사 밑천을 빌려주거나 잡기를 일삼아 밑천을 날리고 실업에 이르지 못하도록 풍속을 교정하는 일까지 맡았다. 이런 까닭에 보부상들은 객주를 상임(上任)으로 우대하였다.

개항과 조선인 상인

강화도조약(1876)으로 부산·원산·인천 등이 개항되면서 조선의 상업과 상인은 새로운 국면을 맞는다. 대외 교역이 공식 허용되면서 새로운 상업 중심지로 떠오른 개항장에는 개항장 객주를 비롯한 내·외 상인들이 모여들었고, 조선의 쌀 등의 농산물과 외국으로부터의 면제품을 비롯한 값싼 공산품이 교역되기 시작하였다. 이때 새롭게 출현한 개항장 객주는 격증하는 대외 교역을 토대로 내지 객주와 연계하며 급성장하여 상업계의 중추가 되었다.

외국 상인이 서울 도성 안과 내륙 각지로 장사를 할 수 있게 되면서 조선 상인은 치열한 경쟁 상황에 내몰렸고, 다각도로 활로를 모색하는 가운데 철시(撤市) 투쟁도 벌였다.

경제적 기반이 미약한 보부상들은 삶의 터전을 몽땅 잃을 수 있는 위기에서 상단 조직으로 1866년 보부청(褓負廳)이 설치된 것을 시작으로 혜상공국, 상리국, 황국협회 등을 통해 결집력을 강화하는 한편 정치 권력과의 연결을 꾀하였다. 독립협회에 맞선 황국협회의 출현도 이러한 정치적 싸움의 와중에서였다.

돛을 단 조선 배(1871, Ferice Beato, 박도 엮음, 《개화기와 대한제국》, 38쪽)

정부 관료가 우두머리였던 상무사(商務社)는 1899년 설치되어, 상업과 국제 무역, 기타 상행위에 관한 업무와 보부상단을 관장하고, 최초의 경제 신문이라 할 《상무총보(常務總報)》를 발행하였다.

한말(韓末) 상업계의 거물들

격랑이 거세게 몰아친 한말 세계 자본주의 체제로의 편입이라는 역사적 대전환에 맞닥뜨려야 했던 조선의 상업계에는 많은 부를 쌓고 큰 자취를 뚜렷이 남긴 거상들이 등장하였다.

이용익(1854~1907)은 보부상 출신으로 정계 최정상에까지 올랐다. 장돌뱅이로 모은 돈을 금광에 투자하여 거부가 된 그는 임오군란 때 자신의 빠른 걸음으로 충주에 피신해 있던 명성왕후와 고종 사이의 비밀 연락을 맡아

평양 시장(1904, 박도 엮음, 《개화기와 대한제국》, 458쪽)

정치적 출세의 길을 열었다. 대한제국기에 들어서는 내장원경, 탁지부 대신, 전환국장 등을 역임하면서 재정을 도맡았고, 철도 부설, 금융기관 설립 등도 추진하였다. 또 보성학교를 세우는 등 교육 운동에도 이바지하였다.

일찍이 보부상으로 평안도와 황해도의 장터를 떠돌던 남강 이승훈(1864~1930)은 성실함을 바탕으로 납청 유기의 제조와 판매, 객주와 무역업으로 재산을 모아 1901년에는 50만 냥을 굴리는 거부가 되었다. 이후 거듭 예기치 못한 손해로 큰 타격을 입고 사업을 접었지만 민족운동에 참여함으로써 이름을 널리 알렸다. 고향에 사립 강명의숙과 오산학교를 설립했으며, 1911년에는 105인 사건에, 1919년에는 3·1운동에 적극 참가하였다. 1924년에는 동아일보 사장에 취임하여 1년간 경영을 맡는 등 민족 운동의 큰 지도자로 활약하였다.

보부상에서 자본가의 반열에 올라 두산 그룹의 창업자에까지 이른 박승직은 오로지 장사에만 몰두했다. 행상으로 돈을 모아 배오개(종로 4가 광장 시장 근처)에 상점을 열고(1898) 포목 거래와 객주업에 종사하다가, 일제 강점 전후 일본인과 합작으로 공익사 등을 설립하며 사업을 확장하였다. 당시 화장품의 대명사였던 박가분(朴家粉)을 히트시키기도 한 박승직상점은 조선인 소유의 개인 기업체 중 가장 많은 납세액을 기록한 적도 있다.

이렇듯 한말에는 가난하고 미천한 처지의 상인으로 재산을 모아 각종 정치, 사회 활동에까지 가담한 인물들이 많았고, 개중에는 민족운동의 지도자가 된 경우도 있었다. 아무리 부를 쌓아도 이름을 내기 어려웠던 이전 시기와 비교하면, 전에 없던 위기 상황에서도 성공의 계기를 마련하고 활발하게 대응한 상인들의 모습을 볼 때 금석지감을 갖게 된다. 어쩌면 자본주의 시대의 도래와 더불어 상인의 시대도 활짝 열린 게 아닌가 하는 생각이 든다.

종로 상권과 명동(본정) 상권

일제강점기 서울 종로에는 조선인이 경영하는 소상점들이 즐비했고, 농촌에는 장돌뱅이 행상이 떠도는 5일장 위주로 상거래가 이루어졌다.

양행(洋行)을 비롯하여 백화점, 연쇄점, 물산회사(物産會社) 등이 화려한 겉모습으로 출현하였는데, 일본인 상인이 주도하였다. 미쓰코시[三越] 백화점(1904년 일본에 최초로 설립)이 1906년 처음 조선에도 지점을 차린 후, 미나카이[三中井] 백화점 등이 뒤따랐다.

일본인 경영의 백화점이 모두 명동 근처에 있었던 데 반해 화신 백화점(박흥식 경영)만 종로에 있었다. 상권이 조선인의 북촌(종로)과 일본인의 남촌(명동=본정)으로 나뉜 까닭이다. 물론 일제 치하에서 도시 거주 일본인과 극소수의 부유한 조선인만 최고급 백화점을 이용하며 근대적 세례를 받을 수 있었고, 대다수 조선인에게는 그림의 떡에 지나지 않았다.

조선인 중 김윤배가 종로 2가에 김윤 백화점(1916)을 세운 후 백화점을 내

조선 최초의 백화점으로 알려진 일제 말 미쓰코시[三越] 백화점(신세계
개점 70주년 기념 화보집, 2000)
사진에서 '국민정신총동원(國民精神總動員)'·'일억일심(一億一心)' 등의 구호가
눈에 띈다. 삼성이 인수하고 동화를 신세계라고 이름을 바꾸었다(1963).

▌ 화신상회(1920년대 후반, 《화신50년사》, 1977)

화신백화점(1937, 《화신50년사》, 1977) ▌

건 상점이 여럿 나왔으나 대개 잡화점이었다. 종로의 화신상회(신태화 설립)를 인수한 박흥식은 동아백화점도 인수해 두 건물을 연결하고 화신백화점이라 했는데, 화재 후 재건축해 전관 개관하였다(1937). 화신 연쇄점(체인스토어)도 세웠는데, 본부가 각지의 다수 소매점을 관리하며 오사카의 공산품을 집중 구매하여 직접 공급함으로써 '규모의 이익'을 실현한다고 선전하였다.

해방, 혼돈 속 상업·유통

8·15해방을 맞이하였음에도 불구하고 한국의 상업과 유통을 규율하는 공적 구조와 법규는 상당 기간 일제 강점 때와 다름없는 채로 이어졌다.

일제 말기 국가 총동원 체제를 뒷받침하는 통제 배급 체제의 강행으로 인한 유통망의 전면 붕괴 상황에서 민간의 생활 경제는 처참하게 황폐해졌다. 극도로 문란한 상황에서 그나마 종래 객주가 부활함으로써 급한 불은 꺼 나갈 수 있었다. 객주 중심의 유통망이 전국적 차원에서 나름 작동하면서 농·수산물 등 필수 생활 자료의 수급이 이뤄졌지만 어디까지나 응급 대응에 불과했다. 독립 국가가 수립되고 산업사회로 진입해 가는 경제 단계에 걸맞은 유통 체제가 마련된 것은 1970~1980년대를 지나면서부터이다. 이 무렵에 이르러서야 '소비자'란 개념이 사회적으로 자리를 잡고 구매자 중심 유통 경제로의 본격적 전환이 시작된다.

〈시장규칙〉(1914)에서 비롯되어 〈시장법〉(1961)으로 재편된 후 〈도·소매업진흥법〉(1987년 7월) 제정 전까지는 일제강점기에 확립된 배급·통제 위주 시장·상업 체계의 틀과 인식이 지배하였다. 유통산업의 발전 기반을 조성하

◇만만찮은 「必要惡」…이조때부터 싹터온「客主」, 지금은 한낱「중개인」이라 칭하곤있지만 기실그형태는 법이나 제재령엔 아랑곳없이 다만 知面과 信用으로 굳게맺어진 옛그형태 그대로이다. 든든한 판매망을쥔 이들을 양성화할 묘안은 없을는지….

1960년대 말의 객주업 현장(《매일경제》, 1969년 6월 28일)
"〈만만찮은 '필요악(必要惡)'〉조선[원문은 이조]때부터 싹터 온 '객주(客主)', 지금은 한낱 '중개인'이라 칭하곤 있지만 기실 그 형태는 법이나 제재령엔 아랑곳없이 다만 知面(지면)과 信用(신용)으로 굳게 맺어진 옛 그 형태 그대로이다. 든든한 판매망을 쥔 이들을 양성화할 묘안은 없을는지…."

는 차원에서 〈유통산업근대화촉진법〉(1980년 1월 제정·시행)과 〈도·소매업진흥법〉을 통합한 〈유통산업합리화촉진법〉(1997년 4월)이 제정되면서 비로소 도매·소매 상업, 상설 점포, 각종의 시장 등으로 분류하던 종래의 시장·상업 패러다임은 막을 내리게 된다.

과거 국민 주권이 배제된 식민지 체제 시장·상업 패러다임의 상거래에서는 공급의 최말단에 위치한 소매업자가 종결점이었지만, 독립 국가의 국민 경제 체제에서는 주권자로서의 소비자가 유통 경제의 정점을 차지하는 새로운 패러다임으로 대체된다. 제조와 반출을 장악한 공급자 위주의 시장·상업에서 구매자의 욕구 충족을 실현하는 유통 경제로의 급속한 전환 속에서, 아예 상인이나 상점도 보이지 않는 가운데 모든 유통 행위가 구매자 위주로 이루어지는 인터넷 플랫폼의 시대가 활짝 열리고 있다. 견본품이 전시된 점포나 매장에는 관리자·지킴이만 있고, 옴니 채널을 통한 구매와 전자 결제의 작동 속에 생산지로부터 구매자에 이르기까지 그물망처럼 엮인 택배 시스템이 연동하는 네트워크가 유통망의 근간을 이룬다.

유통기구(distribution structure)란 유통 활동을 전개하는 조직체로 생산과 소비 사이의 각 단계를 구성하는 사회적 기구이며 때로는 유통 기관의 집합체란 의미로 사용되기도 한다. 유통 기구가 국민 경제적 시각에서 파악한 유통의 사회적 기구인데 비해, 마케팅 채널은 개별 기업의 경영 관리적 입장에서 생산물의 이전 통로를 뜻한다는 데 차이가 있다.

외국의 경우 소비자와의 매매에 대하여, 물리적 기능에 치중한 디스트리뷰션(Distribution), 기능에 치중한 채널(Channel), 소매 판매 중심의 리테일링(Retailing), 대량 판매 위주의 홀세일(Wholesales) 등으로 구분하기도 한다.

그런데 한국의 유통산업은 산업적 측면과 기능적 요소를 아울러 포괄하면서, 현실적으로는 유통의 서비스 기능보다는 종래 소매업 중심의 물적 활동을 토대로 상품의 물리적 이동과 판매에 치중하는 경향이 강하다.

마케팅 및 유통 전반의 혁신과 변모

한국전쟁의 참혹함을 견뎌 내고 1960년대 무렵부터 독립국가의 틀이 자리를 잡아가면서 나름의 사회 경제적 변화 속에 상업·유통도 양적·질적으로 급변해 갔다. 새로 생기거나 커 가는 도시에 시장이 크게 늘었다. 농촌에도 5일장이 여전했지만 읍내에는 상설 점포가 늘었다. 대규모 아파트 단지로 상징되는 도시적 생활 방식의 일반화와 맞벌이 부부의 증가, 자가용의 일반적 보유 등으로 주차나 구매 등에서 보다 안락하고 편리한 쇼핑이 가능한 매장에 대한 선호가 갈수록 일반화되었다.

국내 유통체는 슈퍼마켓의 발생→마트의 대형화→전자상거래의 발생→옴니채널의 등장 순으로 진화해 오고 있다. 소규모 점포와 노점상, 행상의 집결체인 재래시장을 넘어 백화점, 슈퍼체인, 대형마켓, 대규모 아울렛 등 새로운 상업체가 나날이 늘어났다. 1970년대는 현대적 유통 태동기로, 백화점이 본격적으로 확산되는 가운데, 슈퍼마켓의 성장세도 두드러졌다. 백화점은 미쓰코시 백화점이 동화백화점·신세계백화점(1969)으로 이어지며 영업하였고, 새로 롯데, 현대 등의 백화점이 서울과 지방의 대도시로 확산되었다.

1960년대 말 시작된 슈퍼마켓은 뉴서울마켓을 시작으로 전국 도시로 뻗어 갔다. '뉴서울-슈퍼마키트'란 이름으로 개장한 당일(1968년 6월 1일), 대통령 부부가 직접 방문하여 설탕과 빵, 돗자리 등 2,675원어치를 샀다. '대중소비시대'를 내세운 '유통 근대화' 작업의 대표적 시도였지만 4개월 만에 망했고, 임대업으로 전환되었다.

'뉴서울 슈퍼마키트' 폐업 직후에 삼풍 슈퍼마케트(1968년 11월), 1970년에 미도파백화점 지하의 미도파 슈퍼마케트, 삼선교의 제일슈퍼마케트, 보광동의 보광슈퍼마케트가 설립되었다. 슈퍼마케트는 "생산자와 소비자를 직결시키는 구매 형식"이라는 선전 속에 1971년 217개로 늘었다. 또 국가 유통 정책의 일환으로 슈퍼마켓 연쇄화 사업 실험이 재차 시도되어 새마을 슈퍼체인의 설립으로 이어졌다(1971). 사단법인으로 발족한 '새마을 슈퍼체인(1971년 3월 31일)'에는 8개 점포가 동시 참가했다.

'10퍼센트 싼값의 혁명'으로 소비자들이 슈퍼마켓으로 몰리자, 일반 구멍가게도 '○○슈퍼'로 이름을 바꾸면서 슈퍼마켓이 크게 늘고, 여기에 '더 많

서울 송파구 가락동 농수산물 종합도매시장의 개장 안내지(서울역사박물관 소장)
처음 용산 시장 상주 상인들의 이주로 비롯되어 수산물 시장(1985년 6월 19일), 축산물 시장(1986), 청과 시장(1988) 개장 후, 건어물 시장, 채소 시장도 열렸고, 도축장과 소매 시장, 수산물 상품 시장 등도 있다.

이 더 싼' 대형 할인매장이 들어와 소비자의 욕구를 자극하였다.

새로운 마켓이 출현하는 변화에도 불구하고 당장 시장에 준 충격은 크지 않았다. 소비자 가격 절감이 '가공 식품'에 제한된 까닭이다. 유통경로가 '메이커→1차 도매상→2차 도매상→소매상→소비자'에서 '메이커→소매→소비자'로 바뀐 것은 새로 만들어진 가공·제조업에 국한될 뿐, '생산자→도매상→중간 도매상→소매상→소비자'로 이어지는 농·수·축산물의 경우는 그대로였다.

농·수·축산물의 공급망은 객주를 중심으로 한 유통 체계가 나름으로 작동하기는 했지만, 국민경제 시대의 소비자 주권을 실현할 시대적 과제에 부응하기 위해서는 전면적 전환이 필요한 상황이었다. 이에 국가 당국은 객주 존재 자체를 부정·배제하는 방향에서 농협·수협 설립과 농·수·축산물 도매시장을 설립하는 강압적 방식으로 대처해 나갔다.

1980~1990년대는 현대적 유통의 성장기로, 백화점의 성장세가 지속되고, 할인점이 새로 등장하여 빠르게 성장하였다. '이마트 창동점'은 최초의 할인형 대형마트로 개점하였다(1993년 11월). 유통 시장 개방(1996) 조치가 행해지면서 국내 유통계에 외국계 기업형 마트(월마트·마크로·까르프 등)가 등장하게 되었고, 유통 체계 전반에 걸쳐 기업형 유통으로의 구조 전환이 본격화된다. 예전에 물건을 나르던 지게나 리어카(손수레)는 사라지고, 재래시장은 눈에 띄게 활기를 잃어 갔다.

2000년대 들어서면 온라인 유통이 출현하고, 경기 침체와 알뜰 소비 지향의 소비 패턴을 반영한 할인점과 온라인 유통의 급성장이 주목된다. 근래에는 유통의 변혁이 더욱 급속해져 대·중·소 유통업체 간의 갈등이 갈수록 심화되는 한편 옴니채널을 통한 온라인·모바일 구매가 더욱 현저해지고 있다.

유통 시장 개방 이후 백화점과 재래시장 중심의 종래 이중 구조는 대기업 주도의 대형마트와 무점포 판매업 등으로 다변화되었다. 대형마트, 백화점, 무점포판매, 슈퍼마켓, 편의점, 소매점 등을 포함한 국내 소매업태 매출액은 1996년 90조 9,000억 원, 2001년 118조 1,000억 원, 2007년 231조 7,000억 원으로, 연평균 4.5퍼센트(1996~2001), 11.9퍼센트(2002~2007)의 성장세를 보였다.

제1의 소매업태로 부상한 대형마트는 3강 체제(이마트·홈플러스·롯데마트)를 이루며 국내 점포수 350여 개(2007년 기준)로 시장포화론이 제기되는 가운데 매출액이 1998~2008년간 연평균 19.9퍼센트 성장하였다. 또 매출액이 1999~2008년간 연평균 32.5퍼센트라는 가장 높은 성장세를 기록하면서 제2의 소매업태로 급부상한 TV홈쇼핑·인터넷쇼핑·오픈마켓 등 무점포 판매업은, T커머스(television commerce), M커머스(mobile commerce) 등으로 진화하고 있다. 편의점도 점포수가 1999년 2,339개에서 2007년 8,903개로 지속적인 성장세를 보였으며, 매출액도 1997~2008년간 연평균 15.8퍼센트 성장하였다. 반면에 3강 체제(롯데·현대·신세계)의 백화점은 큰 타격을 받아 매출액 성장률이 1997~2008년간 연평균 4.1퍼센트에 그쳤고, 고급화 마케팅에 주력하는 차별화 전략으로 활로를 찾았다.

유통산업의 기업화가 진전되면서 전통시장, 중소 영세상인 등의 비중은 크게 줄어들어, 전체 유통산업에서 중소 유통의 비중은 2007년 50퍼센트 이하로, 2010년에는 40퍼센트 이하로 위축되었다. 그 빈자리는 TV, 인터넷, 모바일 등 무점포 판매와 대형마트, 슈퍼마켓, 슈퍼 슈퍼마켓(SM), 편의점(CVS) 등 중소 영세상인과 경합하는 업태가 채우고 있다. 단일 업태로는 전문 상품 소매점이라는 포괄적 업태의 비중이 가장 크지만, 유통 대기업이 주도하는 홈쇼핑, 대형마트, 슈퍼마켓, 백화점 등이 빠르게 성장하고 있다.

세일즈맨을 넘어 인터넷 플랫폼·이커머스(E-commerce)로

제조·수출 위주의 공급자 중심 경제에서는 수출의 주역인 종합무역상사가 중심이었다. 수출지상주의를 내건 박정희 정부의 대표적 지원 정책이 종합무역상사 제도였다. 돈을 벌려고 너나 할 것 없이 수출에 뛰어든 가운데 한국 사회는 세계 시장의 한복판이 되었다. 수많은 젊은 엘리트들이 상사원이란 이름으로 세계 각지로 시장 개척에 나섰다. 현대, 삼성, 대우 등 유수한 재벌들이 앞장선 가운데, 과거 천대받던 장사꾼이 유망한 엘리트들의 선망 직업으로 바뀌게 되었다.

한때 대통령도, 장관도, 심지어 대학의 총장까지도 세일즈맨을 자처하는 가운데 모두가 '세일즈맨'이 될 것을 요구받던 시절이 있었다. 심오한 학문의 전당이 장바닥처럼 바뀌고 학자들도 장사꾼으로 내몰린 것이다.

경쟁력 강화를 내세운 '시장경제의 논리'가 금과옥조처럼 된 가운데 시장은 끊임없이 자신의 영역을 확장해 나갔다. 삶 속에서 시장이 차지하는 비중이 갈수록 커져 생활과 생각 모두에 시장 논리가 우선시되고, 원하건 원하지 않건 장사꾼으로서의 삶에 충실해야만 생존을 유지할 수 있고 그렇지 않으면 밀려날 현실에 맞닥뜨리게 되었다. 이제 모두는 장돌뱅이의 후예란 사실을 거리낌 없이 받아들이게 된 것이다.

재화가 소비자에게 전달되는 유통 통로를 '채널(channel)' 또는 플랫폼 (platform)'이라고 한다. 플랫폼은 승강장이란 원래 의미가 확장되어 시스템 (system) 등을 구성하는 기본 틀의 뜻으로 사용되며, 주로 생산과 소비의 중간에 위치하여 내부와 외부, 외부와 외부 간의 상호 연결을 가능하게 해 주는 가교로서, 미리 만들어진 것이 아니라 상호 연결을 통해 진화하는 일련의 과정이라 할 수 있다. 유통에서의 플랫폼이란 서로 다른 이용자 집단 사이의 거래나 상호 작용을 원활하게 수행할 수 있도록 제공된 물리적, 가상적, 제도적 환경을 말한다.

글로벌 유통산업에서도 "온라인 쇼핑의 확산 시대"에서 "Online·Offline 과 물류가 결합한 신유통의 시대"로 전환 중에 있는 것으로 분석된다. 오프라인 기업은 온라인 채널을, 온라인 기업은 오프라인 채널을 확장하는 O2O(Online to Offline) 서비스를 활성화 중이다. 이런 흐름 속에서 국내·외를 통틀어 키오스크 도입과 사물인터넷(IoT, Internet of things), 로봇의 활용 등을 통한 무인점포망도 급속히 늘어나고 있다.

글로벌 유통 환경의 변화에 따라 온라인 유통업체의 성장 및 오프라인·온라인의 융합이 대세를 이루고 있다. 아마존이나 알리바바와 같은 글로벌 전자상거래 기업이 급성장하고 그 창업자인 제프 베이조스(Jeff Bezos)나 마윈 [馬雲] 등이 단기간에 세계 최고 부자의 반열에 올랐다. 반면에 최근 한국뿐 아니라 미국에서도 상점들의 대량 폐업 사태가 사회적 문제로 부각되면서 오프라인 유통 업체들의 활로 모색이 급박한 과제가 되고 있다.

스마트 기기를 이용한 인터넷과 앱의 이용이 가능해져 온·오프라인 쇼핑의 경계가 희미해지면서 모바일 커머스, 소셜커머스, T-커머스, F-커머

국내 시장 택배물동량 추이
(출전: 대한상공회의소, 《2024 유통산업백서》, 2024, 151쪽)

스, 서브스크립션 커머스, 린스토어 커머스 등의 출현으로 이어지고 있다. 모바일 쿠폰, 모바일 지갑, 위치기반 광고 모델, 소셜쇼핑, **NFC** 사업으로 이루어진 스마트 커머스는 스마트 기술의 발전·확산, 글로벌 **IT** 수준의 향상, 소비자 집단 지성의 활성화 등을 기반으로 다양하게 진화할 것이다. 이렇듯 유통의 주력은 모바일 플랫폼으로 넘어가고 있다.

오프라인 기반의 많은 유통업체들도 옴니채널 전략에 힘을 쏟으며 모바일 전략에 많은 투자를 하고 있으며, 운영 효율성 제고 및 고객 만족도 극대화를 위해 온·오프라인 유통 채널을 통합·운영하는 옴니채널(Omni-Channel) 구축이 가속화되고 있다. 중국 마윈(알리바바 회장)은 "순수 전자상거래의 개념은 사라질 것이고, 온·오프라인과 물류가 결합한 신(新)유통 시대로 진입할 것"으로 진단한 바 있다.

유통의 다른 한 축은 물류이다. 물류에도 격변이 일어나고 있다. 이제 택배와 배달 시스템은 필수로 되면서 유통경제 전반을 송두리째 뒤흔들고 있다. 국내 시장의 택배 물동량은 2012~2022년간 2배가량 증가할 정도로, 온라인 유통은 물론이고 오프라인 유통의 경우도 택배 및 배달 의존도가 급속히 높아지고 있다.

글로벌 스마트 유통 시스템은 물류 과정 내 모든 상품 정보가 연결·공유·활용되는 스마트 물류, 상점 내 모든 소비자·상품 정보가 연결·공유·활용되는 스마트 리테일, 일반적인 시각적 상품 정보 전달을 넘어서 상품의 상태를 감지하고 정보를 연결·공유하는 스마트 패키징이 실현됨으로써 소비자로 하여금 모든 상품 정보를 제공받고 똑똑한 소비를 하도록 하는 스마트 컨슈머의 구현으로 향하고 있다.

유통 채널의 진화, 시장 패러다임의 전환

구매자 위주의 유통에서 할인점 중심의 새로운 유통체가 변화를 주도하는 가운데 중간 유통 과정이 사라지거나 축소되고 소비자 중심의 유통 구조로 바뀌었다. 소매 유통 채널은 크게 일반 소매업, 인터넷쇼핑, 홈쇼핑으로 대별된다. 일반 소매업에 해당하는 백화점, 대형마트, 대형슈퍼마켓(SSM), 편의점 등을 소유·경영하는 기업형 대형 유통체들의 전체 소매 매출액 대비 매출 비중을 보면 2014년 이미 90퍼센트 이상을 점하게 되었다(KOSIS 2017).

유통 채널은 전화, TV, 인터넷, 모바일 등 기술 혁신으로 텔레마케팅, 홈쇼핑, 인터넷 쇼핑몰, 오픈마켓, 모바일 커머스 등으로 생명체처럼 끊임없이 새롭게 진화해 왔다. 1980~2000년대까지는 재래시장에서 백화점으로, 2000년 이후는 대형마트와 쇼핑몰 등으로 종래의 유통 채널이 바뀌었고, 최근에는 TV 홈쇼핑, 인터넷 쇼핑몰, 모바일 쇼핑몰 등 새로운 유통 채널이 등장하였다. 유통 채널이 단일 채널(Single channel)에서 멀티 채널(Multi-channel)로 진화하면서 유통 패러다임이 바뀌었다. 종래 오프라인 단일 점포를 넘어 인터넷 쇼핑몰 중심의 온라인 시장의 빠른 성장은 2010년을 기점으로 백화점 매출액을 앞질러 거대한 유통 시장으로 부상하였다.

2016년 전국에 대형마트 537개, 기업형 슈퍼마켓 약 1만 개, 편의점은 약 3만 개다. 전국의 슈퍼마켓은 1993년경 15만 개에서 2016년 4만 5,000개로 급감하였다. 대형마트 1개가 출점하면 재래시장 4개, 동네 슈퍼마켓을 비롯한 중소 유통업체 350개의 매출을 잠식하며, SSM 1개가 들어서면 주변 40퍼센트 이상의 중소 유통업체가 6개월 후 폐업하는 실정이라고 한다.

백화점과 슈퍼마켓 등 재래시장의 황폐화는 새로운 시장 패러다임의 확산에 따른 필연적 과정으로 '생산자–상인(시장)–소비자'로 연결되는 구매 패턴은 낡은 유물처럼 되고 있다.

시장은 물건을 사고파는 장소에 머물지 않고, 주식 시장, 채권 시장, 외환 시장처럼 증권·화폐도 거래하는 곳으로 의미가 넓어졌고, 선물시장(先物市場)이나 미래 주식 시세를 거래하는 금융 시장, 사이버상의 가상공간에서 거래가 이루어지는 사이버 쇼핑몰로까지 진전해 나가고 있다. 젊은 층들 사이에는 인터넷 거래가 증가하는 추세이며, 스마트폰을 이용한 앱을 통한 거래도 크게 늘고 있다. 온라인 쇼핑몰과 라이브 커머스는 판매 관리비 절감,

언제 어디서든 편리한 접속을 특징으로 하면서 지속적으로 고객의 기반이 확대되는 까닭에 비중이 급속히 높아지고 있다.

유통업계에서 업태 분류는 크게 오프라인과 온라인 유통으로 구분된다. 오프라인 유통은 백화점, 복합쇼핑몰, 대형 패션아울렛, 창고형 대형마트, 대형마트, 대기업 슈퍼(SSM), 대기업편의점 등의 대기업 유통과 중소 쇼핑센터, 중소 패션아울렛, 중형마트, 동네슈퍼, 전통시장, 알뜰장·5일장, 도심·구도심 상가, 지역 중심상가, 골목상가 등의 중소 유통으로 이루어지면, 온라인·모바일 유통은 TV 홈쇼핑, 온라인쇼핑몰, 라이브커머스 등으로 이루어진다. 유통 업태별 비중(%) 변화상을 온라인 유통과 오프라인 유통으로

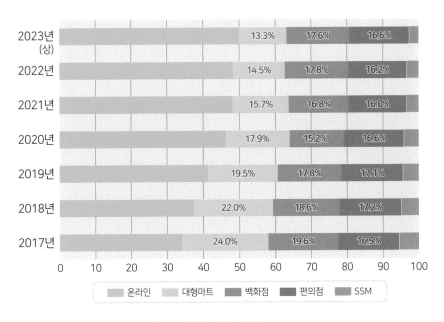

유통업태별 매출 비중(%)
(출전: 대한상공회의소, 《2024 유통산업백서》, 2024, 46쪽)

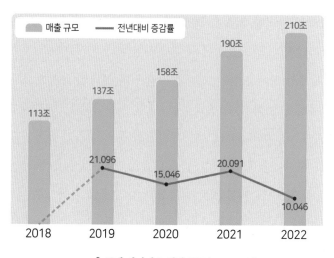

| 국내 이커머스 시장 규모(2018~2022)
(출전: 대한상공회의소, 《2024 유통산업백서》, 2024, 152쪽)

대별해서 비교해 보면, 2017년 39.5 대 60.5, 2019년 45.6 대 54.4, 2021년 51.5 대 48.5, 2023년(상) 52.5 대 47.5이다.

국내 이커머스 시장(온라인 및 모바일쇼핑) 규모는 2013년 38.5조 원, 2015년 53.9조 원 정도에서 2018년 113조 원, 2020년 158조 원, 2022년 210조 원으로 급성장하는 추세이다. 반면에 중소 패션아울렛, 대형 패션아울렛, 백화점, 복합쇼핑몰 등 패션·의류 관련 유통업태의 고객 감소세는 심각한 수준이다. 또한 도심·구도심 상가, 도심·대형 전통시장, 지역 중심상가와 같은 상위계층 상업 중심지도 고객 감소가 상당히 많다. 반면에 라이브커머스(+98.2퍼센트), 온라인쇼핑몰(+46.7퍼센트) 등 온라인 유통 부문만은 이용 빈도가 급증하는 추세이다.

세계로 도약하는 K(한국) – 상업·유통

인간의 삶과 관련된 재화와 용역을 대상으로 한 일체의 거래 관계를 포괄하는 유통 경제 속에 과거 상업은 새로운 변신을 거듭하게 되었다. 유통 경제의 범주는 다양한 영역으로 넓어지고 있으며, 상품의 종류도 끝없이 확대되어 인간 활동의 모든 것을 상품으로 포섭하고 있다. 이러한 변화의 핵심에는 허브 중심의 플랫폼 유통이 자리한다. 온라인 및 오프라인 마켓플레이스는 갈수록 플랫폼 집중화가 강화되는 추세이다.

한국 상업사상 신해통공(1791)은 자유로운 시장 경제로의 지향을 드러낸 획기적 조치였지만, 유통 독점을 야기하는 도고(都賈)의 성행에는 속수무책이었다. 상업·유통의 양면성을 전형적으로 드러낸 것인데, 지금 소비자의 구매 욕구를 무한 충족시켜 준다는 밝은 현실의 이면에서 초거대 자본에 의한 유통 독점이란 어둠이 짙어지고 있어 데자뷔가 느껴진다. 또 조선 후기 이래 상업 경제가 매우 활발하게 전개되는 가운데 그물망처럼 촘촘하게 엮인 상거래 네트워크의 허브 기능을 수행했던 객주의 존재도 특징적인데, 플랫폼 유통의 선행적 사례라 해도 무방할 것이다. 상행위 주체의 끊임없는 변신도 인상적인데, 등짐·봇짐장수 장돌뱅이로부터 전 세계를 누비는 세일즈맨, 오토바이나 소형 트럭을 타고 골목골목을 누비는 1인 판매상, 유튜브 상의 라이브 컨슈머 등 시대 조류에 부합해 가기 위한 노력을 거듭하며 세계 시장을 선도하는 파일럿 마켓으로까지 떠오르고 있다.

장차 구매자 위주의 유통 패러다임 속에서 소비자의 최대 만족을 위한 재화와 용역의 서비스 기능은 더욱 전면화할 것이다. 종래의 도매업(시장)과 소매업이란 구분법에는 서비스로서의 유통 기능에 대한 이해나 고려의 여지가 없었다. 유통을 소비자의 생활과 복지에 유용한 상품 및 서비스를 제공하는 데 이바지한다는 관점의 미래지향적 접근이 필요하다.

유통 경제에 독과점의 심화와 대기업 지배력의 강화가 갈수록 심해지고 있어 큰 고민거리가 되고 있다. 일례로 국내 온라인 쇼핑 시장의 3대 기업(네이버·쿠팡·이마트)이 단기간에 전체 거래액의 절반에 이를 정도로 급성장하는 추세이다. 경제적으로 일정수의 대기업군이 넓은 범위의 산업이나 경제 전반에 걸쳐 차지하는 비중을 나타내는 총괄집중률(aggregation concentration)이 매우 높은 편이지만, 한국 유통산업의 경우 업태별로 시장 집중도가 높고 전국 시장을 지배하는 등 지역 시장적 성격은 낮기 때문에 대기업 지배력이 그대로 관철되기 어려웠다. 그런데 최근 여러 업태를 같이 경영하는 수평 통합을 통한 대기업의 유통 시장 전반에 대한 지배력 강화가 두드러지고 있으며, 온라인 마켓의 경우 특히 그러하다. 소매 집중화 현상은 대형 유통사의 상품 공급 업체에 대한 구매 영향력 확대 행사를 뜻한다. 대기업·대자본의 유통 시장에 대한 강한 지배력은 필연적으로 상품 제조업체와 납품 기업의 협상력을 약화시키고 공정 거래 환경을 저해할 뿐 아니라 생산과 유통이 통합되는 수직 통합을 통한 소수 재벌 기업의 내수 소비 시장에 대한 지배력 장악으로 이어지게 된다.

급속히 진전되는 옴니채널화는 유통 대기업의 경제 집중률 또는 총괄 집중률을 더 높일 것으로 보인다. 이로써 대기업의 유통 시장 지배 및 경제 전반에 대한 장악은 공급 경로상에서 발생하는 사회 후생을 대기업이 독식하는 나쁜 결과를 낳는다. 대형 유통체의 지배로 공급체인 전반의 효율성이 감소하고 시장 이익이 대기업에 귀속되는 역기능의 발생은 필연적인 반면,

공정 경쟁과 효율성 증대 등 유통의 순기능은 갈수록 위축된다. 유통 기업의 이익과 협력업체의 비용은 증가하는 반면, 소비자 가격도 상승하게 되는 것이다.

집중화가 야기하는 독점은 경제적 성장으로 자본이 집적되는 과정에서 과도적으로 나타나는 현상이다. 맥락을 도외시하며 일부만 부조하듯 모자이크해서 '특권'·'수탈'로 단죄하려는 근시안을 벗어나야 한다. 물론 공적 조정과 규제가 작동할 적절한 틀이 마련될 수 없었던 까닭에 파행과 왜곡을 겪을 수밖에 없었지만, 일제 강점이나 8·15해방과 같은 극한적 상황에서도 실존해 온 상업 주체의 실상을 온전하게 포착할 수 있는 올바른 사안(史眼)이 필요하다.

비즈니스 감성이 뛰어난 우리는 늘 그러했듯이 K(한국)−상업·유통의 글로벌화에 힘을 모아야 한다. 플랫폼 유통의 한국적 선구로서 독자적 신용망을 바탕으로 선제적·능동적 상황 대처 능력을 보여 주었던 객주·여각의 전통을 되살리면서, 한국의 상업·유통계도 국민경제적 토대 위에서 지속 가능한 선순환 비즈니스 모델과 혁신적 IT 기술을 활용한 글로벌 유통 플랫폼의 구축 및 확산을 통해 세계 시장을 선도해 나가길 기대한다.

류승렬 _강원대 역사교육과 명예교수

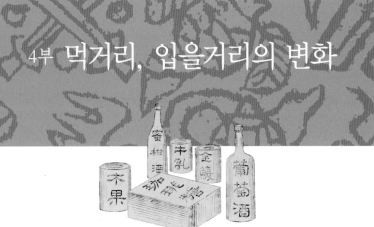

4부 먹거리, 입을거리의 변화

외식문화의 자화상

조용한 아침의 나라를 깨운 한 잔의 커피(1884~1945년)

의관에서 패션으로

합성섬유의 등장과 의복 유행

외식문화의 자화상

김영미

외식을 글자대로 풀이하면 '집 밖의 식사'가 된다. 그러나 보다 정확히 개념을 따져 보자면, 도시락을 싸 가지고 공원에 가서 먹는 경우와 자장면을 집으로 배달시켜 먹는 경우 어느 것이 외식에 해당할까. 후자가 외식의 범주에 들어갈 것이다. 외식의 요건에서 중요한 것은 먹는 장소가 아니라 제공된 음식의 성격이기 때문이다. 외식이란 다른 사람이 상품으로 만든 음식과 서비스를 구매하여 소비하는 행위이다. 따라서 외식은 상품과 화폐경제가 발달한 근대 자본주의 사회에서 나타나는 식사 형태라고 볼 수 있다. 이와 같이 외식이 근대사회에서 나타나는 식사 형태라면 외식을 하는 방식, 즉 외식문화는 그 나라가 어떠한 근대화 과정을 거쳤느냐에 따라 다를 것이다.

주막에서 시작된 외식문화

오늘날 농촌과 도시 중 어느 쪽에서 외식이 활발하게 일어날까? 일터와 집이 지척에 있고, 많은 식품을 자급자족하는 농촌 사회보다 집과 일터가 멀리 떨어져 있고, 모든 것을 소비에 의존하는 도시에서 외식이 활발하게 일어나리라는 것은 쉽게 추측할 수 있다. 외식에 대한 조사보고서를 보면 농촌에서는 1년에 한 번도 외식을 하지 않는다고 응답한 가정이 많았다. 즉 대중 외식의 시대라고 하는 오늘날에도 외식문화는 바로 도시인들의 문화인 것이다. 이러한 상식에서 본다면 전 인구의 90퍼센트 이상이 농민이던 전통사회의 식사 형태는 쉽게 짐작할 수 있다.

그러나 아무리 이동이 없던 사회라고 해도 특별한 경우는 있었다. 가령, 춘향이의 편지를 전하러 남원에서 한양까지 길을 떠나는 방자가 있었다면 과거를 보러 멀리 한양까지 걸어가야 하는 가난한 선비도 있었다. 그들은 먹는 문제를 어떻게 해결했을까? 몇 가지 해결 방안이 있을 수 있다. 우선 밀개떡같이 간단한 음식을 싸 가지고 가서 식사를 해결하는 것이다. 그러나 며칠씩 걸리는 긴 여행이라면 상하지 않고 휴대가 편하며 먹기 쉬운 특별한 음식이 필요했다. 이런 용도로 애용된 것이 바로 미숫가루였다. 샘물을 한 바가지 퍼서 미숫가루를 풀어서 마시면 충분히 한 끼 식사가 되었다. 그러나 이보다 더 좋은 방법은 얻어먹는 것이었다. 마침 지나던 마을에 상가나 잔칫집이 있으면 한 끼 얻어먹는 것은 문제가 되지 않았으며, 가난한 여염집이라도 집에 들어온 사람은 설사 그가 거지라도 박절하게 내치지 않고 밥상을 차려 주는 것이 당시의 인심이었다.

돈푼이라도 있는 여행자라면 이런 구차한 방법을 쓰지 않아도 좋았을 것이다. 이런 특별한 여행자들을 위해 마련된 음식점들이 드물지 않게 있었기 때문이다. TV사극에 빠지지 않고 등장하는 주막이 그것이다. 이런 주막의 모습은 풍속화를 통해서 생생하게 알 수 있다. 행인이 다니는 길 쪽으로 아궁이를 내고, 아궁이 위에는 김이 나는 해장국이 배고픈 행인을 불렀다. 주모는 아궁이 뒤쪽에서 술과 아궁이의 음식을 떠서 바로 평상 위의 손님에게 건네 준다. 뒤쪽에는 방도 여러 칸 준비되어 있다. 이런 모습에서 알 수 있듯이, 주막은 단순한 음식점이라기보다 술집과 밥집과 여관을 겸한 종합적인 숙식 업소였다.

아주 특별한 여행자만을 대상으로 한다면 전통시대의 외식문화는 이러한 주막에서 더 이상 발전하지 않았을 것이다. 그런데 조선 후기에 오면 장시의 발달과 함께 새로운 생활 스타일을 가진 사람들이 생겨나기 시작했다. 바로 상인계층이다. 이들은 지역에 따른 물품의 시세 차이를 이용해서 돈을 버는 사람들, 그래서 농민과는 정반대로 전국을 돌아다니던 사람들이다. 이들의 등장과 함께 주막은 더욱 활기를 띠기 시작했다. 큰 장터 주위에는 주막들이 밀집하여 주막거리를 이루었으며, 장날이면 여기저기 작은 노천 음식점들도 생겨났다. 또 일반 농민들도 장이 서는 날이면 생산한 물건을 내다 팔고 필요한 물건을 사기 위해 무리 지어 장에 모여들었으며, 이러한 노천 음식점의 고객이 되기도 하였다.

그런데 주식과 부식이 구분되어 있는 우리 음식은 간편하게 상품화하기 어려운 난점이 있다. 이에 음식점 주인들은 보다 조리가 쉽고 먹기가 간편한 메뉴의 개발에 주목하게 되었다. 이러한 필요에서 한 그릇에 주식과 부식을 함께 담은 간편한 음식이 등장하였다. 바로 장국밥, 비빔밥, 국수 류가 그것이다. 몇 가지 나물과 밥을 고추장에 비벼서 먹는 비빔밥이나, 고깃국물에 밥을 만 장국밥은 장꾼들에게 든든한 한끼 식사가 되었고, 그만한 여유가 없는 사람들은 국수 한 그릇으로 요기를 하였다. 장터를 중심으로 발

주막(서울역사박물관 소장)
장꾼으로 보이는 손님이 주막에서 식사를 마치고 숭늉을 마시고 있
다. 차양 밑에 걸려 있는 종이술이 달린 표식은 '국수를 판다'는 뜻의
간판이다.

달한 이러한 외식문화는 대중적 외식문화의 싹이라고 볼 수 있다.

요릿집과 밀실 정치

개화기와 일제강점기를 거치면서 우리나라에는 구미인, 일본인, 중국인
들이 들어오고 이들로부터 새로운 음식이 전래된다. 한 나라의 문화는 끊임
없는 교류를 통해 발전한다고 했을 때, 외국음식의 전래는 우리 음식문화를
한 단계 비약시키는 계기일 수 있었다. 그런데 개화기와 일제강점기를 거치
면서 나타난 외식문화의 변화는 바로 양극화였다. 조선 후기 장터를 중심으

로 상인과 장꾼들에게 저렴한 음식을 공급하던 대중외식이 답보 상태를 걷는 반면, 상류층을 대상으로 하는 고급 요릿집들은 문전성시를 이루게 된 것이다.

이러한 현상을 어떻게 설명할 수 있을까? 1910년대 토지조사사업의 결과, 농촌에서는 소작권을 잃은 많은 농민들이 생겨나고, 이들은 일자리를 찾아서 도시로 몰려들었다. 그래서 1920년대에는 전반적인 인구 증가와 함께 도시 인구가 급팽창했다. 모든 것을 소비에 의존할 수밖에 없는 도시 인구의 팽창 현상은 외식의 소비자층이 형성되는 것을 의미한다. 그러나 이 시기에 도시로 몰려든 인구는 일거리를 찾아서 무작정 도시로 들어온 도시 빈민들로 구매력이 거의 없는 사람들이었다.

이 시기에 도시 인구의 직업 구성에서 1위는 '가사사용인'으로 되어 있다. 이들은 잘사는 집의 행랑에 기거하면서 남자는 부정기적으로 그 집안 일을 보아 주고 여자는 식모 노릇을 하는 사람들이다. 직업 구성의 제2위는 지게꾼 등 일용노동자들이었다. 이들의 임금은 일당 최고 40전을 넘지 못하였으며, 그나마 매일 일거리가 있는 것도 아니었다. 40전의 일당으로 4~5명의 가족을 먹여 살려야 하는 일용노동자가 한 그릇에 15전 하는 설렁탕을 사 먹을 수는 없는 일이었다. 그래서 《운수 좋은 날》의 인력거꾼 박 첨지는 운수가 '억세게' 좋아야만 집으로 설렁탕을 사 들고 가면서 으스댈 수 있었던 것이다.

그러나 상류층은 달랐다. 좋은 서비스와 맛있는 음식을 상품화한 한식, 일식, 중식, 양식 등 고급 요릿집들이 일제히 문을 열고 손님을 기다리고 있었다. 이러한 음식점을 이용한 사람들은 누구였을까? 한국에 거주하는 일본인 고관이나 사업가, 중국인 무역가들, 일부 부유한 조선인들이었다. 이들은 가끔 요릿집에서 파트너를 접대하거나 별미를 즐겼을 것이다. 그러나 이들의 아주 특별한 외식만을 위해서라면 그처럼 많은 요릿집들은 필요하지 않았을 것이다. 요릿집의 용도는 다른 곳에 있었다.

요릿집이 성행한 것은 당시의 파행적인 정치문화와 깊은 관련이 있다. 그 것은 바로 밀실 정치 문화이다. 이는 모든 요릿집들이 많은 '은밀한 방'을 가지고 있는 데서 알 수 있다.

요릿집 방들은 친일파들의 집합 장소였다. 당시 부유한 조선인들은 자신의 재산을 유지하기 위해서, 또 돈벌이가 될 새로운 사업을 찾기 위해서 끊임없이 정보를 얻어야 했다. 그러기 위해서는 친일파들끼리 또는 총독부 관리와 긴밀한 만남을 자주 가져야 했다. 이렇게 한 잔 거하게 먹이고 청탁을 할 수 있는 장소로는 요릿집이 제격이었다.

또한 일제 식민 통치에 반대하여 독립운동을 하는 사람들의 모임 역시 요릿집 밀실에서 이루어졌다. 그 가장 대표적인 예가 1919년 3월 1일 있었던 민족 대표들의 모임이다. 이날 29명의 민족 대표들이 모여서 독립선언서를 낭독한 곳은 바로 태화관이라는 요릿집이었다. 경찰에 이들의 거사를 알린 사람은 태화관 주인 안순환이라는 사람이다. 안순환은 본래 고종의 수랏간 내인으로, 나라가 망한 뒤 명월관이라는 궁중요리 전문점을 내었다. 그리고 1918년 명월관이 소실되자 인사동에 태화관을 차린 것이다. 또 1922년 송진우, 이승훈 등이 민립대학 설립을 위한 발기 대회를 연 곳도 식도원이라는 음식점이었으며, 1925년 조선공산당의 결성식도 아서원이라는 청요릿집에서 이루어졌다.

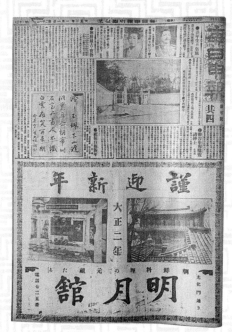

일제강점기 대표적 요릿집 명월관(수원광교박물관 소장)

〈매일신보〉 1913년 1월 1일자에 실린 명월관의 신년인사와 종로3가에 위치한 명월관 본관의 전경이다. 명월관은 일제강점기 대표적 요릿집으로 인사동 별관에서 3·1운동 당시 독립선언서가 낭독되었다.

이와 같이 식민지 권력에 아부하여 돈을 벌려는 친일파들이나 나라의 독립을 되찾겠다는 독립운동가들이나 모든 모임을 요릿집 밀실에서 개최하였다. 이것이 일제강점기 요릿집이 성행한 중요한 이유 중의 하나였다. 식민통치라는 억압적인 정치형태가 음성적인 요릿집 밀실 문화를 만들어 냈다고 볼 수 있다. 요릿집 밀실 문화는 해방 이후 계속되어 5·16 이후에는 이른바 혁명 주체들이 직접 요릿집을 운영하기도 하였다. 이러한 문화는 오늘날에도 형태를 달리하여 존재한다. 바로 고급 룸살롱으로 대표되는 밀실 음주문화가 그것이다. 한 병에 수십만 원을 호가하는 양주를 파는 고급 룸살롱이 성행하고 있다는 사실은 공개적인 장소에서 하지 못할 밀거래가 기업이나 정치인들 사이에서 여전히 이루어지고 있음을 의미하는 것이 아닐까?

자장면의 황금시대

우리 외식사에서 자장면만큼 남녀노소를 막론하고 모든 사람들에게 사랑받은 품목은 찾아보기 힘들다. 왜 하필 자장면이었을까?

중국 음식이 우리나라에 전래된 역사는 100년이 넘는다. 1882년 임오군란 때 군인들과 함께 중국 상인들이 들어오면서 중국 음식도 따라 들어왔다. 일제 말기 조선에 거주한 화교가 약 6만 5,000명이었고, 중국음식점의 수는 300여 개에 이르렀다. 그러나 이때만 해도 중국음식점에 한국인들이 드나들기는 하였지만 아직 한국인은 주요 고객이 아니었다. 중국 음식의 한국화는 해방 이후에 이루어졌다. 한국 정부가 수립되면서 화교들의 처지에 중대한 변화가 생겨났기 때문이다. 한국 정부가 화교들의 무역을 금지시킴에 따라 많은 화교들이 일자리를 잃게 되었으며, 대륙이 공산화되어 고향에 돌아갈 수도 없었다. 이런 상황에서 많은 화교들은 전업을 모색하였는데 적은 자본과 가족 노동력을 이용하여 운영할 수 있는 음식점이 가장 제격이었다. 이러한 화교 내부의 사정에 따라 1948년부터 1958년까지 중국음식점 수가 332개에서 1,702개로 무려 5배 이상 늘어났다.

한국인을 주요 고객으로 삼게 되자, 장삿술에 뛰어난 화교들은 중국 음식을 한국인의 입맛에 맞게 변형시키기 시작하였다. 향료를 줄이고, 매운 맛을 좋아하는 한국인들을 위해 후추와 고추를 많이 사용하였다. 그리고 구하기 힘들고 값비싼 재료 대신 한국에서 나는 당근, 양파 등을 이용하였다. 자장면은 장에 물을 타서 연하게 만든 소스를 썼으며, 탕수육 또한 본래 음식과는 다르게 전분 가루를 묻혀 바삭바삭하게 튀겨서 한국인의 입맛에 맞추었다. 이리하여 중국에서는 맛볼 수 없는 한국화된 '중국음식'이 탄생하게 된 것이다.

한편 1950년대 후반부터 외식 소비자층에도 큰 변화가 일어났다. 1950년대 후반 원조물자를 토대로 하는 삼백산업을 필두로 1960년대에는 경제개발이 본격화되었고, 도시 인구가 급증하였다. 농촌의 젊은 인력들이 대거도시로 유입되어 도시의 저임금 노동자군을 이루었으며, '회사원'이라는 이름의 화이트칼라층도 광범위하게 생겨났다. 이들은 외식의 새로운 소비자들이었다. 자장면으로 대표되는 중국요리는 비교적 값이 싸고 집에서 먹지 못하는 별식이라는 신선함으로 인해 외식거리로 급부상하였다. 작업장이나 사무실 상점까지 전화 한 통화면 어디든 신속하게 배달되었기 때문에 근로자들뿐만 아니라 회사원, 도시 소상인들의 한끼 식사로 애용되었다.

그런데 자장면이 만일 밥보다 비싼 음식이었다면 그와 같은 전성기를 누릴 수 있었을까? 이런 점에서 자장면 황금시대가 열리게 된 이유는 또 하나 더 있다. 바로 값싼 밀가루의 공급이다. 우리나라는 본래 벼농사를 짓기 때문에 밀가루 음식은 별식으로 먹는 정도였다. 남한에서 생산된 밀에만 의존했다면 화교들은 값싼 밀가루를 대량으로 공급받을 수 없었을 것이다. 자장면이 값싼 음식으로 밥에 대해 가격 경쟁력을 가질 수 있었던 것은 바로 1956년부터 도입되기 시작한 미국산 잉여농산물 때문이었다. 미국산 잉여농산물은 한국 곡물 생산량의 40퍼센트를 차지하였으며 그 가운데 밀이 70퍼센

일제강점기 중국음식점
임오군란 직후 약 3,000명의 중국 군인과 많은 중국인들이 들어왔다. 이들 중국인들은 무역업에 종사하거나 적은 자금으로 호떡집이나 국수집을 경영하였다. (출처: 일제강점기 《생활실태조사》)

트를 차지했다. 따라서 밀가루 값은 쌀값과 비교할 수 없을 정도로 쌌으며, 화교들은 싼값에 자장면을 공급할 수 있었다. 또 박정희 정권은 분식 먹는 날을 정하는 등 밀 소비를 부추기는 범국민운동을 벌였으며, 이러한 분식 바람을 타면서 자장면은 가장 대중적인 외식 품목으로 자리 잡을 수 있었다.

외식의 대중화

대중 외식이 본격적으로 시작되는 것은 1980년대 중반부터이다. 이 시기부터 외식 인구가 팽창하고 도처에 음식점들이 생겨나며 가계의 소비지출에서 외식비의 비중이 급격히 증가했다. 왜 이 시기부터 외식 붐이 일어나게 된 것일까?

〈표 1〉 도시 근로자의 가구당 월평균 외식비 지출 현황 (단위: 원)

연도	소비자 지출	식료품비(A)	외식비(B)	외식 비율(B/A)(%)
1982	255,416	97,752	6,512	6.7
1983	285,492	102,533	7,401	7.2
1984	312,415	108,553	8,427	7.8
1985	336,157	113,927	9,260	9.1
1986	339,008	120,646	11,620	9.6
1987	388,323	134,999	17,385	12.9
1988	435,887	154,833	22,578	14.6
1989	561,650	181,961	36,740	20.2
1990	649,969	211,118	45,693	21.6
1991	779,600	247,900	56,700	22.9

무엇보다 소득증대가 가장 중요한 원인이다. 외국의 외식산업계에서는 국민총생산(GNP) 3,000달러에서부터 외식산업이 본격화된다고 보는 것이 정설이다. 우리나라의 경우도 사정은 비슷했다. 우리나라의 국민소득은 1970년대부터 꾸준히 증가하였고, 1980년대 중·후반기에 이르면 국민소득 3,000달러 시대로 진입하였다. 특히 1987년 노동자대투쟁 이후 블루칼라 노동자들의 임금 인상이 화이트칼라에게도 파급되었고, 이후 도시 근로자 계층의 가처분 소득이 확대되었다. 이는 자동차 보유와 함께 외식을 활성화 하고 고급화하는 기반이 되었다.

대중 외식의 시대를 여는 데 86아시안게임과 88올림픽이 미친 영향을 간 과할 수 없다. 이 행사를 계기로 정부에서는 고도의 소비문화를 부추겼으 며, 많은 외국계 패스트푸드점들이 들어오면서 외식문화를 선도하기 시작 하였다.

이와 같은 대중 외식의 시대에 외식의 내용에는 어떤 변화가 나타나고 있 을까? 〈표 2〉는 서울의 각종 음식업종 점포 수의 변화를 나타내는 것이다.

〈표 2〉에서 보면 외식 품목에서 서열상의 변화가 일어나고 있음을 알 수

〈표 2〉 서울의 각종 음식업종 점포 수의 변화 (단위: 원)

연도 \ 업종	중국식	한식	일식	양식
1978	1,181	2,854	297	646
1983	3,003(254%)	8,357(297%)	566(191%)	2,793(432%)
1988	3,157(105%)	14,141(169%)	1,374(243%)	5,882(211%)
1993	3,994(125%)	26,909(190%)	2,293(167%)	9,586(163%)

* 한국음식업협회 자료: 박은경, 〈중국 음식의 역사적 의미〉, 《한국 문화인류학》 26. 1992.
(비고) 백분율은 해당연도/이전 비교연도로, 점포 수의 증가 비율을 나타낸다.

있다. 중국식은 산업화과정에서 그 소임을 다하고 저렴한 대중음식의 하나로 자리 잡았다. 그리고 중국식과 대조적으로 그동안 양이 적고 맛이 없으며 세련되지 못한 음식으로 여겨지던 일식이 오히려 고급 음식으로 부각되고 있다. 이러한 현상은 1970년대 후반부터 일본이 국제사회에서 경제대국으로 부상하면서 일본 음식의 지위가 상승한 것으로 이해할 수 있다. 그러나 1980년대 대중외식의 시대를 열기 시작한 것은 무엇보다 양식이다. 1980년대를 거치면서 햄버거와 피자는 자장면을 물리치고 어린이들과 청소년들이 가장 즐겨 먹는 외식 품목으로 지위를 굳혔다.

양식의 도입은 개화기 때에 이루어졌지만 1970년대까지만 해도 양식은 일부 부유층이나 지식인 계층을 제외하고는 익숙지 못한 음식이었다. 그러나 86아시안게임과 88올림픽을 계기로 햄버거나 도넛, 치킨 등을 상품화한 패스트푸드 체인점이 밀려들어와 그 독특한 맛과 산뜻한 분위기로 어린이와 젊은 층 사이에 깊숙이 파고들었다. 그런데 이때 도입된 패스트푸드는 넓은 의미에서는 양식에 포함되지만 전통적인 양식과는 다른 것이었다. 서양의 어느 특정 지역의 음식이라기보다는 맥도널드 햄버거가 상징하듯이 초국적 자본이 지배하는 '세계화'된 시대의 입맛이었다. '양식 먹는 것'이 더 이상 차별화의 의미를 갖지 못하자, 정작 상류층들은 새로운 품목을 찾게 되었다. 그것은 양식의 다양화와 전문화로 나타났다. 이제까지 양식은 음식이 유래된 특정 국가명을 표기하지 않은 채 그저 '양식'이라는 뭉뚱그려진 이름으로 불렸다. 그러나 1980년대 이후 프랑스 음식, 이탈리아 음식 등 보다 전문화된 양식으로 분화되어 고급 레스토랑이나 호텔에 나타나기 시작하였다. 양식의 분화는 다른 상품들처럼 음식이라는 상품에도 유행의 흐름을 낮게 하였다.

외식문화에서 또 하나 주목할 현상은 이 시기 한식의 상품화가 다양하게 이루어졌다는 점이다. 우리나라에서 근대적인 외식문화의 싹은 이미 조선 후기부터 태동하였다. 그러나 일제의 식민지 지배를 받으면서 대부분의 한국인들은 생존 그 자체가 위태로웠으며, 이어진 전쟁으로 농토가 파괴되어 식량문제는 1960년대 중반까지 가장 심각한 사회문제였다. 이러한 조건에서 조선시대의 다양한 음식 문화는 대중외식으로 발전할 수 없었으며, 몇몇 가정에서 겨우 그 명맥을 유지하거나 전수되지 않고 사라져 갈 뿐이었다. 그런데 1980년대 대중외식이 본격화되면서 사라진 한식들이 식당의 메뉴로 속속 다시 등장하기 시작하였으며, 몇몇 지방에서만 먹던 음식들이 서울로 진출하기도 하였다.

1970년대까지 한식 하면 먼저 설렁탕 등 국밥 류의 음식을 떠올렸다. 그런데 이 무렵부터 삼겹살, 갈비, 등심 등과 같이 고기를 구워 먹는 문화가 일반화되었다. 갈비나 불고기는 조선시대 궁중요리로 일반 양반가에서조차 먹기 힘든 음식이었다. 1960~1970년대에도 음식점에서 불고기를 취급하기는 하였지만 당시 국가대표 축구팀이 국제 경기를 하기 전에는 으레 불고기 파티를 한 것에서 볼 수 있듯이 일반 서민들이 아무 때나 부담없이 먹을 수 있는 음식은 아니었다. 그런데 1980년대 들어서면서 ○○가든, ○○갈비, ○○삼겹살 등의 고깃집들이 도처에 생겨났다. 이런 음식점들은 주로 큰 방을 구비하고 있는 것이 특징인데 가족 외식뿐 아니라 잔치, 회식, 친목 모임의 장소로 널리 이용되었다.

또한 이 무렵 춘천막국수나 닭갈비, 아구찜, 보리밥 등 지방 사람들이나 서민들이 먹던 향토 음식들이 별미 음식으로 상품화되었다. 특히 승용차 보급률이 높아지고 답사 문화가 대중화되면서, 향토 음식은 그 지역의 관광상품으로 개발되었다. 이제 '맛있는 집'에 대한 소개는 일간지나 월간지의 단골 코너가 되었다. 또 육류 위주의 신식 식단들이 성인병을 초래한다는 비판과 함께 건강에 대한 관심이 고조되면서 쌈밥이나 선식 등 곡물과 채식 위주의 한식 메뉴들이 상품화되었다. 이렇게 한식도 다양하게 상품화됨에 따라 양식이나 일식 못지않게 꾸준히 성장하였다.

외식문화의 현주소

우리의 근대화는 개항기의 곡절, 일제에 의한 식민지 경험, 분단과 한국전쟁, 그리고 대외종속적 발전과정에서 볼 수 있듯이 내적인 요구에 의해서라기보다 외부적인 힘에 의해 강요된 측면이 강하였다. 이는 정치나 경제 영역에서도 그러하지만 문화 영역에서도 마찬가지였다. 이 와중에서 전통적인 문화의 상당 부분이 올바로 비판 계승되지 못하고 파괴되고 해체되고 말았다.

외식은 근대사회에서 나타나는 중요한 식사문화이다. 우리나라에서 근대적인 외식문화의 싹은 이미 조선 후기 장터를 터전으로 태동하고 있었으며, 여기서 개발된 초보적인 패스트푸드 음식들은 전통한식이 근로대중을 위한 외식으로 발전하고 있었음을 보여 주고 있다. 그럼에도 전통한식의 꽃은 장터 음식이 아니라 사대부 가문 부녀자들에 의해 전수된 가정 음식이었다. 사대부 가문의 남자들이 학문을 하면서 평생을 보냈다면 그들 가문의 부녀자들은 음식을 준비하고 만드는 데 평생을 보냈다고도 할 수 있다. 만약 우리가 자주적인 근대화를 이루었다면 이들이 만들고 누린 음식들은 상품화를 거쳐 많은 사람들이 쉽게 향유할 수 있게 되었을 것이다. 그러나 불행하게도 이들 사대부 가문의 음식문화는 그 맥이 끊기거나 몇몇 가문 내에서만 부분적으로 전수되었다.

오늘날 많은 사람은 여러 가지 이유로 외식을 하고 있으며, 외식문화는 패션과 마찬가지로 유행을 만들고 있다. 대중외식의 시대에 외식문화의 방향이 한 나라의 경제수지에 미치는 영향도 결코 작지 않다. 1970년대부터 정부의 '운동' 차원으로 추진된 빵과 고기 중심의 식사 문화가 오늘날 우리나라를 밀과 사료 수입대국으로 만들었으며, 패스트푸드 체인점들은 본국에 로열티를 지불할 뿐더러 재료의 대부분을 그 나라에서 수입해서 쓴다는 점도 유의해야 할 것이다. 오늘날 우리의 외식문화를 만들어 가는 사람들 가운데 일본이나 서구가 아니라, 우리의 전통음식에서 상품의 소재를 찾으려는 사람들이 늘고 있다. 이러한 모습은 결국 서구지향의 외식문화가 자기 중심을 찾아가는 과정으로 볼 수 있을 것이다.

김영미 _국민대 한국역사학과 교수

조용한 아침의 나라를 깨운 한 잔의 커피
(1884~1945년)

정대훈

1884년 2월 17일자 한성순보에 〈태서운수론(泰西運輸論)〉이라는 글이 실렸다. 작자 미상의 이 글은 국제 무역의 필요성을 역설하며 세계 각지의 물산을 소개한다.

> 남객이근나(南喀爾勤那, 사우스캐롤라이나)와 약이치(若耳治, 조지아)의 면화, 서인도제도(西印度諸島)의 가배(珈琲) 및 연초, 노서안납(魯西安納, 루이지애나)의 설탕[砂糖], 밀사실비(密士失秘, 미시시피) 연안 여러 주의 곡식 및 축산물, 법란서(法蘭西, 프랑스)의 명주[絹帛]와 영길리(英吉利, 영국)의 면포·도기·철기는 모두가 혼자만 부유하다.

한자로 표기된 지명이 좀 낯선 것을 제외하면 그다지 특별한 내용은 아니다. (조신이 서구 각국과 외교관계를 수립하기 시작한 것이 1880년대 초반 즈음이니 이 글이 게재되던 시점에는 조선도 외국에 대해서 비교적 많은 정보를 가지고 있었을 것이다.) 여기서 거론되고 있는 외국의 물산이라는 것들도 기껏해야 면화나 연초 정도여서 별달리 특별해 보이지 않는다. 단, 예외가 있다. 서인도제도의 물산으로 소개된, 이름만 봐서는 어디에 쓰는 물건인지 도무지 짐작할 수 없는, 하지만 피로에 찌든 현대 한국인에게는 필수품이 되어 버린 바로 그것, "가배(珈琲, 커피)"다.

커피, 조선에 당도하다

전하는 이야기에 따르면 커피는 5세기경 에티오피아에서 처음 발견되었다고 한다. 칼디(Kaldi)라는 목동이 자기가 치던 염소가 처음 보는 열매와 잎사귀를 뜯어 먹고 나서 흥분하여 날뛰는 것을 우연히 발견했고, 이 사실을 마을의 성직자에게 알리면서 커피가 처음 세상에 알려졌다는 것이다. 이내 커피는 에티오피아 지방의 중요한 문화로 자리 잡았다. 당시의 커피는 지금과 달리 잎사귀와 열매를 물에 끓여서 먹거나 열매를 갈아서 동물성 기름과 섞어서 스낵처럼 즐겼을 것으로 추측된다. 지금처럼 커피 열매에서 과육을 제거하여 생두를 얻은 다음 이를 로스팅하고 분쇄하여 뜨거운 물에 우려내는 방식은 대략 15세기 정도에 확립된 것으로 보인다.

에티오피아에서 시작된 커피는 홍해에 걸쳐 형성된 해상무역망을 따라 아랍 지역으로 퍼져 나갔다. 커피의 확산에는 이슬람교의 역할이 결정적이었다. 커피가 이슬람교의 순례자와 성직자를 통해 전파되었기 때문이다. 그리고 대략 15세기 말 정도가 되면 커피는 이슬람 세계 전체가 공유하는 문화가 되었다. 커피에 함유된 카페인은 기운을 돋우고 잠을 쫓기 때문에 밤새 경전을 공부하고 기도를 올려야 했던 성직자들 사이에서 특히 각광받았다. 술을 금하는 코란의 가르침 역시 커피의 확산을 부채질했다.

커피는 기독교 세계에도 유입되었다. 오스만제국의 주요한 수출품 중 하나였던 커피는 예멘의 모카를 거쳐 알렉산드리아에 옮겨진 후 프랑스와 베네치아 상인을 통해 유럽에 전해졌다. 애초 기독교 세계는 커피를 악마의 유혹이 담긴 이교도의 음료로 치부하고 꺼렸다. 하지만 커피의 맛과 향 앞에서 기독교 세계의 '쇄국정책'은 얼마 버티지 못했다. 교황 클레멘스 8세가 "이 좋은 음료를 이교도만 마시게 둘 수는 없다."며 커피에 세례를 베풀자고 말한 것이 결정적이었다. 교황의 선언 이후 더 이상 거리낄 것 없이 너도 나도 커피를 들게 되면서 커피는 기독교 세계마저 정복했다. 사실 커피의 매력은 맛과 향에만 있는 것이 아니었다. 맥주와 포도주를 잔뜩 마시고 곯아떨어지기 일쑤였던 농민들이 못마땅했던 성직자들 입장에서도 커피는 참으로 훌륭한 음료였다.

멈출 줄 모르는 커피의 진군 앞에 조선도 예외는 아니었다. 개항 이후 밀려들어 온 서구 문화 가운데 커피도 끼어 있었다. 조선에서 처음으로 커피를 맛본 사람은 흔히 고종으로 알려져 있다. 고종에게 커피를 맛보게 한 이는 당시 궁내부에서 외국인 접대 업무를 맡고 있었던 앙투아네트 손탁(Antoinette Sontag)이었다. 그는 알자스로렌 출신의 독일인으로, 제부인 베베르가 1885년에 초대 러시아 공사로 조선에 부임할 때 함께 조선에 왔다. 용모가 아름답고 태도가 단정하다 하여 고종의 신임을 받는데 요리 솜씨도 꽤 좋았던 모양인지 외국인을 접대하면서 그가 내놓은 서양 요리의 수준이 상당히 높았다. 조선을 찾은 이사벨라 버드 비숍(Isabella Bird Bishop)이 1895년 궁에 초대받았을 때 저녁 식사로 "수프를 포함해, 생선, 퀘일, 들오리 요리와 꿩 요리, 속을 채워 만든 쇠고기 요리, 야채, 크림, 설탕에 버무린 호두, 과일, 적포도주와 커피 등등"이 나왔다고 한 것을 보면 당시 손탁이 관여한 서양 요리는 꽤 격식을 잘 갖추었던 것으로 보인다. 그리고 그와 함께 커피도 대접받았다고 했으니 당시 궁중에서는 서양 요리와 커피가 그다지 낯설지 않았을 것이다. 이후 손탁은 고종에게서 받은 토지와 저택을 고쳐서 손탁 호텔을 열었는데, 여기에서 계속 서양 요리와 커피를 제공하였다.

이렇게 시작된 고종의 커피 사랑은 아주 각별했다. 고종은 여유가 있을 때마다 커피를 즐겼는데, 이런 고종의 습관을 이용해 그를 암살하려는 시도도 있었다. 러시아어 역관이었던 김홍륙(金鴻陸)은 아관파천을 전후하여 고종의 총애를 받으며 잠시 권세를 누렸다. 하지만 그는 자신의 권세를 이용해 자기 주머니를 챙기는 데만 몰두했고, 결국 1898년 8월 러시아와의 통상에서 거액을 착복한 사실이 드러나서 흑산도로 유배를 가게 되었다. 김홍륙은 이에 원한을 품고 고종이 마시는 커피에 치사량의 아편을 넣어 고종을 독살하려 했다. 하지만 고종의 미각은 생각보다 훨씬 예민했다. 커피 맛이 평소와 다른 것을 알아챈 고종이 곧장 커피를 뱉으면서 독살 시도는 미수에 그쳤고, 김홍륙과 그 일당은 사형에 처해졌다(곁에서 함께 커피를 마셨던 황태자의 미각은 고종에 미치지 못했던 모양이다. 고종이 커피를 뱉던 그 순간 이미 황태자는 커피를 꽤 많이 들이켠 상태였고 결국 죽을 고비를 넘기고서야 겨우 목숨을 부지할 수 있었다.).

하지만 고종과 손탁 이전에도 커피는 조선에 들어와 있었다. 1860년에 당시 조선에 머무르던 시메옹-프랑수아 베르뇌(Siméon-François Berneux, 1814~1866) 신부가 커피를 비롯한 물품을 요청한 기록을 비롯해 최초의 미국 외교사절단인 보빙사를 수행하고 조선에 돌아온 퍼시벌 로웰(Percival Lawrence Lowell) 역시 1884년 1월 조선인 관리와 함께 커피를 마셨다고 기록했다. 미국 무관 조지 포크(George Clayton Foulk)도 1884년 11월 조선을 여행하던 중 충청감사의 비장(裨將)에게 커피와 브랜디를 대접했다는 기록을 남겼다. 1800년대 후반에 이미 미국에서는 미리 로스팅하여 소포장된 원두가 판매되고 있었기 때문에 별다른 장비가 없는 조선이라 해도 커피를 마시는 것이 그다지 어려운 일은 아니었을 것이다.

서양 문화에 호의적이었던 개화파 지식인들도 이에 영향을 받아 커피를 즐겼다. 대표적인 인물로 윤치호를 들 수 있다. 그가 정확히 언제부터 커피를 마셨는지는 알 수 없지만 그가 상하이에서 망명생활을 하던 1885년 6월 6일자 일기에 "커피와 우유과자, 빵 등을 사 왔다."라고 한 것을 보면 그때 이미 커피는 윤치호의 일상에 깊이 들어와 있었던 것 같다.

커피의 조선에서 상업적으로 판매되기 시작한 것은 1890년대 중반 정도로 보인다. 커피를 판매한다는 광고가 그 시기부터 나타나기 때문이다. 1897년 3월 20일자 《독립신문》 영문판에 커피를 파는 식료품점 광고가 게재되었다. 이는 독일 출신의 상인 알베르트 고르스찰키(Albert Friedrich Gorschalki)가 정동에 연 식료품점의 광고로, 1897년 연초부터 계속 광고가 게재되다가 이날 광고에서 처음으로 커피를 언급하였다. 당시 《독립신문》의 광고는 국문판과 영문판에 동시에 실리는 것이 일반적이었는데, 이 광고는 유독 영문판으로만 나갔고 광고에 실린 품목도 오트밀, 베이컨 등이었다는 점을 생각하면 이 가게가 주로 외국인을 상대로 했다고 추측할 수 있다. 윤용주(Yun Yong Ju)라는 한국인이 홍릉 앞에 세운 식당을 홍보하는 1899년

《독립신문》에 실린 커피 광고들
영문판 1897년 3월 20일 8면(왼쪽), 1899년 9월 14일 4면(가운데), 한글판 1899년 9월 14일 8면(오른쪽)

9월 14일의 광고에도 커피가 언급된다. 이 식당은 서양요리 전문점으로 차와 커피, 코코아가 함께 제공된다고 하였다.

이어 1900년대에는 커피와 차 등 음료만 전문적으로 다루는 다방이 등장하였다. 1900년 11월 24일자 《황성신문》에 '송교청향관(松橋淸香館)'이라는 가게가 커피를 파는 곳으로 등장하는데, 커피 판매를 전면에 내건 가게로 언급된 것은 이곳이 최초이다. 그리고 《황성신문》 1908년 10월 25일자 기사에는 대한의원 낙성식에 다방[喫茶店]을 운영하는 '오자와신타로[小澤愼太郎]'라는 사람이 물품을 기증했다는 내용이 언급되고, 같은 신문 1909년 11월 3일자 기사에는 남대문 정차장에 문을 연 다방이 언급된다.

조선이 일본의 식민지로 전락한 이후에도 커피 판매는 계속됐다. 1914년 6월 구보타킨지로[久保田金次郎]가 남대문통에 세운 청목당(靑木堂, 아오키도)

은 기본적으로 수입잡화상이었지만 2층에서 양식과 커피, 술 등을 마실 수 있는 시설을 갖추었다. 뒤이어 1914년 10월에 개관한 조선호텔 보통식당도 커피를 팔았다. 이들은 당대의 부유층들이 수시로 출입하는 곳이었기에 진입 장벽이 높았고, 설립하고 운영하는 사람도 일본인이었다.

조선인들 사이에서 커피가 대중적인 인기를 끌기 시작한 것은 1920년대다. 일본으로 떠난 유학생들이 귀국하면서 그들이 일본에서 누렸던 문화에 대한 수요가 생겼기 때문이다. 구한말의 커피는 일부 상류층이나 외국인들이나 즐기던 이국적인 취미였지만 1920년대에는 유학파 지식인으로 그 소비 대상이 바뀐 것이다.

조선인 사이에서 커피 수요가 증가하자 조선인이 다방을 세우는 경우도 생기기 시작했다. 일본인과 조선인의 공간이 대체로 구분되었던 당시 경성의 상황을 반영하여 메이지초(明治町)에는 주로 일본인이, 하세가와초(長谷川町)에는 주로 조선인이 다방을 개업하였다.

조선인이 세운 최초의 다방은 1927년 이경손이 세운 '카카듀'로 알려져 있다. 지금의 인사동 거리 초입에 있었던 카카듀는 이국적인 인테리어를 갖추고 미술품 전시와 문학 좌담회를 개최하는 등 문화예술계 지식인들의 모임 장소로 각광을 받았다. 영화배우 출신의 주인 이경손은 직접 커피를 끓이고 손님을 맞는 등 운영에 나름 심혈을 기울였다. 하지만 카카듀는 적자를 견디지 못하고 몇 달 지나지 않아 문을 닫고 말았다. 당시 다방을 연 사람은 유치진, 이상, 복혜숙, 김연실 등 인텔리나 배우였기에 다방은 자연스럽게 문화예술계 지식인들의 모임 장소가 되곤 했다. 배우 김용규와 심영이 세운 '멕시코'는 젊은 문화예술인들의 주머니 사정을 고려해 한 잔에 보통

50~80전 하던 양주를 30~40전의 저렴한 가격에 내놓았고 외상도 잘 받아주는 것으로 유명했다. 하지만 그 소문이 너무 널리 퍼진 탓일까, 밀린 외상이 눈덩이처럼 불어나면서 멕시코는 결국 문을 닫고 말았다. 다른 다방 역시 사정이 별 다르지 않았다. 그나마 흑자 경영을 했던 것은 영화배우 김연실이 '낙랑파라'를 인수하여 만든 '낙랑'이었다. 김연실은 기생이나 취객의 출입을 금하고 탄탄한 단골고객을 확보하였으며 다양한 이벤트를 여는 등 성공적으로 다방을 운영하였다.

1920년대 말이 되면서 다방의 성격은 점차 변화한다. 손님의 요구에 따라 술을 팔기 시작하고 여급을 고용하기 시작했기 때문이다. 당시에는 여급을 두고 술을 주로 파는 업소를 '카페'로, 차와 커피를 주로 파는 다방을 '깃사텐(喫茶店)'으로 통칭했는데, 카페와 깃사텐의 구분이 시작된 것이 대략 이 시기의 일이다. 깃사텐에는 대개 손님들의 시중을 드는 소년들이 있었고, 재즈나 클래식 음악을 트는 경우가 많았다. 반면 카페는 젊은 여급들이 손님들의 시중을 들었고, 음료보다는 술의 비중이 더 컸다.

1934년 경무국에서 제정한 〈카페영업취체내규표준〉 1조에는 카페를 "그 명칭의 여하를 불문하고, 영업소에 서양식의 장식 설비를 하고 여급의 접대에 의해 음식물을 제공하는 영업"이라고 정의하였다. 카페란 본디 커피를 제공하는 가게를 지칭하지만 식민지 조선에서 카페는 술과 향락을 제공하는 공간으로 통용되었다. 다방과 카페의 분화는 이미 1910년대 후반부터 동경에서 시작되었지만 아래 '비너스'의 사례에서 알 수 있는 것처럼 양자 간의 경계는 모호한 경우가 더 많았다.

처음엔 커피만 팔았지만 나중엔 바를 겸해 요즘의 '주간다실 야간살롱'과 같은 영업을 일찌감치 한 셈이다. 술을 팔게 된 건 우리 집에 노상 드나들던 연극 영화인들이 '제작자와 얘기를 하려면 술을 마셔야 하는데 아예 '비너스'에서 술까지 팔면 어떻겠느냐'고 해서 시작이 되었다. 양주 칵테일과 당시 최고급의 정종인 '백학(白鶴)'에 오징어를 잘게 썰어 간장과 버터를 곁들여 내서 상당한 인기를 끌었다. 《동아일보》 1981년 5월 12일)

카페에서 일하는 여급은 〈카페영업취체내규표준〉 4조 1항 부칙에서 "객석에서 시중을 들고 계속적 접대를 하는 부녀"로 정의되었다. 당시 여급은 일정한 월급이 없는 대신 고객이 주는 평균 1원 정도의 팁을 받았다. 이 때문에 여급은 고객의 요구를 최대한 충족시켜야 했고, 이 때문에 카페에 대한 세인의 평가는 그다지 좋지 못했다. 끝내 사랑을 이루지 못하고 하루 간격으로 투신한 의사 노병운과 여급 김봉자 자살 사건이나 병든 남편 대신 생계를 책임지기 위해 부인이 카페 여급으로 일했다가 뒤늦게 이를 안 남편이 자살한 사건(《동아일보》 1929년 10월 23일) 등은 카페와 카페 여급에 대한 사회적 인식을 잘 보여 준다.

당시 카페 여급의 수입은 그다지 나쁘지 않았다. 평균 수입이 월 50~60원 정도였고, 많으면 100원을 넘기는 경우도 있었다. 일본의 경우에는 중산층의 고학력 여성이 남성 주도의 공적 공간에 진출한 반면 여급은 빈곤층의 저학력 여성이 대부분이었기 때문에 사회적으로 여급은 곧 성매매 여성이라고 인식되는 경향이 있었다. 하지만 조선의 여급은 소득이 높았을 뿐 아니라 자신들의 사회적 지위를 향상시키는 데도 비교적 적극적이었다. 이들은 《여성(女聲)》이라는 잡지를 발간하여 스스로를 직업여성으로서 자리매김하고 노동시장에서 열악한 지위에 처해 있던 여성의 지위를 적극적으로 드러내고자 했다.

그때의 커피는 어떤 모습이었을까

커피를 부르는 이름은 다양했다. 조선 말에는 "茄菲(가비)", "咖啡(가배)", "珈琲(가배)", "加皮(가피)" 등 한자 표기가 일반적으로 사용되었다. 이중에서도 중국식 표기인 "咖啡"와 일본식 표기인 "珈琲"가 가장 많이 사용되다가 식민지기에 "珈琲"로 거의 고정되었다. 한편 식민지기에는 "카피", "고-히" 등의 한글 표기도 혼용되었는데 1930년대 말부터는 "커피"로 정착되었다.

커피의 명칭과 관련해서는 커피를 '양탕국'이라고 불렀다는 이야기가 널리 퍼져 있다. 1900년대 초 조선에서 땔감 판매를 중개했던 프랑스인 플레장(Plaisant, 富來祥)이 도성 안 상권에 진입하기 위해 무악재 인근에서 커피를 주며 나무꾼들의 환심을 사려고 했는데, 이때 나무꾼들이 커피를 서양에서 온 음료라는 뜻에서 '양탕국'으로 불렀다는 것이다. 언뜻 흥미롭게 들리는 이야기지만 이는 1968년 《조선일보》에 처음 소개된 것으로, 당시 기록에서는 '양탕국'이라는 표현을 찾을 수 없고 플레장과 커피의 연관성도 마땅히 밝혀진 바가 없다. 영화를 통해 우리에게 알려진 '가비'라는 표기 역시 당시 기록에서는 찾을 수 없다.

조선 말에 윤치호나 고종이 마셨던 커피는 지금과는 사뭇 다른 모습이었다. 현재의 커피는 대체로 에스프레소나 핸드드립 방식으로 만들어지지만 당시에는 에스프레소 머신과 핸드드립용 종이필터 모두 없었기 때문이다.
1901년에 이탈리아의 루이지 베제라(Luigi Bezzera)에 의해 개발된 에스프레소 머신은 1945년 이탈리아의 아킬레스 가지아(Achilles Gaggia)에 의해 지금과 같은 수준의 압력으로 개량되었고, 핸드드립에서 사용하는 종이필터 역시 독일의 멜리타 벤츠(Melita Bentz)에 의해 1908년에 개발되어 1912년에 비로소 정식 생산 체계를 갖출 수 있었다.

에스프레소도 아니고 핸드드립도 아닌, 당시의 커피는 1901년 황성신문에 실린 구옥상전(龜屋商廛)의 광고에 등장하는 "가배당(珈琲糖)"을 통해 미루어 짐작할 수 있다. 가배당은 미리 로스팅한 커피가루와 각설탕을 뭉쳐 놓은 것으로, 뜨거운 물에 넣어 설탕이 녹으면 안에 있는 커피가루가 풀리며 커피가 우러나고, 그 후 커피가루가 가라앉으면 마시는 방식이었다. 이

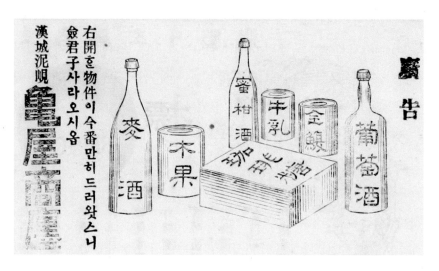

▌《황성신문》 1901년 6월 19일자에 실린 구옥상전(龜屋商廛)의 광고

는 당시 미국에서 가장 인기가 있었던 아버클 브라더스(Arbuckle Brothers)의 아리오사(Ariosa) 커피와 유사하다. 아리오사 커피는 로스터와 그라인더를 갖고 다니기 힘든 경우에 원두를 물에 끓여 마시는 보일드 커피로 인기가 높았다. 물론 꼭 가배당이 아니더라도 곱게 간 커피가루에 설탕을 더한 후 뜨거운 물을 부은 후 가루가 가라앉으면 마시는 방식이 당시에는 가장 보편적이었다.

1920년대 들어 커피의 인기가 높아지면서 커피 만드는 방법도 다양해졌다. 가장 흔히 사용된 것은 전체 원두의 3분의 1을 물과 함께 끓이다가, 물이 끓으면 불을 끄고 다시 3분의 1을 넣고 뚜껑을 닫은 후, 이것을 마지막 3분의 1이 담긴 그릇에 부어 먹는 방식이다. 이 방식은 향을 보존하기 용이하지만 그만큼 손이 많이 간다는 단점이 있었다. 두 번째는 무명 헝겊이나 융(플란넬)을 필터로 사용하는 방법으로, 커피 가루와 물을 함께 끓인 후 필터로 가루만 걸러 내거나 필터 위에 가루를 놓고 물을 부어서 커피를 만들었다. 체즈베라고 하는 구리 그릇에 커피가루와 물을 함께 넣고 끓이는 터키식도 당시에 보급된 상태였다. 한편 커피 가루를 물에 끓일 때는 계란 흰자와 껍질을 함께 넣기도 했는데 이는 커피 가루를 가라앉히기 위해 보편적으로 사용된 방법이었다.

커피를 향한 편견들

커피를 처음 접한 조선인들의 태도는 복잡했다. 독특한 향미를 지닌 이국적 음료라는 점에서 사람들의 호기심을 자극했지만, 심장박동이 빨라지고 잠이 오지 않는 등의 부작용도 만만찮았기 때문이다. 이를 의식한 듯 신문에서는 커피를 다룰 때마다 커피의 유익함과 무해함을 함께 거론했다.

(카피는 지금까지) 생각해온 것은 알카로이드에 속한 물질을 포함하는 독물(毒物)로 생각하여 왓지마는 근자에 이르러 의학적으로 중독(中毒)성이 아니라는 증거가 나타나는 동시에 야채와 같은 아루카리성이 포함되어 고기를 소화하는데 도움이 된다는 것을 알게 되엇답니다. 또 카피 중에 잇는 어떤 분자는 피로한 것을 낫게 하는데 적지 안흔 효과가 잇답니다. 이러케 여러 가지로 조흔 카피를 집에서 끄려 먹는 것이 거창스러워서 그만두는 일도 만흐나 맛잇게 너허 먹는 것도 적지 안흔 취미오 주부의 솜씨를 볼 수 잇는 것입니다.(《동아일보》 1935년 11월 22일)

카피 중의 잇는 카핀(카페인)은 일종의 약물로 이것을 란용하면 낫븐 결과를 맷지만 카피를 과히 마시어 카핀의 해를 입는 것은 一백五十 잔 이상을 짧은 시간에 계속해서 먹는 경우라고 합니다. 실상 카피를 마시면 심긔가 상쾌하며 일시적이라도 긔갈을 면하게 하고 피로를 회복시키어 주는데 큰 효과를 가지고 잇습니다. (《동아일보》 1932년 4월 28일)

하지만 이러한 주장들에 특별한 과학적 근거가 있는 것은 아니었다. 집중력을 올려 준다거나 갈증을 해소해 준다는 주장이야 그렇다 쳐도, 150잔을 넘기지 않으면 괜찮다는 주장은 카페인의 치사량을 생각해 볼 때 상당히 위험하기까지 하다.

1920년대까지 커피는 유행을 선도하는 지식인을 상징하는 고상한 취미였다. 하지만 1930년대 들어 커피에 대한 환상이 점차 잦아들고 거기에 모던보이와 모던걸에 대한 부정적 선입견과 전시경제하의 궁핍한 생활에 대한 강박관념이 더해지면서 커피에 대한 세인의 평가는 점점 박해지기 시작했다.

잠 오지 안케 하는 컵피에도 '아이스컵피'를 두 사람이 하나만 청하여다가는 두 남녀가 대가리를 부비대고 보리줄기로 쪽쪽 빠라 먹는다. 사랑의 아이스컵피―이 집에서 아이스컵피―저 집에서 아이스컵피―그래도 모자라서 일인들 뻔으로 혀끗을 빳빳치 펴서 '아다시! 아이스고히가, 다이스기요!'(《조선일보》1930년 7월 16일)

전국민이 공장과 농촌, 어촌, 기타 모든 산업전선에 총후를 굿게 지키기 위하야 생산확충, 직역봉공을 다하고 잇는 그 시각에 혼자서 차점에 안저 담배를 피고 커피의 맛에 도취해 잇서도 마음에 아무 쩌리낌이 업겟습니까? 본래 커피는 이 시국의 자숙하는 국민생활의 입장에서 보면 하나의 사치요 향락의 틀림이 업다.

▎《조선일보》1930년 7월 16일 기사 삽화

그것도 적당한 시각에 마신다는 것은 생활의 위안과 피로(疲勞)를 회복하기 위하야 해롭지는 안흘는지 모르나 오전 중에 커피를 마시러 다니는 버릇은 이 시국의 정신에 비추어서 단연 그만두기로 해야 할 것입니다. (《매일신보》 1942년 1월 19일)

전시경제하에서 깃사텐과 카페는 향락업으로 간주되었기 때문에 가장 먼저 단속의 대상이 되었을 뿐 아니라 영업시간 단축 등에 대한 유무형의 압력을 받았다. 하지만 일단 커피에 길들여진 입맛은 쉬이 바뀌지 않았다. 문제는 커피가 제국 내에서는 수급이 불가능했다는 점이다. 일본이 전시경제체제로 들어가고 커피 수입이 막히자 당장 커피는 품귀현상을 겪었다. 그럼에도 불구하고 커피 수요는 여전했기 때문에 일부 업소에서는 이 틈을 타콩가루 등을 섞은 커피를 내놓거나 폭리를 취하기도 했다. 이에 총독부는 커피에 공정가격제를 적용하여 민심을 달래고 물가 폭등에 대처하고자 했다. 덕분에 커피 값이 조금 내리기는 했지만 공급 부족 문제가 근본적으로 해결된 것은 아니었다.

커피를 수급할 수 없다면 커피를 대신할 수 있는 대용품이라도 찾아야 했다. 대용커피를 찾으려는 노력은 가히 필사적이었다. 나폴레옹의 대륙봉쇄령으로 커피 수입로가 막혔던 유럽에서 그랬던 것처럼 제국 일본은 현미, 가공 맥아, 오크라, 검정콩, 백합 뿌리 등 가능한 모든 상상력을 동원해서 커피 대용품을 찾는 데 몰두했다. 심지어는 대만에 커피를 이식하는 방법까지 거론되기도 했지만 이것들 중에서 커피에 대한 갈증을 근본적으로 채워줄 수 있는 것은 없었다. 그 와중에도 동남아에서 근근이 홍차와 커피를 보내 오는 경우가 있기도 했지만 그마저도 부족하여 대용 커피와 혼합해서 쓸 수밖에 없었다. 커피에 대한 식민지 조선의 열망은 해방 후 미군과 함께 야전용 인스턴트 커피가 유입되기 전까지는 끝내 충족되지 못한 채로 남았다.

정대훈 _국사편찬위원회 편사연구사

의관에서 패션으로

김도훈

인류가 처음 옷을 입기 시작한 것은 알몸을 가리고 자연환경으로부터 몸을 보호하기 위해서였다. 그러나 계급사회로 바뀌면서부터 옷은 신분과 계급, 그리고 지위를 나타내는 상징 중 하나가 되었다. 이에 따라 근대 이전의 의복은 크게 지배층과 피지배층으로 나뉘어 변화하였다. 지배층은 신분과 위엄을 과시하는 방향으로 바뀐 반면, 피지배층은 노동하기 편한 방향으로 발달되었다.

의복이 기능성과 편리성을 더욱 강조하는 형태로 발전한 것은 근대 이후의 일이었다. 신분제 철폐와 산업화를 추구하는 근대화는 의복에 있어서도 많은 변화를 요구하였다. 신분제의 폐지로 말미암아 기존의 신분 차별 의식에서 비롯된 전통 복장 대신 근대식 복장을 착용하였다. 또한 산업화가 진행됨에 따라 노동자들의 기능성과 편리성을 고려한 의복이 개발되어 별다른 저항 없이 보급되었다.

이에 반해 우리나라의 경우, 근대화의 일환으로 추진되었던 복제(服制) 개혁은 세계 역사상 유례가 없을 정도로 거센 반발을 초래하였다. 근대 복식

도입에 대한 거센 저항은 전통 의복이 단순한 입을거리를 의미하는 것이 아니라 전통적 의식과 문화를 대표하고 있다는 인식이 깔려 있었기 때문에 일어난 현상이었다. 이러한 인식 때문에 도입 초기 근대 복식은 오랑캐(외래문화)의 상징으로 배척될 수밖에 없었다.

단발 양복차림의 개화파 서광범
개화파 인사들은 1881년과 1882년 근대화한 일본을 살펴보기 위해 그곳에 머무르던 중 머리를 자르고 양복을 사 입었다고 한다.

의관(衣冠), 계급과 신분의 상징

조선은 주자학적 보편주의에 입각한 중세 신분제 사회였다. 조선 중기 이후, 주자학을 천하 제일의 '도(道)'로 인식하고 이를 실현하고자 했던 사대부들은 그들만의 신분을 다른 계급과 구별짓고자 하였다. 이러한 구별 의식은 의복에도 그대로 반영되었는데, 그 대표적 산물이 바로 '도포'였다.

조선시대 평상복 중 외투에 해당하는 포(袍)는 크게 도포(道袍)·창옷(氅衣. 양옆이 트인 옷)·중치막(中致幕. 양옆과 뒤까지 트인 옷으로 창옷보다 소매가 넓음)·두루마기(周衣) 등이 있었다. 이 중 두루마기는 현대인들이 외투로 입는 두루마기와는 사뭇 달랐다. 조선시대의 두루마기는 포의 밑옷쯤 되는 것으로 사계절용이었다. 양반들은 집 안에 있을 때, 아무리 더운 여름철일지라도 반드시 저고리 위에 두루마기와 창옷을 입고 관을 쓰는 등 이른바 '의관을 정제'하는 것이 하나의 예의였다. 밖에 외출할 때에는 이 두루마기와 창옷 위에 외출복으로 중치막과 도포를 덧입고 출입을 하였다. 즉 중치막과 도포는 양반 남성만이 착용할 수 있는 지배층의 전유물이자 상징이었다. 특히 '도포'는 신분을 구별짓는 의복이었을 뿐만 아니라 사대부와 양반들의 문화적 자부심을 그 이름에 담고 있었다. 지배층 양반들이 그들만의 전용외투를 '도포'라고 이름지은 것은 이 옷이 주자(朱子)의 '도'를 신봉하고 실천하는 사람들만이 입을 수 있는 의복이라고 생각했기 때문이었다. 따라서 도포는 신분적으로는 양반 사대부만이, 성별로는 남성만이 착용할 수 있었던 전유물이었다.

근대 복제의 도입과 갈등

한국 역사상 최초로 양복을 착용한 사람들은 개화파였다. 근대화의 리더였던 개화파가 패션 리더로서 역할을 한 것은 근대화를 향한 그들의 의지가 나타난 한 단면이기도 하다.

1876년 개항 이후, 조선 정부는 근대화정책의 일환으로 1881년 일본에 조사시찰단(일명 신사유람단)을 파견하여 근대 문물을 시찰하게 하였다. 조사시찰단 단원 중에는 20~30대 초반의 김옥균·서광범·유길준·윤치호 등 개화파들이 포함되어 있었다. 일본으로 건너간 김옥균 등은 당시 주일 미국선교부 감독 맥클레이(Robert S. Maclay)를 통해 언더우드(H. G. Underwood, 연희전문학교 설립자)를 소개받았다. 어느 날, 언더우드와 함께 요코하마 시내를 구경하였다. 당시 요코하마는 외국 선박들이 드나들었던 곳이기에 영국식 양복점도 자리를 잡고 있었다. 서광범은 언더우드의 권유로 흑라사(黑羅紗) 양복 한 벌을 사 입었다. 양복을 입어 본 서광범은 양복의 편리함을 깨닫고 개화파 동료들에게 구입을 권유하였다. 이에 개화파들도 양복을 사서 입게 됨에 따라 개화파는 한국 최초로 양복을 입었던 그룹이 되었다. 의복에 신분 차별 의식이 뚜렷이 반영되던 당시에 지배층이었던 이들이 서구식 양복을 착용했다는 것은 그들의 대담한 개화 의지와 근대화에 대한 열망이 반영된 결과였다.

근대화를 추구하는 속에서 패션 리더의 역할까지 하게 된 개화파들은 귀국 후 고종에게 시찰보고서를 올리면서 전통 복식의 근대적 개혁까지도 건의하였다. 그러나 개화파들의 복제개혁은 보수적 관료들의 강한 반대에 부딪쳤다. 이에 고종은 1884년 윤5월 양쪽의 의견을 절충한 갑신의제개혁(甲申衣制改革)을 단행하였다.

그러나 이 갑신의제에 대해서도 유생들은 물론 보수관료까지도 "의복 모양이 선왕(先王)의 법도에 어긋날 뿐 아니라 조복(朝服) 색깔을 전래의 홍색(紅色)에서 검은색으로 바꾸는 것은 오랑캐의 제도를 좇는 일"이라며 강력히 반발하였다. 정부에서는 갑신정변 실패 후 보수파 무마책의 일환으로 갑신의제개혁을 철회하였다. 결국 전통 복식의 근대화는 개화파들의 양복 착용으로부터 다시 14년이란 세월을 기다려야 했다.

1894년 개화파는 갑오개혁을 시행하면서 신분제를 철폐하였다. 신분 차별 의식이 깃든 복식제도 역시 다시 개혁의 도마 위에 오르게 되었다. 이때의 개혁은 갑신의제개혁 당시 중단된 복제개혁을 강도 높게 시행한 것이었다. 그 내용은 종래의 붉은색 관복을 모두 흑단령(黑團領)으로 바꾸는 한편,

입궐 때에는 검은색의 두루마기를 착용하도록 하였다. 또한 사복의 경우에도 도포와 창옷 등 소매가 넓은 광수(廣袖)를 폐지하고 소매가 좁은 착수(窄袖)를 착용하도록 하였다. 이 갑오복제개혁은 최초로 서구식 편리성을 추구한 의복 개혁이자 전통 복식의 현대화가 처음으로 시도된 개혁이었다.

그러나 유생과 보수관료 등 지배계급들은 갑오복제개혁의 착수 착용 의무화에 대해 강력히 반발하였다. 양반계급만이 착용할 수 있었던 넓은 소매의 광수 대신 피지배층이 주로 입던 좁은 소매의 착수를 착용한다는 것은 기득권의 포기를 의미했기 때문에 중세의 계서적(階序的) 신분질서를 고수하는 그들로서는 용인할 수 없었다. 그럼에도 개화파 정부의 복제개혁은 강도 높게 추진되어 1895년 1월 을미개혁 때에는 공사(公私) 예복에 주의(周衣)인 두루마기만을 입게 하였다. 이후 남성 양반들의 전유물이자 외투였던 도포가 사라지면서 포제(袍制)는 두루마기 일색이 되었다. 두루마기는 신분의 상하 구별 없이 모두 사복으로 착용할 수 있게 되면서 신분제 해방의 상징이 되었다. 이와 같이 갑오복제개혁은 신분제 타파와 함께 계급에 따른 복잡한 복식제도를 철폐하는 하나의 커다란 계기가 되었다. 또한 전통 복식에 대한 개혁에 이어 1895년 정부가 양복 착용을 전면 허용함에 따라 검은색의 서양식 복제가 이 땅에 상륙하게 되었다.

그렇지만 유생들은 검은색의 의복 착용에 대해 거세게 반발하였다. 예로부터 우리나라에서는 검은색을 금기색으로 인식하고 있었다. 그 이유는 검은색이 북쪽의 살벌한 기운과 죽음을 뜻하는 것이고 오랑캐(서양 능)와 동일하게 인식되었기 때문이었다. 따라서 조선 정부가 추진하는 관복의 검정화는 조선에 서양문화를 이식시켜 조선의 문화체계를 변질시키고 결국은 조선의 국권까지도 침탈하려는 양이(洋夷)의 앞잡이 일본의 음모로 간주되었다. 즉 보수관료나 유생들이 복제개혁의 근대화에 반대한 이유는 신분제 타파에 따른 기득권 상실에 대한 반발만은 아니었다. 그보다는 관복의 검정화에 반대하는 전통적인 문화 정서가 오히려 더 크게 작용했던 것으로 보인다.

1895년 12월 30일 김홍집 내각은 '위생에 이롭고 활동하기 편하다'는 명분을 내세워 단발령을 전격 단행하였다. 그러나 상투는 결혼한 남자들의 전유물이자 수직적 신분질서를 근본으로 하는 유교사상의 상징이었다. 또한 유교 윤리가 일상생활에 깊이 뿌리내린 조선 사회에서 신체와 두발은 부모로부터 물려받은 것이므로 고이 보존하는 것이 효의 시작으로 인식되어 왔다. 따라서 개화파를 제외한 모든 유림과 일반 민중들은 단발령을 신체적 박해뿐 아니라 인륜의 파멸로 인식하여 복제개혁 때보다 더욱 단호하게 맞섰다. 이와 같이 강력한 반발에 부딪히게 되자, 고종은 자신이 먼저 단발하는 등 강력하게 단발령을 추진하였다. 그러나 개화정책을 일본화로 인식해 왔던 유생 및 민중들은 단발령을 계기로 그동안 누적되어 온 반일의식이 폭발하여 의병을 일으키는 등 강력한 적개심을 표출하였다. 그 결과로 당시 내각총리였던 김홍집이 돌에 맞아 죽는 참변을 당하기도 하였다. 거센 저항에 놀란 고종은 단발령 시행 두 달여 만에 단발을 개인 의사에 맡긴다는 조칙을 내려 단발령을 철회하였다. 그러나 1904년 친일단체였던 진보회가 신문화운동의 일환으로 수만 회원에게 일제히 단발을 단행하게 함으로써 이후 단발은 확산되었다. 단발의 확산으로 머리 모양은 상투 대신 중머리나 하이칼라 스타일로 바뀌었다. 이러한 변화에 따라 갓 등 망건류도 차츰 사라지면서 전통 한복을 그대로 착용할 수 없게 되자, 자연스럽게 양복 착용이 추진되었다.

1896년 4월 '육군복장규칙'이 제정되면서 구미식 군복이 도입되었고, 1899년에는 외교관 복장이 양복으로 바뀌었다. 또한 1900년에는 문관의 복장도 구미식으로 개정됨으로써 조선왕조 500년의 관복제도는 완전히 양복화되어 국왕 이하 모든 관원이 서구식 양복을 착용하게 되었다. 그렇지만 이러한 복제개혁은 주로 군인과 관료들에게 한정된 관복의 간소화와 양복화의 기초가 되는 정책이었다. 개혁의 필요성을 느끼지 않았던 일반인이나 부녀자에게 의상에 변화가 일어난 것은 이보다 훨씬 뒤의 일이다.

조선시대 여성들은 갑오개혁 이전까지는 바깥출입을 자유로이 할 수 없었기 때문에 외출용 두루마기는 남성들만의 전유물이었다. 그런데 갑오개혁 이후 여자들도 바깥출입과 함께 외부 활동이 허용되자 외출용 얼굴가리개였던 장옷·쓰개치마·너울을 폐지할 것을 청하는 등 여성복제 개량운동이 활발하게 진행되었다. 그리하여 500년 동안 한국 여성을 가려 온 베일이 벗겨지게 되었다. 그러나 장옷을 벗어 버린 개화여성들이라 할지라도 전통적 관념상 곧바로 맨얼굴을 드러내 놓고 다닐 수는 없었다. 그 대용으로 등장한 것이 검정 우산이었다. 이 우산은 해나 비를 가리기 위한 것이 아니라 남의 시선으로부터 얼굴을 가리는 시산(視傘), 조선의 '차도르'였던 것이다. 이 얼굴가리개용 검정 우산은 여학생들은 물론 일반 부녀자들에게도 크게 유행하였다. 그리하여 이화학당의 여학생들은 당당히 장옷을 벗어 버리고 우산을 쓴 채 자하문(紫霞門. 彰義門의 별칭으로 현 세검정 일대) 밖으로 소풍을 다녀올 수 있었다. 그러나 "양산에 가려 경치라곤 아무것도 보질 못했다. 하루 종일 내 발등만 보고 다녔다. 소풍이란 바로 발등만 보는 운동회"라는 것이 바로 당시 여학생들의 소풍 감상문이었다.

변용되는 한복, 확산되는 양복

1910년 식민지가 된 이후, 조선에는 일본을 통해 들어온 양복과 양장이 서서히 보급되기 시작했다. 하지만 일본의 식민지정책에 반발하여 의복에서도 사치스러운 양장이나 일본 복장을 경고하면서 한복을 개량하여 입을 것을 강조하는 분위기도 적지 않았다. 한복개량운동은 주로 선교사들이 운영하던 여학교(이화학당, 정신여학교, 배화학당 등) 출신들과 외국유학생들이 주도하였다. 특히 3·1운동 이후 한국 사회는 실패와 좌절 속에 대안으로 사회주의와 모더니즘이 도입되었고, '신흥'과 '개조'라는 개념이 유행하였다. 이러한 정신적 변화 속에 유학파 출신 여성들도 전통에 대한 반발을 내세우며 목소리를 내기 시작하였다. 이러한 여성 그룹을 당시에는 '신여성'이라 불렀다. 신여성의 대표적 행위는 '숏커트'였다. 머리모양으로 기혼과 미혼을 구별하던 당시 '숏커트'는 사회적으로 큰 파장을 불러왔다. 이에 따라 신여성은 머리를 짧게 잘랐다고 하여 '단발 미인', '모단 걸(毛斷傑. modern girl)'이라는 이름으로 불렸다. 이는 곧 신여성의 대명사가 되기도 하였으나, 한편으로는 유학생 여성지식인에 대한 폄하이기도 했다.

한편, 단발령 이후 상투를 자른 남자들의 경우, 양복 착용에 반발하여 한복을 고수하면서도 갓방이 없어져 갓을 구할 수 없게 되자, 갓 대신 중절모(中折帽)를 쓰는 풍습이 생겨났다.

1920년대 또 하나의 큰 변화는 장갑, 팬티, 셔츠, 양말이 유입되면서 전통적인 속옷이 서서히 자취를 감추게 된 것이다. 팬티가 등장하자 남자의 속옷이었던 속적삼·속고의와 여성용 속옷인 속속곳과 다리속곳 역시 없어졌다. 대신 팬티 위에다 단속곳만 입게 되었다. 특히 짧은 치마를 입은 신여성은 거추장스럽고 불편한 너른바지·바지를 비롯해서 다리속곳·속속곳·단속곳을 벗어 버렸다. 대신 이들은 '사루마다'라는 짧은 무명팬티를 만들어 입었다. 속적삼은 여성용 셔츠로 대체되었다. 이러한 변화와 함께 '어깨허리의 속치마'가 등장하게 되었다. 1920년대 이화학생에서 비롯되었다고 하는 어깨허리의 속치마는 그 후 조끼허리로 변형되어 속치마뿐 아니라 치마에도 이용하게 되면서 오늘날까지 이어지고 있다.

또한 이 시기에 새롭게 등장한 것이 조끼(チョッキ)였다. 영어 자켓(jacket)의 일본식 발음인 조끼는 한·양복 절충의 개량 상의이다. 즉 1920년대 양복의 생활화에 따라 양복 조끼를 개량하여 만들어 입게 된 것이 그 효시이다. 전통 한복에는 필요한 물건을 지니고 다닐 주머니가 없어 따로 주머니를 만들어 허리에 차곤 했다. 그러나 조끼에는 주머니가 부착되어 별도의 주머니를 차고 다니지 않아도 되는 등 편리한 면이 많아 크게 유행하였다. 이에 따라 조끼는 한복의 선을 살리고 양복의 실용성을 가미하여 한복과 양복을 조화시킨 복식의 대표적인 산물로 오늘날까지 자리잡고 있다. 지금도 주머니를 '호(胡)주머니'라고 부르는 이유는 '옷에 부착된 서양식 주머니'라는 의미에서 생긴 이름이었다.

속옷류와 함께 1920년대 장갑이 들어오면서 겨울용 방한구였던 토시도 차츰 가치를 잃고 사라졌다. 교통수단이 발달하면서 행전(각반과 비슷한 것)도 그 필요성이 줄어들어 자연히 소멸하였고, 양말이 등장하자 버선도 비슷

몸뻬 차림의 학생들
전시체제로 접어들면서 일제는 여성들에게 일본 여성의 노동복인 몸뻬를 입도록 강요하였다. 몸뻬를 입지 않고서는 관공서나 공공집회장에 출입하지 못하도록 했으며 전차와 버스의 승차도 금지했다.

한 운명에 처하게 되었다. 또한 이 시기 우리 신을 본떠 만든 고무신이 등장하자, 고무신은 갓신·짚신·미투리·나막신 대신 본격적으로 우리의 신발로 자리 잡게 되었다. 한편 신여성 사이에는 고무신 이외에도 '경제화'라 불리던 운동화나 구두를 신는 경향이 부쩍 늘었고, 일부 부유층과 전도부인(傳道婦人)들은 서양식 단화를 신기도 하였다.

　1930년대 후반 이후 전시경제체제로 나아감에 따라 섬유공업은 군수공업으로 전환되어 군복·낙하산 등을 생산하였고, 사치품 제한령과 직물 배급제가 시행되었다. 일제는 남성들에게 머리를 빡빡 깎고 국방색의 '국민복'

위에 전투모를 쓰도록 강요했으며, 여자들에게도 치마를 못 입게 하고 일본 여성의 노동복인 '몸뻬(もんペ)'라는 바지를 입게 하였다. 당시 한국 여성들은 저고리 밑에 몸뻬를 입게 되자, 허리를 가리지 못해 부끄러워 했다고 한다. 오늘날에도 노동에 종사하는 여인들이 활동하기 편리하다는 이유로 몸뻬를 입는 것은 그때의 유습이라 하겠다.

이러한 일반 남녀의 복장이 국민복이 된 이유는 일제의 강압 정책에 원인이 있지만, 전시에 의복 원자재가 극도로 결핍된 시대적 여건에도 기인했다. 그 영향으로 해방 후에도 바지를 착용하는 여성이 많아지게 되었다.

교복의 경우에도 1930년대에 들어서면서 일제의 강요로 여학생 교복에 양장 교복이 다시 등장하는 한편, 1940년대에는 여학생복마저 전시복인 몸뻬가 강요되었다. 1942년에는 전국 남녀 중등학생의 교복이 통일되었는데, 남학생복은 무릎 아래에 각반을 차고 허리띠에 칼이나 방망이 등을 찰 수 있는 전시체제 복장이었다.

재건복에서 기성복까지

해방이 되자 일제의 압제에 시달렸던 국민들은 자유의 기쁨에 오랫동안 입지 못했던 치마저고리와 한복을 다시 꺼내 입었다. 따라서 해방 공간의 복식은 한복이 주류를 이루었다. 그러나 곧 미군정 체제가 들어서자, 미국에서 유입되는 구호물자와 밀수품이 사회 전반으로 확산되었다. 해방과 더불어 밀려든 서양의 문물·생활양식·의상 등을 가장 먼저 수용한 계층은 미군 상대의 접객업소 여성들이었다.

담요로 만든 아동복
미군부대에서 나온 헌 담요로 만든 옷을 입고 아이들이 널뛰기를 하고 있다. 6·25 직후에는 구할 수 있는 천이라고는 군복, 미군부대에서 흘러나온 담요류가 고작이었다.

그리하여 양복이 해방 이전에는 제국주의자와 매국노의 상징이었다면, 해방 이후에는 빈민과 접객업소의 여성, 그리고 기존 질서에 반항하는 계층을 상징하게 되었다. 이러한 이유로 대다수 국민들은 양복에 대해 혐오와 멸시감마저 갖게 되었다. 그러나 해방은 과거의 수직적인 왕권 사회가 수평적인 평등사회로 전환되는 계기였기에, 과거 신분계급에 의해 제약되었던 복식도 평등화되면서 복식은 신분 표시의 수단이 아니라 개성과 집단의식의 표현이라는 현대 의복의 개념으로 서서히 자리 잡아 갔다.

1950년 한국전쟁을 계기로 질기고 오래 입을 수 있는 의복이 선호되었다. 대표적인 옷감은 나일론이었다. 나일론은 질기고 가벼워 젊은 여성들의 블라우스는 물론 속옷에도 두루 사용되었다. 이 가운데 낙하산 제작에 사용된 '나일론 66'이라는 천으로 만든 블라우스로 만든 옷은 상당한 인기를 끌었다. 그러나 남성복은 직물 부족으로 군복이나 미군부대에서 흘러나온 옷감이나 밀수품·구호품 등이 많이 사용되었다.

이처럼 1950년대 초반의 구호물자는 한복을 양장으로 빠르게 변화시키는 계기가 되었다. 1950년대 후반에는 한복과 양장의 착용 비율이 거의 비슷해질 정도로 양복의 착용이 급격히 증가하였다. 물론 그것은 양면기·양말기 등의 국산화로 메리야스 직물의 보급이 원활해지고, 값싸고 편리한 합성섬유의 대량 보급으로 대중복식시대가 열리게 되었기 때문에 나타난 현상이었다.

1961년 군사쿠데타로 정권을 장악한 박정희 정권은 '잘살아보세'를 모토로 하는 경제개발계획에 박차를 가하는 한편, '신생활 재건운동'을 전개하였다. 이러한 재건운동의 일환으로 외국산 의류를 전면 수입 금지시키는 한편, 의복 간소화를 추진하여 남성 복장으로는 작업복 스타일의 '재건복'을, 여성 복장으로는 '신생활복'을 제시함으로써 양장을 일상복으로 자리 잡게 하는 계기를 마련하였다. 이에 따라 1960년대 이후 한복은 의례복으로 전락하고 말았다.

1960년대 텔레비전의 보급은 의복을 패션으로 전환시키는 계기를 마련하였다. 그 대표적인 작품이 1966년 영국인 메리 퀀트가 창안하여 서구의 복식혁명을 일으켰던 미니스커트였다.

우리나라에서 처음 미니스커트를 소개한 사람은 디자이너 박윤정이었다.

남녀 신생활복
박정희 군사정부가 1961년 제정한 '표준 간소복'이다. 재건복은 일본 국민복과 미국 전투복을 혼합한 형태에 불과하다는 비난을 받았다.

박윤정은 1967년 3월 세종호텔에서 패션쇼를 개최하였다. 이때 윤복희가 미니스커트를 입고 모델로 등장하여(노라노 디자인) 뜨거운 화제가 되었다. 이후 전국적으로 미니스커트 열풍이 번져 나갔다. 미니스커트가 유행하자 1968년부터 그에 걸맞은 롱부츠가 유행하였다.

여기서 잠깐, 미니스커트 유행에 대한 오해의 에피소드를 돌아보자.

1967년 1월 겨울 윤복희가 귀국할 때 공항에 미니스커트를 입고 내린 것이 화제가 되면서 미니스커트가 유행하기 시작하였다는 설이 널리 퍼졌다. 이러한 소문에 대해 2008년 여름 윤복희는 한 방송에 출연하여 당시는 너무

미니스커트의 길이 단속
1970년대 박정희 정권은 장발과 미니스커트를 단속하였다. 단속을 위해 경찰은 가위와 30cm 자를 들고 다녔다. 미니스커트의 경우 무릎 위 30cm가 넘으면 위반 대상이었기 때문이다.

추워 털코트를 입고 내렸다고 언급하면서 소문이 잘못되었음을 밝힌 바 있다. 이 소문의 진원은 1996년 한 광고회사의 텔레비전 광고 제작에서 비롯되었다. 이때 대역을 써서 마치 윤복희가 공항에 내릴 때, 미니스커트를 입고 귀국한 것처럼 연출한 것이다. 이를 계기로 윤복희가 공항에서 미니스커트를 입고 내린 것이 사회적 파장을 일으킨 것처럼 잘못 알려지게 되었다.

의상이 본격적으로 패션으로서 자리 잡게 된 것은 1970년대로 접어든 뒤였다. 레나운·반도패션 등 대기업이 숙녀 기성복 산업에 뛰어들면서 의류산업은 의류 수출에 힘입어 급성장하였다. 이로 인해 의류 생산기술과 설비의 현대화·자동화가 이루어지고, 소득 증대에 따라 소비자들의 의식과 소비성향이 고급화되면서 의복은 맞춤복에서 기성복 정착단계로 접어들었다. 이에 따라 1970년대 이후 양복과 양장은 하나의 패션으로 자리 잡게 되었고, 이후 미니·맥시·판탈롱·핫팬츠 등 다양한 모드가 공존하게 되었다.

이러한 물결 속에 1971년부터 핫팬츠 유행을 계기로 사회적으로는 패션에 대한 찬반 양론이 거세게 일어났다. 다른 한편 젊은 층에서는 세계적인 팝그룹 비틀즈의 반전운동과 민주화운동의 영향이 맞물리면서 청바지와 장발이 저항적인 청년문화로 자리매김하게 되었다.

패션, 보이고 싶은 욕망

1960년대 초반 메리 퀸트는 '어머니와 같은 옷입기'를 거부한다고 선언하였다. 뒤이어 프랑스의 한 디자이너는 '옷으로부터의 해방'을 내걸고 브래지어의 착용을 거부하는 이른바 '노 브라'를 선언하였다. 이에 따라 세계적 패션은 신분 과시나 육체 보호보다는 자기 표현의 한 방식으로 전환되었으며 자신의 육체를 보여 주면서 자기만족감을 충족시키려는 경향으로 바뀌게 되었다. 이러한 경향이 한국에 영향을 준 것은 1980년대 이후의 일이었다. 1980년대에 들어서 컬러 TV의 방영과 1988년 올림픽 개최로 인한 스포츠붐, '서울국제기성복 박람회' 개최 등으로 인해 한국의 패션은 대중의 소비문화로 정착하게 되었다.

이에 따라 '은자의 나라'였던 한국의 패션은 슬립처럼 어깨를 가느다란 끈으로 처리한 '슬립형 미니'원피스, 배꼽까지 과감히 드러낸 배꼽티, 어깨나 가슴 부분을 파거나 앞 단추를 몇 개씩 푸는 노출패션, 가슴이 팽팽하게 드러날 정도로 달라붙는 글래머 룩, 육체가 훤히 들여다보이는 시스루 룩(see-through look) 등 여성의 육체를 보여 주고 싶은 욕망에 찬 의상으로까지 바뀌었다. 이외에도 얼룩무늬 군복의 밀리터리 룩, 엉덩이에 살짝 걸친 바지가 신발까지 덮는 힙합 룩, 마돈나의 영향으로 속옷도 겉옷이 될 수 있음을 보여 준 란제리 패션 등 다양한 패션이 나타나 대중들의 욕구를 다양하게 소화하고 있다.

이와 같이 비치는 옷이나 몸매가 그대로 드러날 정도로 달라붙는 옷의 유행은 자신의 육체를 보여 주고 싶어하는 욕구과 함께 육체를 매개로 자신의 개성을 표현하려는 욕망의 표현이다. 물론 패션이라는 이름 아래 여성의 외모를 두드러지게 하는 상품을 판매하고자 하는 자본주의의 속성에서 기인한 점도 있다. 원숙하고 세련된 육체미의 표출, 몸매를 있는 대로 드러낸 섹시함, 여성스런 느낌을 최대한 살린 노출 패션 경향은 자기표현 욕망을 당당하게 주장하는 현대인의 자신 있는 항변이기도 하다. 그렇지만 그 이면에는 자기만족이나 모방, 그리고 유행에 대한 몰개성적인 편승 심리 등이 혼재된 현대인의 상징이기도 하다.

김도훈 _한국교원대 연구교수

합성섬유의 등장과 의복 유행

이정은

"거리에는 '나이론' 옷이 넘쳐흐르고 있다. 여자라는 여자는 '나이론'을 몸에 걸치지 않으면 거리에 나설 자격이 없을상 싶게 저마다 '나이론'으로 치장했다. 남자들도 살결이 들여다보이는 '나이론'을 입고 다니는 것이 거리에 너더분하게 깔려 있다. 여자들의 옷감에 이르러서는 이루 형용할 수 없을만큼 가지각색의 것이 다 있다."

(〈사설. 사치는 나라를 망친다〉, 《조선일보》 1954년 8월 19일)

수천 년 동안 면, 양모, 비단 등 천연섬유만을 사용해 왔던 인류 의복의 역사에서 20세기의 가장 큰 발명품으로 꼽히는 것은 의류용 인조섬유(화학섬유), 그중에서도 합성섬유다. 화학섬유는 섬유 모양을 갖지 않는 원료에 인공적 방법을 가해 섬유 모양으로 만든 것을 통칭하는데, 화학섬유 내에서도 합성섬유는 '합성'이라는 화학적 수단에 의해 얻어진 물질로 제조한 섬유를 말한다. 나일론, 폴리에스테르, 아크릴, 폴리우레탄 등 현재 쉽게 만나볼 수 있는 옷감들이 대표적이다.

┃ 뒤퐁 사의 나일론 스타킹 광고(출처: 뒤퐁 홈페이지)

　나일론은 합성섬유의 첫 주자였다. 1939년 미국 화학회사 뒤퐁((DuPont)
에서 발명·생산되었고, 한국 땅에는 1945년 해방 이후 미군과 함께 처음 상
륙하였다. 지금은 '나일론'이 정확한 명칭이 되었지만, 당시는 일본어 발음에
따라 '나이롱' '나이론'이라고 더 많이 불리었다. 그런데 나일론 옷감은 1950
년대 들어 한국 사회에서 말 그대로 선풍적 인기를 누리게 된다. 특히 통풍
이 잘 되지 않는 옷감 속성과는 정반대로 유독 여름철 유행 옷감으로 성행하
였다. 나아가 이러한 인기는 1950년대 후반까지도 이어지며, 빠르게 변화하
는 일반적인 의복 유행 양상과는 큰 차이를 보이며 '유행' 지위를 이어 갔다.

본고에서는 위와 같은 당대 상황을 소재로 삼아 당시 나일론 유행 자체의 형태와 정도는 물론, 1950년대 한국전쟁을 겪은 사회에서 나일론이 장기간 유행할 수 있었던 나름의 요인을 포착해 보고자 한다. 특정 의복 유행을 통해 해당 시대를 바라보면 더 다채로운 풍경과 이를 떠받치고 있는 여러 사회적 조건의 작동을 복합적으로 조명해 볼 수 있을 것이다.

해방 이후 여성복 변천과 나일론의 부상

1945년 식민지 해방 이후, 한국 여성들의 일상복은 일제 전시체제에서 강요받았던 '몸뻬' 차림에서 벗어나 점차 한복으로 되돌아갔다. 1947년 프랑스 '크리스천 디오르'의 디자인이 알려지는 등 양장 차림도 화제였으나, 1950년대까지 한복은 여성들의 일반적 옷차림이었다.

> "50년대까지도 여자들은 나들이할 때나 살림할 때나 주로 한복을 입었다. 처녀 때는 기장이 짧은 통치마에다 구두를 신었고, 시집가면 긴 치마에 버선과 고무신을 신었다."
>
> (박완서, 〈1950년대–'미제문화'와 '비로도'가 판치던 거리〉, 《역사비평》13호, 1991)

기성복은 아직 사회에 뿌리를 내리지 못했다. 양장 차림 역시 1950년대 후반 이후에나 확산되었다. 특히 1950년대까지 대다수 여성들은 옷감을 직접 구입해서 집에서 옷을 만들어 입거나, 주변에 바느질을 맡겼고, 특별한 경우에만 양장점에서 옷을 맞췄다. 이 가운데 확연히 '유행'에 오르게 되는 것은 의복 스타일 자체보다는 옷의 재료, 즉 옷감이었다. 일례로 농촌 거주 여성들은 주로 예전과 같은 흰 면직물로 한복을 지어 입었지만, 1940년대 후반 도시에서는 일제강점기 이래 각광받던 고급 견직물인 양단(洋緞)과 빌로도(velvet)가 한복 옷감으로 유행했다. 당시 빌로도는 대부분 밀수품이었고, "빌로도 치마를 입지 않으면 행세를 못할 지경"이라는 말도 돌았다.

1950년에 발발하여 3년 여 넘게 이어진 한국전쟁은 국내 의류생활에도 큰 충격을 가했다. 남한에 남아 있던 섬유공장·직물 공장 중 70퍼센트 이상이 파괴된 가운데, 외국인의 눈에 미국 군복 색깔(U.S. olive drab)이 한국의 전통색인 줄 알았다는 말이 나올 정도로 훔치거나 버려진 군복을 활용한 옷차림이 많아졌다. 한편에서는 외국에서 건너온 구호물자가 전재민들의 의복 수요를 뒷받침하면서, 몸에 맞지 않는 서구식 의복을 입은 이들도 늘어났다.

하지만 전세(戰勢)의 안정은 다시금 유행이 들어설 공간을 내줬다. 빌로도 치마의 인기가 여전한 가운데, 새롭게 등장한 다크호스는 바로 나일론이었다. 나일론은 한국전쟁 이전부터 미군부대에서 흘러나오는 낙하산 천과 나일론 양말 등으로 이미 한국 땅에 소개되어 있었다. 이것이 한국전쟁을 거친 이래 대략 1953년경부터 본격적으로 옷감, 특히 여성복 옷감으로 선풍적 인기를 끌기 시작한 것이다. 아래는 1950년대 문화를 다룰 때 빈번하게 인용되는 소설가 박완서의 회고 글이다.

"제일 처음 등장한 나일론 섬유의 인기는 가히 선풍적이었다. 순식간에 '비로도'를 물리치고 최고급 피륙 노릇을 했다. 올이 거미줄처럼 가볍고 철

1950년대 나일론 옷감과 스카프로 치장한
여성들

사처럼 질길 뿐 아니라, 다양하고 화사
하고 세련된 색상은 여지껏의 어떤 섬
유하고도 비교할 수 없는 매혹적인 것
이었다. 게다가 빨면 쉬 말고 다림질할
필요가 없다는 것은 가히 의생활의 혁
명이었다. 초기에 들어온 나일론 섬유
가 거의 살이 비치는 얇은 거여서 우리

는 그게 얼마나 습기를 흡수하지 못하고, 통풍성이 형편없는 더웁고 끈끈한 옷인 줄 헤아릴 새도 없이, 여름 옷감이라 속단하고 말았다. 너도 나도 까다로운 모시옷은 뚝 잘라 행주나 만들고, 꽃구름 같은 나일론으로 치마 저고리를 지어서 뽐내고 입고 다녔다."

(박완서, 〈1950년대-'미제문화'와 '비로도'가 판치던 거리〉, 《역사비평》13호, 1991)

빌로드 유행이 나일론 유행으로 바뀌었음은 1954년 1월부터 8월까지《서울신문》에 연재된 정비석의 소설 〈자유부인〉에서도 잘 드러난다. 주인공이 나일론 한복을 지어 입고 계모임에 첫 참가했을 때, 계모임에 온 여성들 모두 나일론 옷차림이었다. 이들은 "비로도는 촌뜨기 같아서 입고 다닐 수가 없다"면서 "우리 계는 앞으로 나이롱과 같이 산뜻하고 나이롱과 같이 현대적으로, 나이롱과 같이 신용 있게 운영해 나아가도록 하세요 (……) 그런 의미에서 우리 계의 이름을 〈나이롱 계〉라고 하면 어떨까요?"라며 입을 모은다.

1950년대 중반 가장 주가를 높인 나일론 유행은 여성복뿐만 아니라 양말, 속옷, 장갑, 심지어 팬티에 이르기까지 남녀노소 "나이론 바람"에 휩쓸리고 있다는 평이 나올 정도로 사회에 퍼졌다. 특히 나일론으로 만든 여성용 스타킹과 장갑, 스카프는 전성기를 넘어 마땅히 갖춰야 하는 필수품으로 여겨졌다.

그럼에도 역시 나일론 유행의 으뜸은 여성복이었다. 유행의 광풍은 비싼 나일론 옷을 입지 못한다는 이유로 자살을 시도했던 연이은 사건에서 가장 잘 드러났다. 일반 옷감 구매조차 부담이던 저소득층이 대부분인 현실에서 일반 광목 면직물보다 나일론은 15배 이상 비싼 시절이었다.

"경북 봉화군 소천면 분천리에 거주하는 강명호(40) 광부의 처 정미희씨는 지난 8일 나이론 옷을 마련해 주지 않는다고 싸움 끝에 목을 매어 자살"

(〈부부언쟁 끝에 자살 나이론 의복이 화근〉,《경향신문》1955년 7월 16일)

"성북구 종암동83 장준성씨의 3녀 옥순(19)양은 다량의 '키니네'를 먹고 자살을 기도하였으나 신음소리에 놀란 부모들에 발각되어 즉시 병원에 입원. 부모들에게 조르던 '나이론치마'를 가지지 못했다는 점에 비관하여 죽으려던 것"

(〈나이론 치마에 유죄〉,《경향신문》1955년 8월 12일)

"친구들과 어울려 놀러가는데 부모가 '나이롱' 치마감을 안 사주었다고 목숨을 끊은 17세의 처녀 (……) 어머니와 함께 시장에까지는 갔으나 가지고 간 돈으로는 2천5백 환이 모자라 되돌아오는 길에 절망한 나머지 못에 몸을 던져 목숨을 끊은 것"

(〈돋보기〉,《경향신문》1957년 5월 19일)

하지만 나일론을 가리켜 "의생활 혁명"을 일구었다고 높이 평가하는 요즘과 달리, 정작 1950년대 한국 사회는 나일론에 호의적이지만은 않았다. 나일론 유행에 대한 비판은 거센 유행 정도와 비례했다. 수입품이던 나일론이 유행을 이끌었던 상황에서 비판의 초점은 '여성의 사치'였다. 이는 조국을 지키는 전선의 장병, 혹은 "면포(綿布) 옷도 없어서 못 입을 북한 동포"들의 처지와 대비되며 허영에 찬 이들의 "혁신적인 반성"을 요구하는 사안으로 삼아지기도 했다.

> "여러분 일선에서 돌아오는 불구 장병을 나이롱이나 벨벳 등 그밖의 일본
> 생산기관을 기름지게 하는 사치품으로 몸을 감고 맞으시렵니까? (……) 망
> 한 나라치고 이례가 없이 여자의 사치가 왕성하였습니다. 이 어찌 두려운
> 일이 아니겠습니까."
>
> 〈활동복을 입자〉, 《동아일보》 1953년 8월 6일)

'외래 사치품'으로 치부된 나일론은 정부의 착용 금지 품목에 오르기도 했
고, 전후 국산품 애용 운동의 주요 배격 대상이 되기도 했다. 1955년 7월에
시행된 '자립경제 확립강조주간'에는 일부 데모대들이 길 가는 여인의 나일
론 치마를 빼앗거나 나일론 양말을 강제로 벗기는 일까지 발생했다. 1950년
대 중반부터 원사를 수입해 제조하는 국산 나일론 직물이 생산되면서 '외래
사치품' 딱지는 점차 줄어들었지만 여전히 나일론은 여성의 허영의 상징물
이거나, 집안 살림은 안 하면서 꾸미는 데만 몰두하는 여성들이 좋아하는
대명사로 통용되었다.

도시의 여성 다수가 여름이 되면 나일론 한복과 나일론 블라우스를 입기
시작한 상황에서 제기된 또 다른 비판은 여성들의 '노출'에 따른 풍기문란이
었다. 나일론 옷감 자체가 매우 얇아 몸매가 드러나기 쉬우며, 속이 비치는
특성 때문이었다. 남성들의 시선의 주류를 이뤘던 당시 가부장적 조건에서
나일론 차림의 여성은 아래 기사와 같이 꾸짖어야 하는 대상인 동시에 희롱
과 관음의 대상으로 소비되었다.

"겨드랑이며 목덜미는 그만두고 벌렁거리는 앞가슴의 율동에 따라 "나일론 부라우스" 밑에 검으스레 들어나는 젖꼭지에는, 겨우내 눈물로 참아온 정갱이가 그마 무색할 판…… 문화국민을 자긍하면서, 집안이나 규방에서나 걸치는 속옷을 두르고 종로·충무로를 활보하다니."

(〈물방울〉, 《동아일보》 1955년 5월 21일)

나일론 유행의 촉발·지탱 요소

사회적 비판에도 불구하고 1950년대 후반까지 여성들의 나일론 옷감 유행은 지속되었다. 1950년대 남한의 여성들은 왜 나일론에 열광했으며, 나일론은 인기를 끌었던 것일까?

우선 해외에서 건너온 '새로운' 물건에 대한 환호의 측면이 있었다. 이는 나일론이 처음 발명된 과거 미국에서 역시 마찬가지였다. 1939년 뉴욕에서 나일론 스타킹의 첫 판매 당시, 몇 시간 만에 500만 켤레가 동났다는 것은 유명한 일화다. 새로운 물품에 대한 호기심은 한국에서도 다르지 않았다. 더욱이 '미국=선진 문명'의 산품이라는 사실이 소비심리를 더욱 자극했다. 물론 아이러니하게 미국 문화의 상징이었던 나일론은, 1950년대 들어 "원색에 가까운 미제 나일론에 비해" "무늬가 동양적이어서 한국 여성의 구미에 맞는" 일본제 수입품이 더 선호되는 양상을 띠었다.

쉬운 손질과 관리가 가능하다는 나일론 본래의 장점 역시 빼놓을 수 없었다. 기존의 면직물은 빨고 삶고 다림질하는 등의 고되고 긴 노동이 수반되었으나 나일론은 복잡한 빨래 과정이 필요 없었다. 심지어 건조 시간도 짧았다. 구멍이 쉽게 뚫려 매일 면양말 바느질을 해야 했던 주부들에게 구멍이 잘 나지 않는 나일론 양말은 나일론을 "꿈의 섬유"로 인식시킨 주요 계기이기도 했다. 여성들의 외제 나일론 사치를 비판하던 이들조차, "손질하기 쉬운 옷감"임을 인정할 수밖에 없었다.

다만 이것만으로 1950년대 동안 선풍적이었던 나일론 유행을 충분히 설명하기는 어렵다. 단적으로 관리의 편안함 못지않게 나일론의 단점, 즉 통풍이 안 되고 땀 흡수가 어렵다는 점 등은 진작부터 지적되고 있었다. 그럼에도 긴 시간 동안, 그것도 여름에 인기를 끄는 옷감으로 나일론 유행을 지속시킨 또 다른 요인들은 무엇이었을까? 이는 당대 소비자들의 속성과 더불어 사회적 조건으로 시선을 돌릴 필요를 제공한다.

우선 한국전쟁이라는 비극적 경험이 있었다. 식민지하의 전시체제를 겨우 탈출했으나 다시 한국전쟁을 맞닥뜨리며 더욱 억눌릴 수밖에 없었던 여성들의 생활과 욕구는 화려한 나일론 옷감을 만나며 탈출구를 찾았다. 나일론 옷감은 당시 여성들이 처했던 각종 굴레 속에서나마 보다 자유롭고 '세련된' 기분을 느낄 수 있게 해 주는 매개체였다. 1950년대 당시 여성의 '사치'에 대해 "입지도 못하고 눌려만 살다가 해방이 되고 개방이 되니 억압에서 벗어나 차려입고 싶다는 의욕이 왕성해진" 산물로 본 시선 역시 같은 선상의 지적이었다.

더욱이 전쟁 중의, 그리고 전쟁 직후의 사회는 이전보다 여성들에게 더 많은 활동 공간을 내주었다. 전체 직업종사자 가운데 여성의 비율은 1949년 35.6퍼센트에서 1951년과 1952년 각각 47.6퍼센트, 44.6퍼센트로 상승했다. 1956년부터는 꾸준히 45퍼센트 이상을 차지했다. 물론 당시 여성의 평균임금은 남성 평균임금의 56.5퍼센트에 불과(1957년 조사 기준)했지만, 여성들의 경제활동 증대는 전통적 관념에서 벗어나 좀 더 자유로운 활동을 가능케 하는 원천이었다. 이 속에서 화려한 무늬의 살이 비치고 몸매가 드러나는 나일론 착용은 새로운 자기표현의 시도였다.

하지만 나일론으로 인해 자살 사건이 일어났던 것처럼 아무나 나일론을 구입할 수 없었던 것 역시 유행의 지속을 담보하는 기제였다. "유행은 귀족으로부터 서민에 이르게 되면 사라져 버린다."는 문구처럼, 대량생산시대 의복이 유행하려면 많은 수가 이를 구입할 수 있어야 하지만, 동시에 모두가 구입할 수 있다면 '유행'으로서의 수명은 다하는 것이었다. 1950년대 나일론은 가격 면에서 이를 충족했다. 국산 나일론 직물은 일반적 옷감인 면직물(광목)과는 15배 이상, 같은 여름 옷감인 모시에 비해서는 10배 이상 비쌌다. 반면 가장 비싼 모직물의 가격에는 2분의 1에 불과했다. 서울 중산층의 기준에서 나일론 옷감은 분명 무리한 지출이지만 아예 구입 불가능할 정도는 아닌, '적당히' 비싼 가격대를 형성하고 있었다. 물론 선망의 대상이던 수입 나일론은 국산보다 2배 정도 비싸게 팔리고 있었다.

그런데 나일론 옷감은 1955년부터 태창방직에 의해 첫 국내 생산을 개시했다. 이를 감안하면 1950년대 후반까지 지속된 나일론 유행은 좀 더 해명이 필요하다. 이는 해방 직후 남성들 사이에서 유행하던 소위 '마카오 양복'-마카오에서 수입되던 고급 수입 양복지 유행과 비교해 보면 분명해진다. 마카오 양복은 국내에서 제일모직이 대량생산을 개시한 1950년대 중반 직후 '유행' 대열에서 점차 사라졌고, 모직물은 '유행'이 아닌 그저 비싼 일반 옷감으로 정착했다. 반면 나일론은 국내 나일론 옷감 생산 개시 이후에도 휠씬 길게 화제의 '유행' 지위를 이어 갔다.

　나일론 제품을 처음 접한 세계 어디에서나 나일론은 유행이 되기 쉬웠다. 하지만 한번 생산이 가동되면 어렵지 않게 대량생산이 가능했던 나일론 직물의 특성상, 한국 외의 여타 국가들에서는 짧은 유행 이후 일상 실용품으로 급속히 전환되었다. 다만 한국의 나일론 붐만이 1950년대 동안 쉽사리 가라앉지 못했다. 그렇다면 공급 측면에서 특이점이 있었던 것일까? 이를 위해 아래에서는 나일론 유행을 촉발시킨 공급자들의 면모와 당시 정치경제질서를 좀 더 짚어 보려 한다.

나일론 수입과 정부, 그리고 국내 독점 구조

　우선 정부의 일관성 없는 관련 정책이 나일론 직물 수급 불안정을 부채질했다. 나일론은 이미 한국전쟁 중 미군 낙하산 천과 원조물자 등 각종 루트를 통해 유포되고 있었다. 하지만 정부는 전시생활태세 확립을 목표로 외국산 사치품을 엄금한다며 '전시생활개선법'을 제정하였고, 국내 생산이 전무했던 나일론 직물 역시 그 규제 대상에 넣었다. 그런데 외래사치품 근절 구호를 지속적으로 외치는 가운데서도 정부는 1953년 말부터 수출업자들에 대한 보상 물품으로 나일론 직물 수입을 허용하기 시작했다. 수출장려를 위한 조치로, 나일론이 국내 시장에서 큰돈을 벌어 주는 인기 품목임을 반영한 조치였다.

　물론 그 실행조차 매끄럽지 않았다. 매 분기 나일론 직물에 대한 수입계획 발표 이후에도 정부는 분명한 이유 없이, 혹은 일본과의 무역 단교 등을 배경으로 이에 대한 갑작스런 수입 중단·중단 해제 조치를 수차례나 반복했다. 이는 증가하는 수요에 반하는 한정적 물량의 단절적인 공급을 초래했고, 결과적으로는 국내 나일론 판매 가격을 높이고 매점매석을 조장했다.

정부 내부에서는 1950년대 중반까지 나일론 직물 규제를 두고 이견을 빚으면서 혼란을 부추겼다. 사회부는 모든 나일론 제품이 사치품이라며 수입 금지해야 한다고 주장했던 반면, 수출보상용 수입품으로 나일론 직물 허가 방침을 주도했던 상공부는 호화로운 나일론만이 사치품이므로 단색의 수수한 나일론은 비사치품으로 간주하여 수입할 수 있다고 주장했다. 이로 인해 무늬가 없지만 값비싼 가격의 나일론은 비사치품으로 간주되고, 저렴하지만 무늬가 있는 것은 사치품으로 금지되는 모순이 발생하기도 했다.

이 가운데 가장 이득을 본 것은 정부와 유착한 소수 수입업자들이었다. 이들은 정부의 갑작스런 수입 중단 조치 직전에 나일론 수입을 허가받아 독과점 폭리를 챙겼고, 암묵적 묵인하에 도입이 금지되었던 최고급 물품을 들여오기도 했다. 나일론 직물은 1957년부터 국내 산업 보호 명목으로 아예 수입금지 대상이 되었지만, 공식적 금수 조치 속에서도 몇몇 업자들만큼은 무대 의상용이라는 등 각종 이유를 붙여 1957년에도 정부의 수입 허가를 받으며 국내 시장에서 폭리를 취할 수 있었다.

정부와 자유당은 전국의 나일론 유행 보급에도 앞장섰다. 바로 선거기간 중 표심을 얻기 위한 불법 나일론 물품 공세를 통해서였다. 밀수로 들여오다가 적발된 거대한 양의 고급 나일론 직물에 대해서도 정기적인 '범칙물자 공매'를 통해 시중에 판매했다. 물자 판매 금액은 정부 수입이 되는 동시에, 물자 구매자 역시 대부분 정치자금과 연관된 '짜고 치는' 정치적 인맥의 인물이 독식하며 사회적 물의를 빚었다.

정부와 업자와의 유착은 국내 나일론 직물 생산구조에도 큰 영향을 끼쳤다. 1957년부터 확정된 나일론 직물 수입 금지조치는 국내 생산업자의 본격적 가동을 전제로 한 것이었다. 당시 국내 유일한 생산업체는 수입한 나일론 원사를 원료로 나일론 직물을 만드는 태창방직(대표 백낙승, 1956년 사후에는 아들 백남일)이었다.

태창방직은 일제강점기 인견직물을 직조하며 친일기업으로 성장한 이래, 해방 후에는 이승만 정부에 막대한 정치자금을 제공하는 대표적인 친정부 정경유착 기업으로 명맥을 잇고 있었다. 1956년 1월에는 면방직 귀속재산 중 4대 규모에 드는 고려방직 영등포공장을 단독 입찰, 매우 낮은 가격으로 불하받으며 면사·면직물 생산에도 나섰다.

이러한 태창방직은 역시나 특혜시비를 불러일으키며 1954년 정부로부터 일본에서 나일론 직조 설비 수입을 허가받았다. 가뜩이나 외환이 귀한 무렵 '사치품'으로 비판받던 나일론 옷감 제조시설을 들여온다는 사실은 물론, 대일무역 제한이 필요하다고 정부가 앞장서 일본으로부터의 수입 제한을 주장하던 때이니만큼 논란은 당연했다.

하지만 태창방직은 나일론 직기 500여 대를 설치하고 청량리 공장을 성대히 준공했지만, 시운전을 개시한 지 1년이 넘어서도 제대로 된 생산품을 내지 못했다. 공장 자체가 실질적으로 '유명무실'한 상태라는 진단과 더불어 실제 시설과 규모가 투자했다는 선전 액수에 미치지 못하는 수준이라는 의혹도 일었다. 그 후 1956년 말~1957년부터 정상 가동에 들어갔으나 제품의 품질이 낮다는 평가를 면치 못했다. 그럼에도 정부는 태창방직의 단독 국내 생산을 바탕으로 1957년부터 나일론 직물 수입금지 조치를 취했다. 이는 이미 과잉생산 기미를 보이며 국내 수요량을 충족하던 면방직 제품의 뒤늦은 수입금지와 비교해 봐도 이례적인 상황이었다. 이러한 사정은 수입대체를 통한 외환 절약의 목표 대신 값비싼 밀수 외제 나일론의 인기를 더욱 자극시켰다.

태창은 이 와중에도 국내 유일 나일론 옷감 생산업자로서 거론되기보다는 국내 최고 체납자로 꼽히거나, 정부 보유불 550만 불 수혜, 고려방직 불하와 산업은행 특혜 융자 의혹 등 신문 지면을 꾸준히 장식하는 사건의 주인공으로 이름을 높였다. 그리고 1959년 5월부로 극심한 경영 부실을 못 이겨 결국 정부 산하 산업은행 관리에 들어간다.

흥미로운 사실은 태창방직 산하 태창무역, 동서해상 등 계열 무역회사가 일본으로부터 나일론을 밀수하다 발각된 경우도 수차례라는 점이다. 발각된 경우만 기사화되었으니, 태창의 실제 밀수 거래는 보다 광범위했을 것으로 짐작 가능하다. 그 밖에 해경이 밀수품으로서 압수한 여타 일제 고급 나일론 직물의 처분 과정에서는 공매입찰 방식임에도 태창방직만이 해당 밀수품을 낙찰받도록 조작된 사실이 드러나기도 했다.

그렇다면 나일론 옷감에 대한 높은 수요가 지속되는 상황 속에서 여타 업자들의 반응은 어떠했을까? 당시 업자들의 즉각적인 선택은 '밀수'였다. 1954년 8월 19일자《조선일보》는 한여름의 나일론 옷차림 물결을 보며, 거리가 완전히 밀수입된 일본산 '나이론'으로 정복되었다고 표현했다. 1956년 7월 19일자《경향신문》보도에 따르면, 1956년 6월 중의 밀수 적발 물품은 1,500만 불 이상인데, 그중 40퍼센트 이상이 나일론 직물이었다. 아울러

1958년 7월자 국무회의 자료에 따르면, 1957년도 밀수품으로 압수된 직물류 중 나일론 옷감의 비중이 42.5퍼센트에 달하였다.

'생산'과 관련된 부문의 경우, 나일론 원사 직접 제조의 경우는 대규모의 설비 및 신기술이 필요한 가운데, 좀 더 진입장벽이 낮은 것은 나일론 직기 도입을 통한 옷감 제작이었다. 하지만 이 또한 정부—태창방직의 독점고리 하에서 수입 원사 확보 및 직기 수입 등이 쉽지 못했다. 이에 따라 상대적으로 가동하기 쉬운 소규모의 나일론 양말제조 공장만이 가동되었을 뿐, 그 외에 국내 나일론 직조 업체는 1957년까지 태창방직뿐이었다.

그 후 나일론 직기 설치에 성공하는 기업이 하나둘씩 늘어난 것은 태창방직이 경영 위기로 확연히 지위가 하락하기 시작한 1950년대 후반부터였다. 현재 SK의 모기업인 선경직물이 그 대표적 업체로, 선경직물은 1958~1959년도부터 나일론 직물 생산체제를 갖출 수 있었다. 태창방직의 독점적 지위가 흔들리자, 이 기회를 틈탄 새로운 기업의 진입이 이어졌고 국내 생산능력은 빠르게 증가했다. 1958년 450만 마(碼) 정도에 머물렀던 국내 나일론 직물 생산은, 1962년 1,978만 마 수준으로 격증했다. 아울러 현재 '코오롱(KOLON)'으로 거듭난 '한국나이롱' 회사의 사례처럼 1960년대부터는 직물 생산을 뛰어넘어 그 이전까지 수입에만 의존했던 나일론 원사 생산까지 시도되었다.

'유행'이 아닌 일상용품으로서의 합성섬유 정착

긴 전성시대를 거쳐, 1950년대 후반부터 나일론 옷감은 유행 대열에서 빠져나오기 시작했다. 이는 국내의 본격적인 나일론 직물 및 나일론 사 생산체계의 가동과 관련 깊었다. 1960년대에는 "그 흔해빠진 나이롱"으로 지칭될 정도로, 주변에서 흔한 일상품으로 정착되었다. 한창 유행할 때는 큰 문제가 되지 않았던 통기성과 흡수성이 안 좋다는 특징 역시 옷감으로서의 단점으로 확실히 자리 잡았다.

새로운 섬유의 국내 도입도 나일론의 단독 무대를 무너뜨렸다. 1950년대 후반부터 나일론의 단점을 보완할 수 있는 각종 혼방사와 혼방직물의 수입이 시도되었고, 1960년대부터는 나일론과 함께 합성섬유 3대 대표로 불리는 폴리에스테르(polyester) 섬유와 아크릴(Poly acrylic) 섬유가 국내 시장에 판매되며 새로운 유행으로 부상했다. 대외무역의 증가와 함께 해외 동향에 더욱 밝아지기 시작한 기업들은 경쟁적으로 관련 산업 진출에 나섰다. 일례로 1958년부터 나일론 직물 생산을 개시했던 선경은 1959년에는 폴리에스테르가 일본에서 유행 중임을 파악하고는 곧바로 폴리에스테르 직물 시설을 도입·설치하고 생산에 나섰다. 1960년대 들어서 선경은 폴리에스테르 원사 생산 공장까지 갖추었다.

이와 같이 본고는 나일론이 여름용 여성복 옷감으로 장기간 유행했던 1950년대 한국의 현상에 주목하고, 당시의 사회상과 더불어 이것을 가능케 한 조건들을 살펴보았다. 그중 소비자 입장에서는 해외에서 건너온 '새로운' 물품이라는 사실에 더해 기존의 옷감과는 비교할 수 없는 관리의 편리함 등이 주요 유행 유인 요소였다. 더욱이 전쟁을 겪은 전후 여성들의 욕구 표출 수단이었다는 점, 그리고 다른 상품과 구분되는 '적당히' 높은 가격대 역시 유행을 지속시키는 주요 조건이었다. 하지만 통풍과 흡수력 문제 등 나일론의 단점 역시 잘 알려져 있던 터에, 수요 측면만으로는 당시의 유행 지속을 설명하기 어렵다. 이에 공급 측면의 고찰이 필요하였다. 해방을 계기로 한국은 미국 중심 국제무역체제로 편입되었고, 미국과 일본으로부터의 나일론 도입은 그 상징적 산물이었다. 하지만 동시에 외환 부족 상황은 나일론 수입을 둘러싼 경쟁을 격증시켰고, 정부와 유착한 소수업자만이 독과점 이득을 얻었다. 정부의 수입금지 조치를 등에 업고 가동한 독점 생산업체마저 생산이 부진한 가운데, 나일론 공급의 태부족은 나일론 유행을 부채질했다. 특히 일관성 없는 정책을 펼친 이승만 정부의 책임이 컸다. 1950년대 팽배했던 나일론 밀수는 이러한 상황의 부산물이었다. 1960년대 들어서 나일론은 위의 조건들이 해소됨과 더불어 일본 기업과 미국 자금의 지원을 함께 받은 코오롱과 같은 나일론 산업자본의 성장, 그리고 새로운 합성섬유의 유입과 함께 유행에서 물러나 일상 실용품으로 급격히 정착했다.

이정은 _국립순천대 사학과 조교수